EDENS ZERO

19

IM AOI-KOSMOS
ZERSTREUT

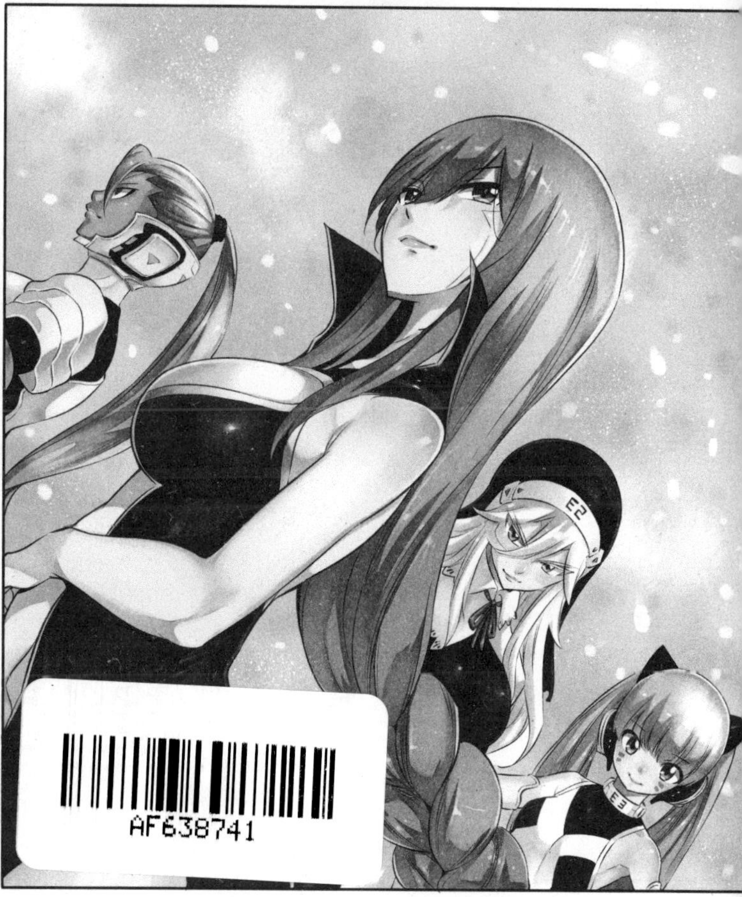

HIRO MASHIMA

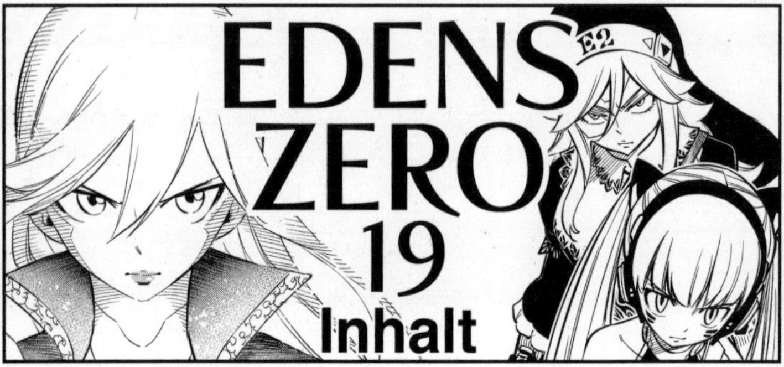
EDENS
ZERO
19
Inhalt

EDENS ZERO

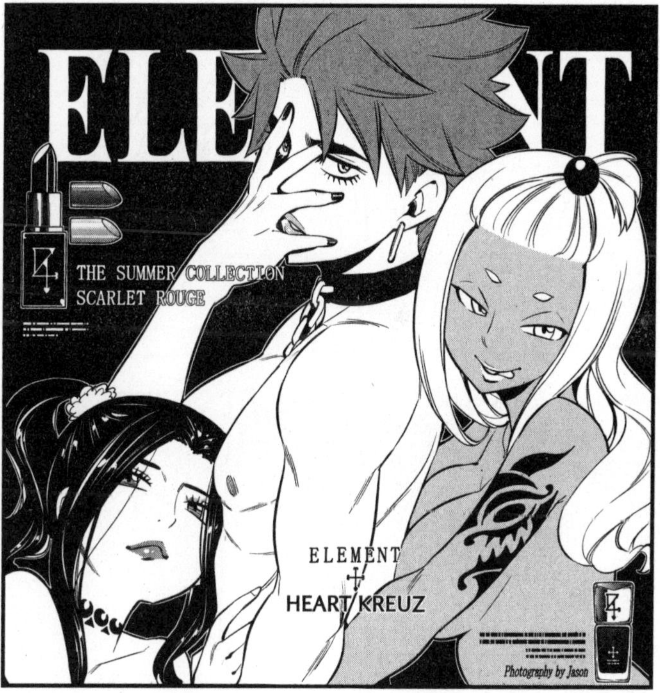

KAPITEL 159: DER FADEN, DER VERBINDET

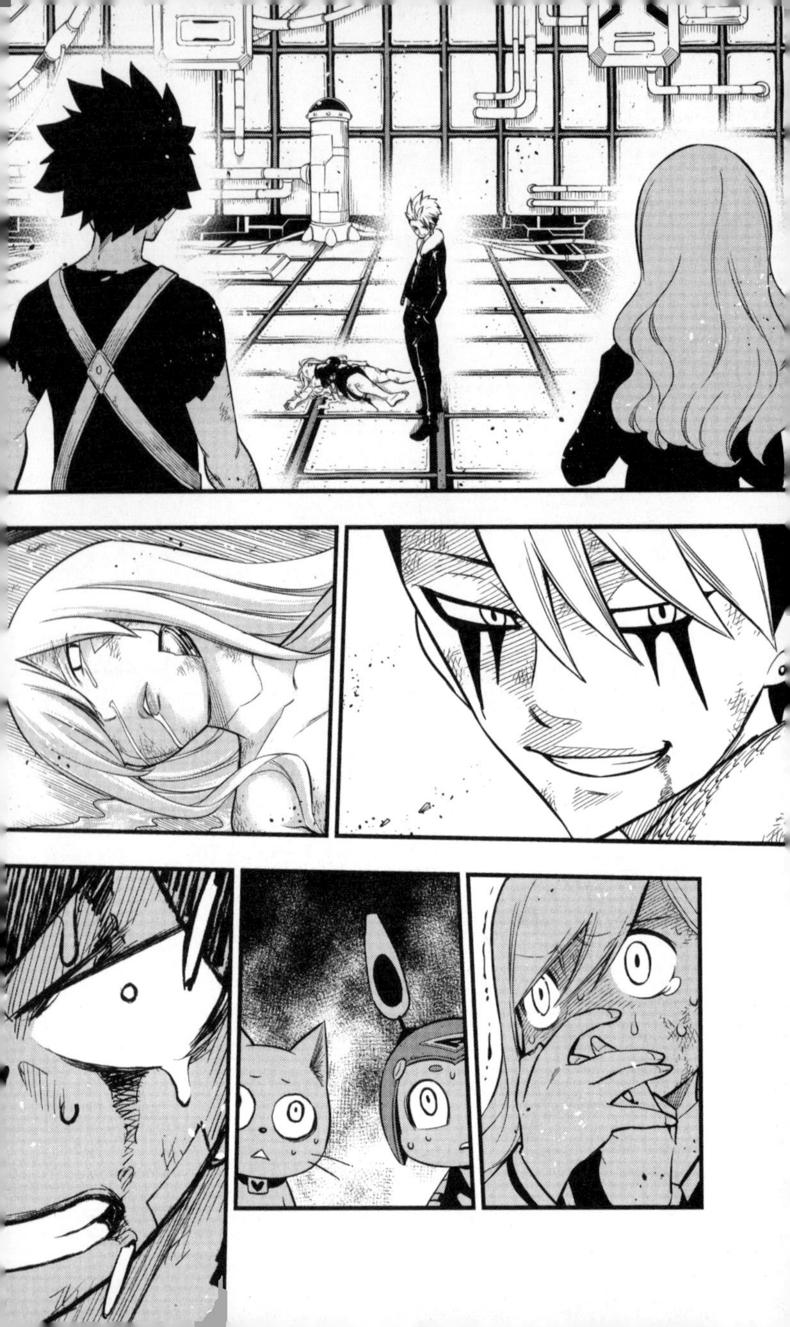

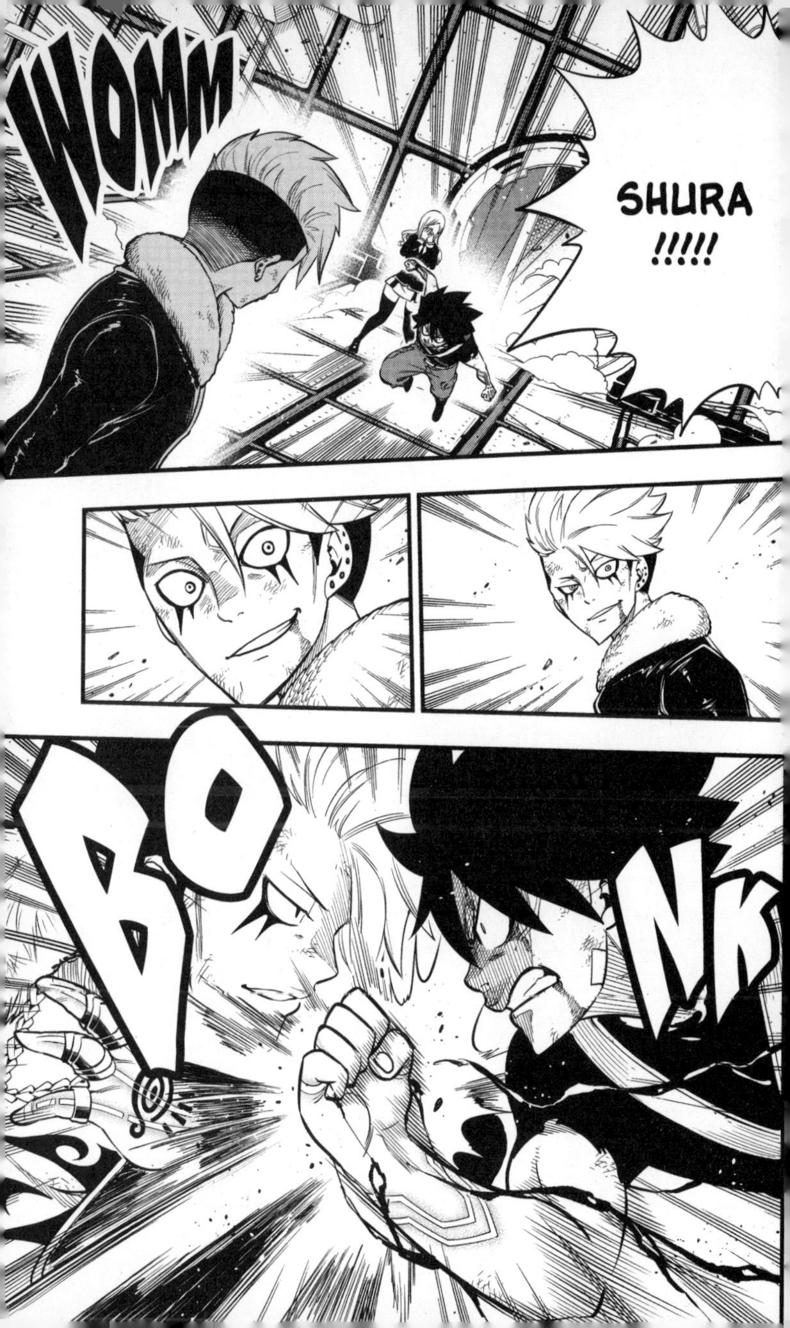
WOMM
SHURA !!!!!
BO
NK

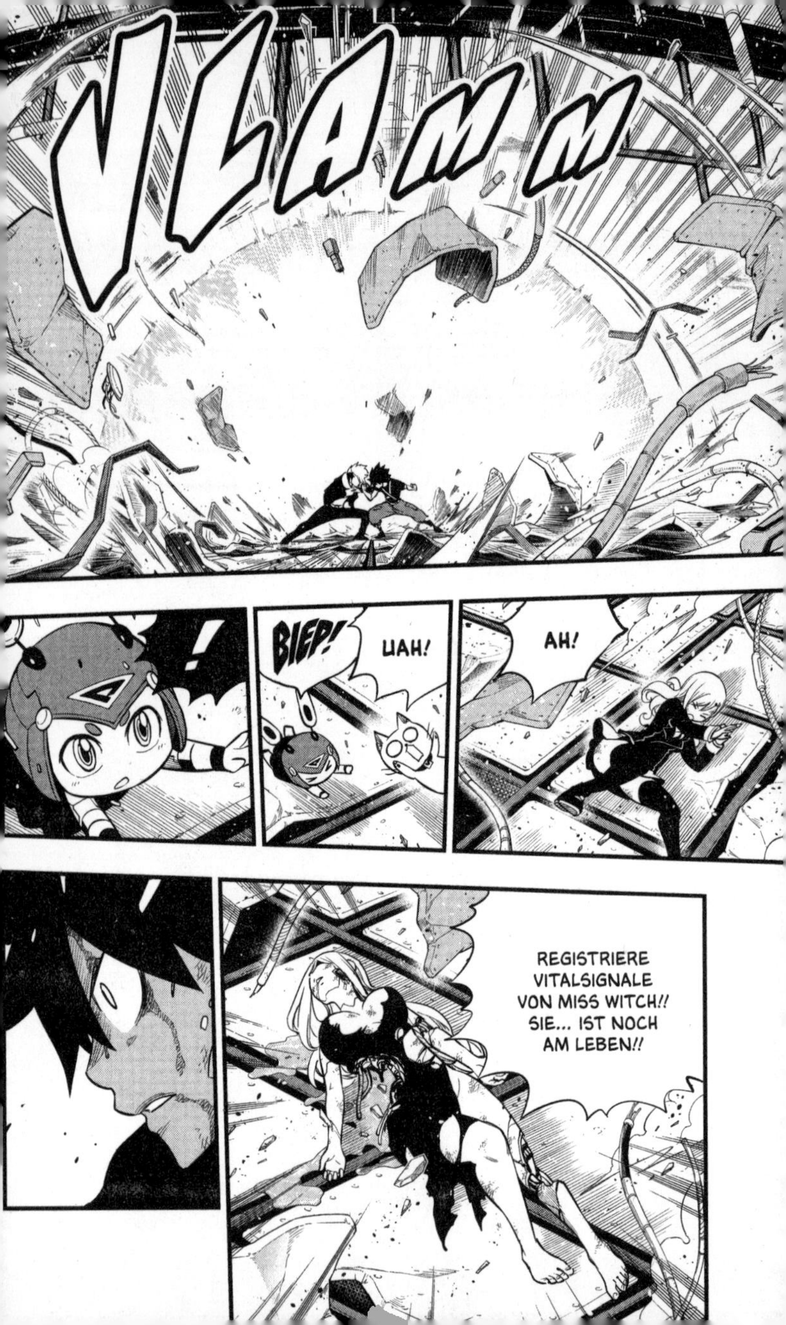
VLAMM
AH!
UAH!
BIEP!
REGISTRIERE VITALSIGNALE VON MISS WITCH!! SIE... IST NOCH AM LEBEN!!

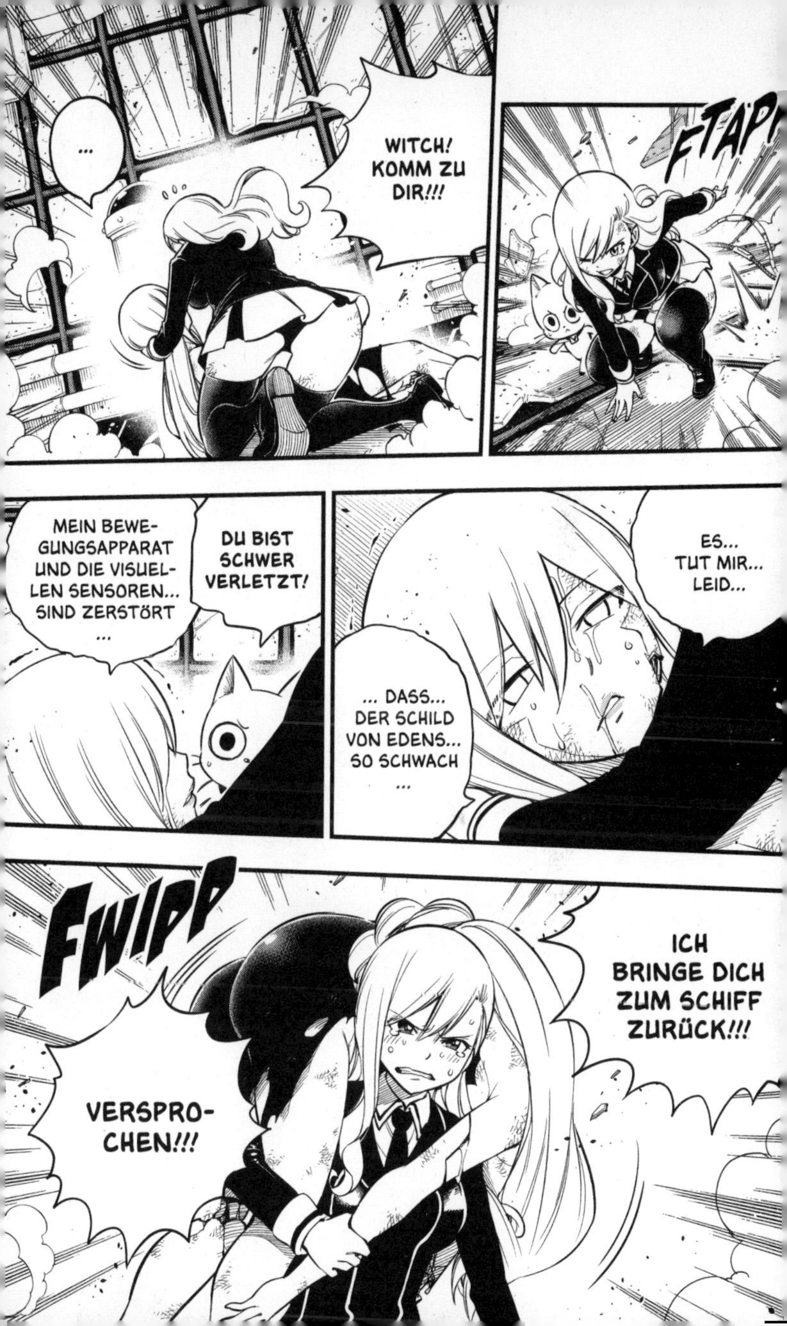
FTAP
WITCH! KOMM ZU DIR!!!
...
ES... TUT MIR... LEID...
... DASS... DER SCHILD VON EDENS... SO SCHWACH ...
DU BIST SCHWER VERLETZT!
MEIN BEWEGUNGSAPPARAT UND DIE VISUELLEN SENSOREN... SIND ZERSTÖRT ...
FWIPP
ICH BRINGE DICH ZUM SCHIFF ZURÜCK!!!
VERSPROCHEN!!!

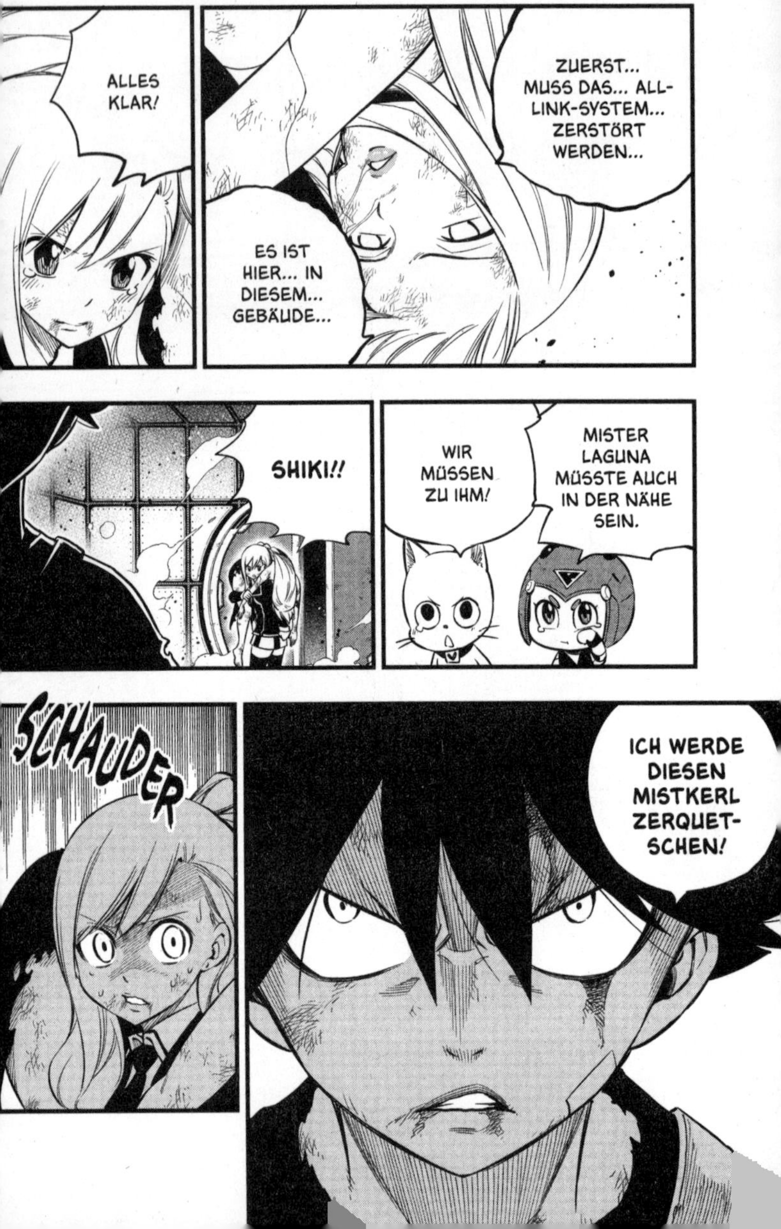
ZUERST... MUSS DAS... ALL-LINK-SYSTEM... ZERSTÖRT WERDEN...
ES IST HIER... IN DIESEM... GEBÄUDE...
ALLES KLAR!
MISTER LAGUNA MÜSSTE AUCH IN DER NÄHE SEIN.
WIR MÜSSEN ZU IHM!
SHIKI!!
ICH WERDE DIESEN MISTKERL ZERQUETSCHEN!
SCHAUDER

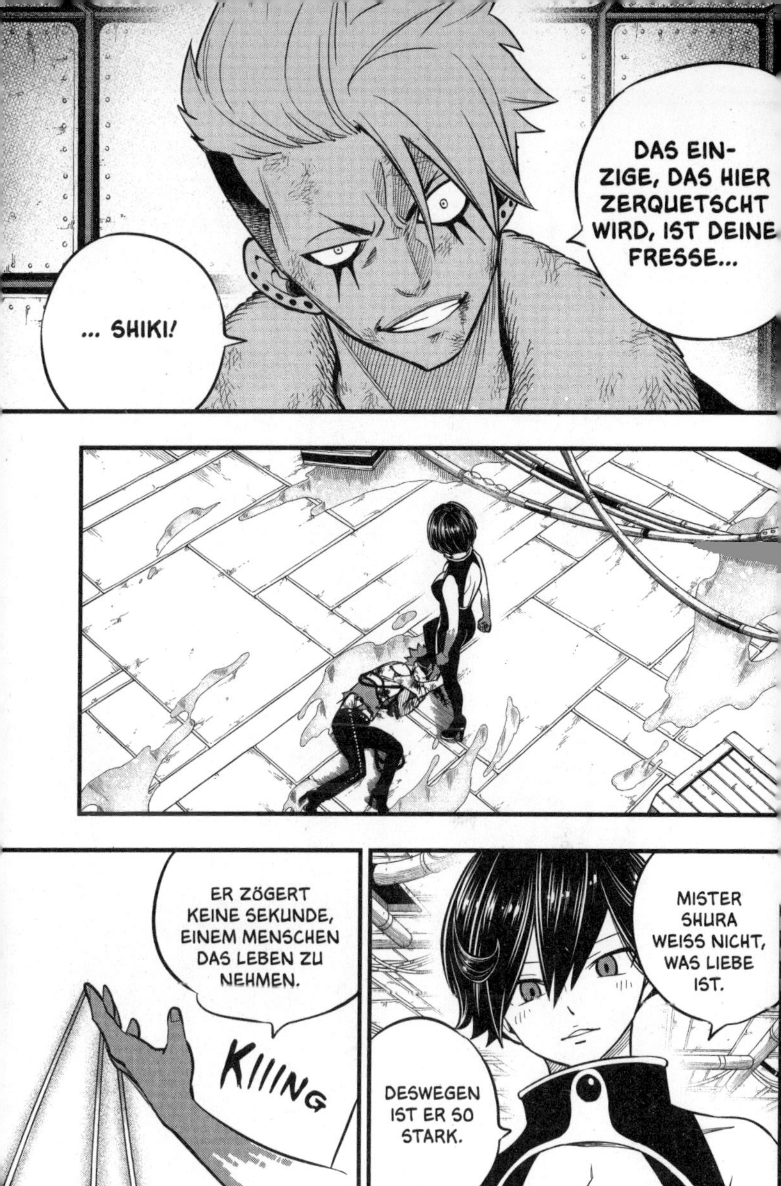
DAS EIN-ZIGE, DAS HIER ZERQUETSCHT WIRD, IST DEINE FRESSE...
... SHIKI!
MISTER SHURA WEISS NICHT, WAS LIEBE IST.
DESWEGEN IST ER SO STARK.
ER ZÖGERT KEINE SEKUNDE, EINEM MENSCHEN DAS LEBEN ZU NEHMEN.
KIIING

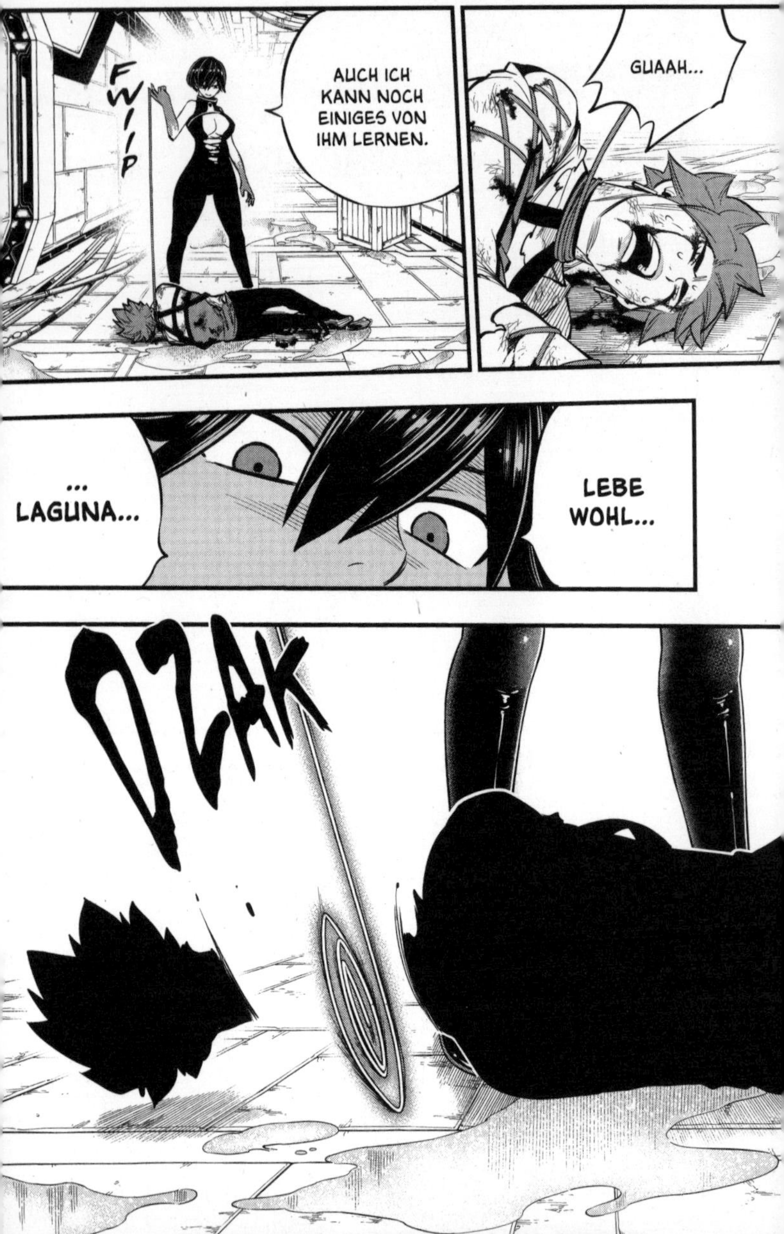
FWIIP
AUCH ICH KANN NOCH EINIGES VON IHM LERNEN.
GUAAH...
LEBE WOHL...
... LAGUNA...
DZAK

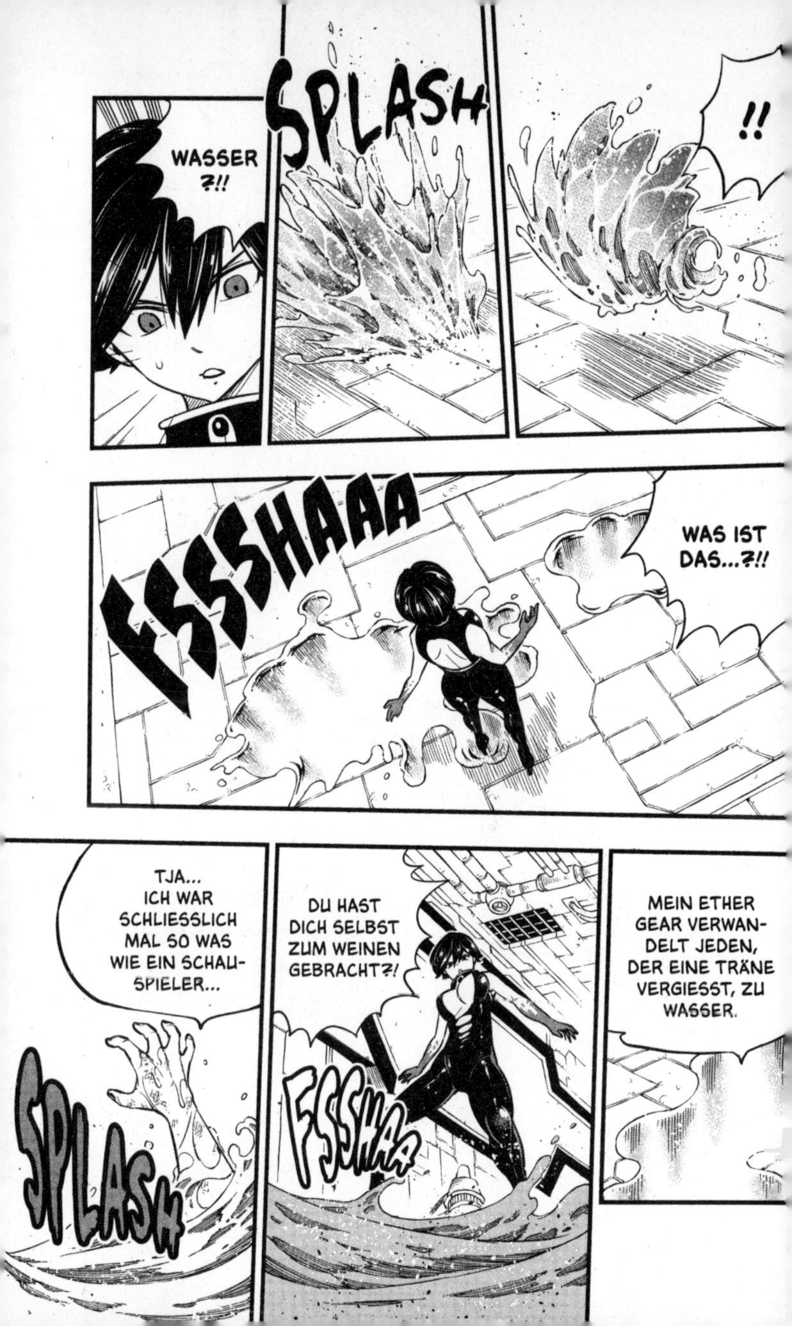
!!
SPLASH
WASSER ?!!
WAS IST DAS...?!!
FSSSHAAA
MEIN ETHER GEAR VERWANDELT JEDEN, DER EINE TRÄNE VERGIESST, ZU WASSER.
DU HAST DICH SELBST ZUM WEINEN GEBRACHT?!
FSSHAA
TJA... ICH WAR SCHLIESSLICH MAL SO WAS WIE EIN SCHAUSPIELER...
SPLASH

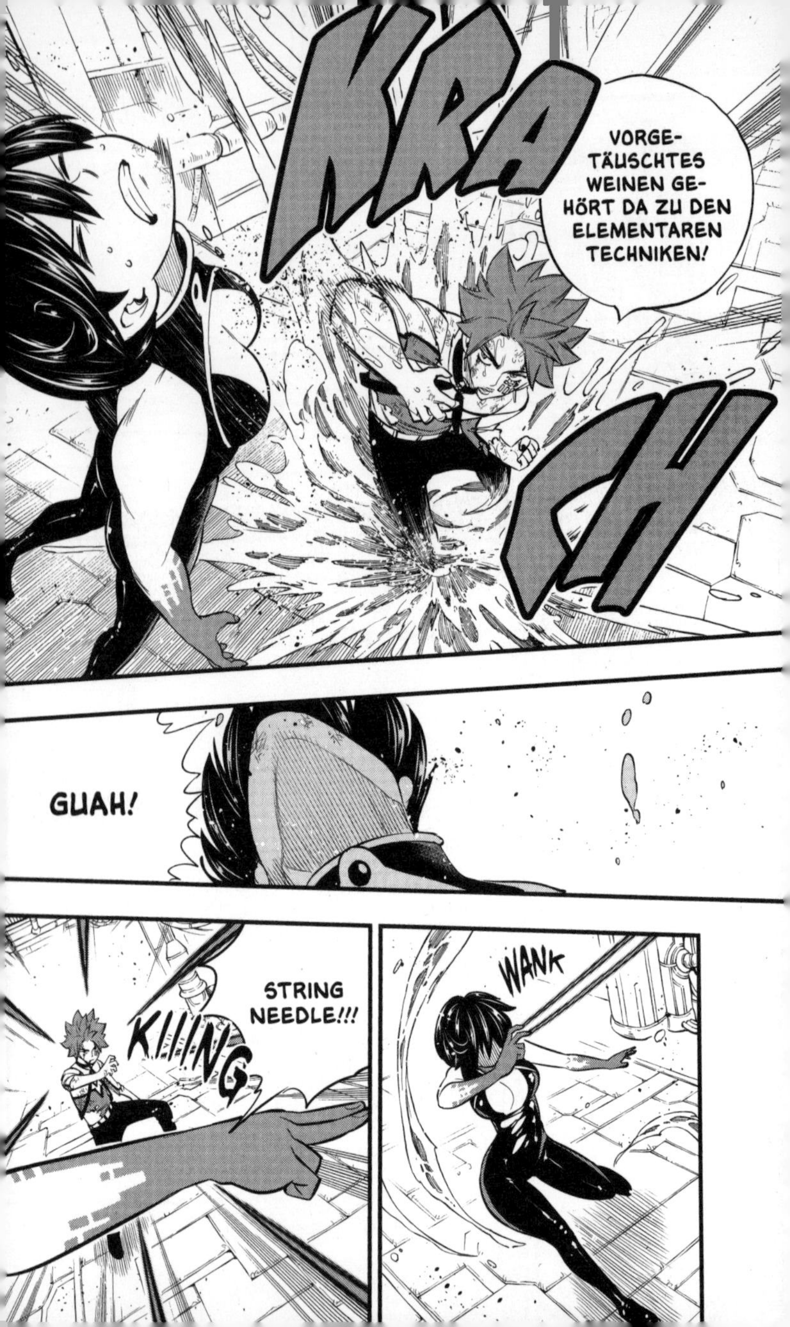
KRA
VORGETÄUSCHTES WEINEN GEHÖRT DA ZU DEN ELEMENTAREN TECHNIKEN!
CH
GUAH!
WANK
STRING NEEDLE!!!
KIIING

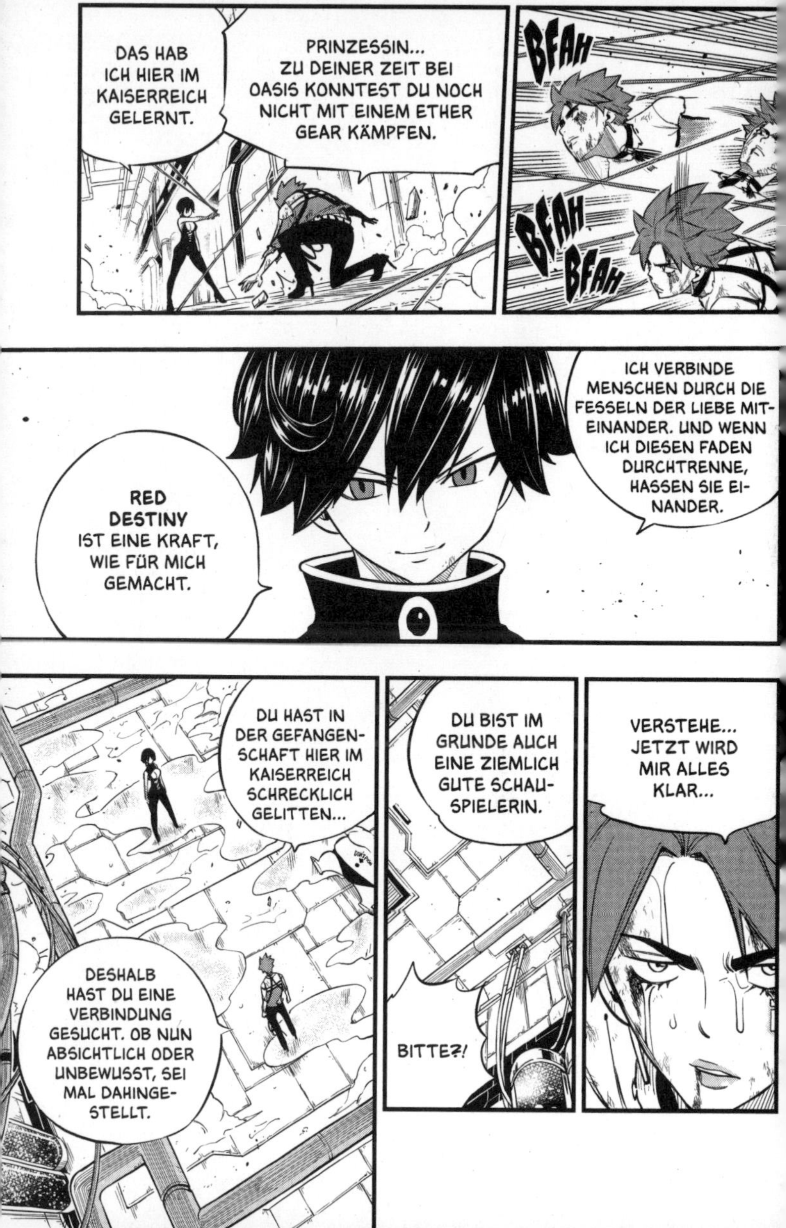
BFAH
BFAH
BFAH
PRINZESSIN... ZU DEINER ZEIT BEI OASIS KONNTEST DU NOCH NICHT MIT EINEM ETHER GEAR KÄMPFEN.
DAS HAB ICH HIER IM KAISERREICH GELERNT.
ICH VERBINDE MENSCHEN DURCH DIE FESSELN DER LIEBE MITEINANDER. UND WENN ICH DIESEN FADEN DURCHTRENNE, HASSEN SIE EINANDER.
RED DESTINY IST EINE KRAFT, WIE FÜR MICH GEMACHT.
VERSTEHE... JETZT WIRD MIR ALLES KLAR...
DU BIST IM GRUNDE AUCH EINE ZIEMLICH GUTE SCHAUSPIELERIN.
BITTE?!
DU HAST IN DER GEFANGENSCHAFT HIER IM KAISERREICH SCHRECKLICH GELITTEN...
DESHALB HAST DU EINE VERBINDUNG GESUCHT. OB NUN ABSICHTLICH ODER UNBEWUSST, SEI MAL DAHINGESTELLT.

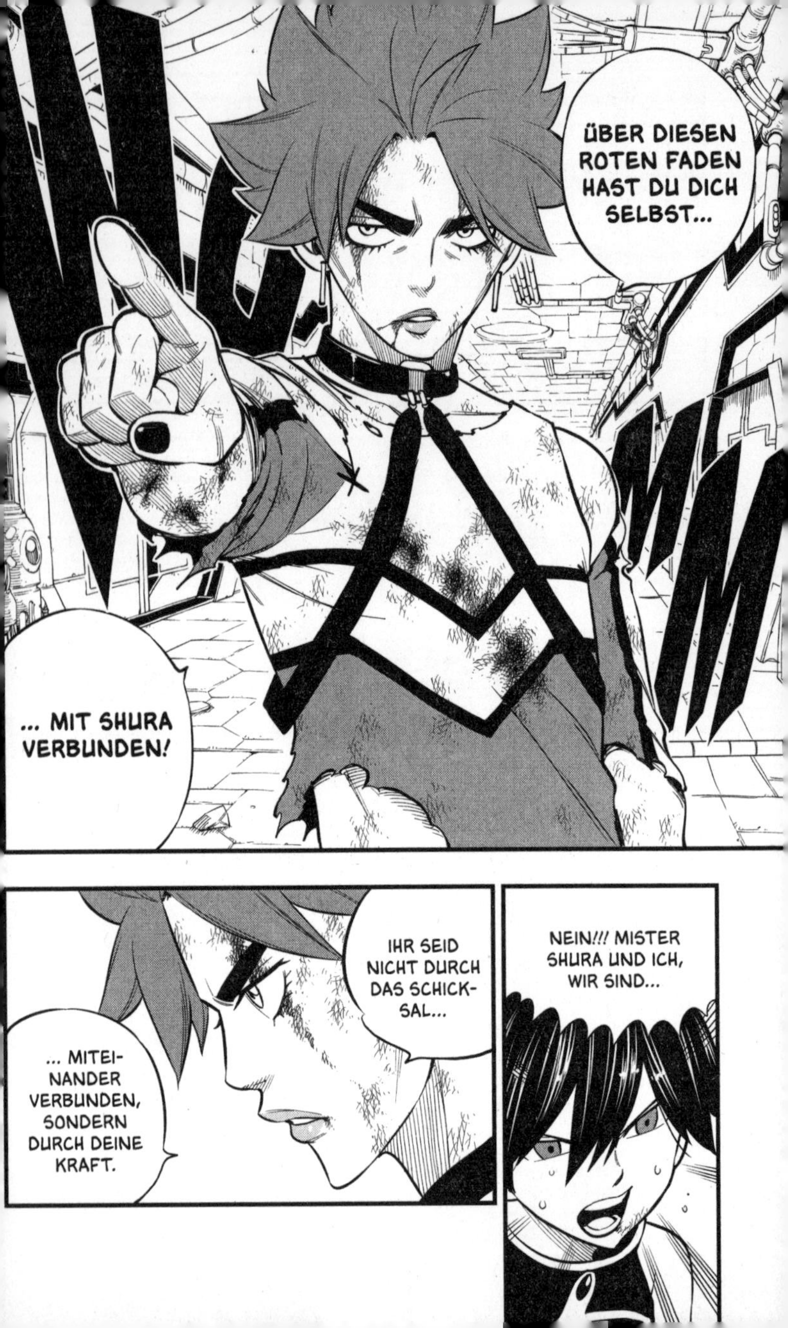
ÜBER DIESEN ROTEN FADEN HAST DU DICH SELBST...
... MIT SHURA VERBUNDEN!
IHR SEID NICHT DURCH DAS SCHICKSAL...
... MITEINANDER VERBUNDEN, SONDERN DURCH DEINE KRAFT.
NEIN!!! MISTER SHURA UND ICH, WIR SIND...

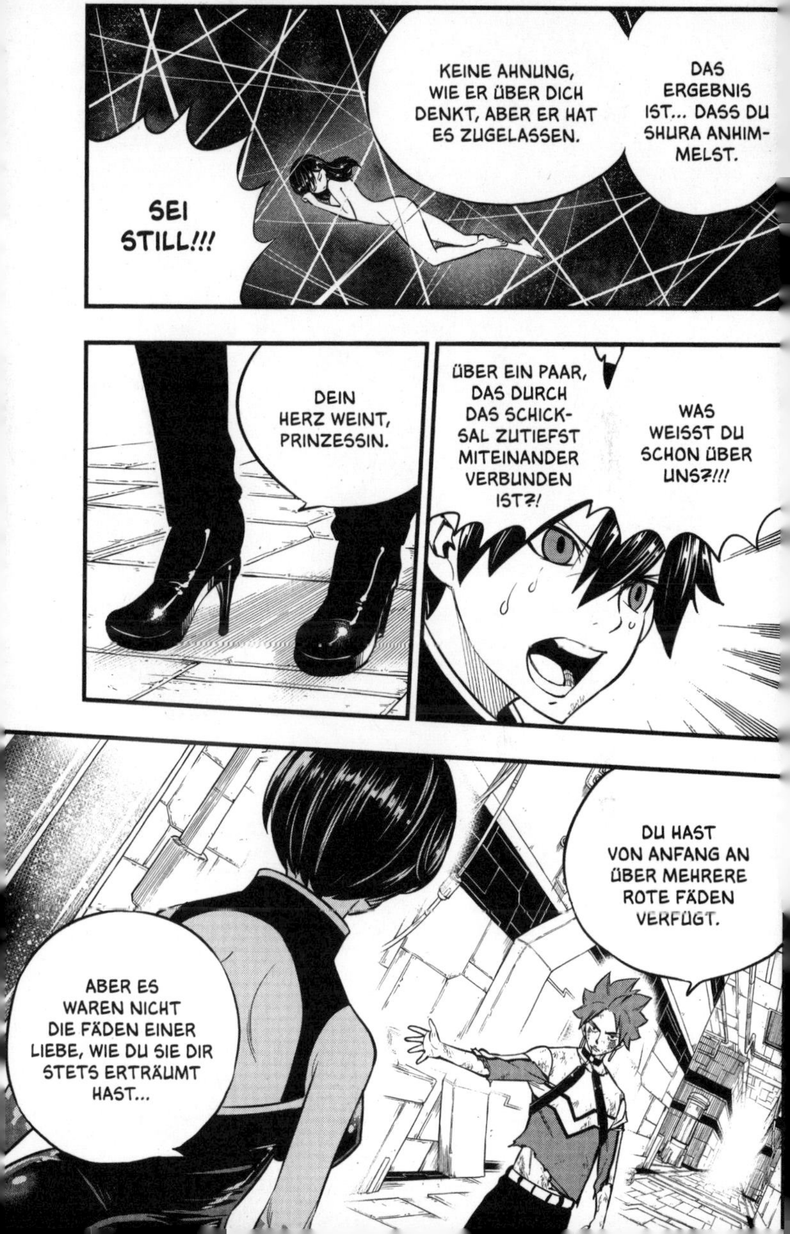
DAS ERGEBNIS IST... DASS DU SHURA ANHIMMELST.
KEINE AHNUNG, WIE ER ÜBER DICH DENKT, ABER ER HAT ES ZUGELASSEN.
SEI STILL!!!
WAS WEISST DU SCHON ÜBER UNS?!!!
ÜBER EIN PAAR, DAS DURCH DAS SCHICKSAL ZUTIEFST MITEINANDER VERBUNDEN IST?!
DEIN HERZ WEINT, PRINZESSIN.
DU HAST VON ANFANG AN ÜBER MEHRERE ROTE FÄDEN VERFÜGT.
ABER ES WAREN NICHT DIE FÄDEN EINER LIEBE, WIE DU SIE DIR STETS ERTRÄUMT HAST...

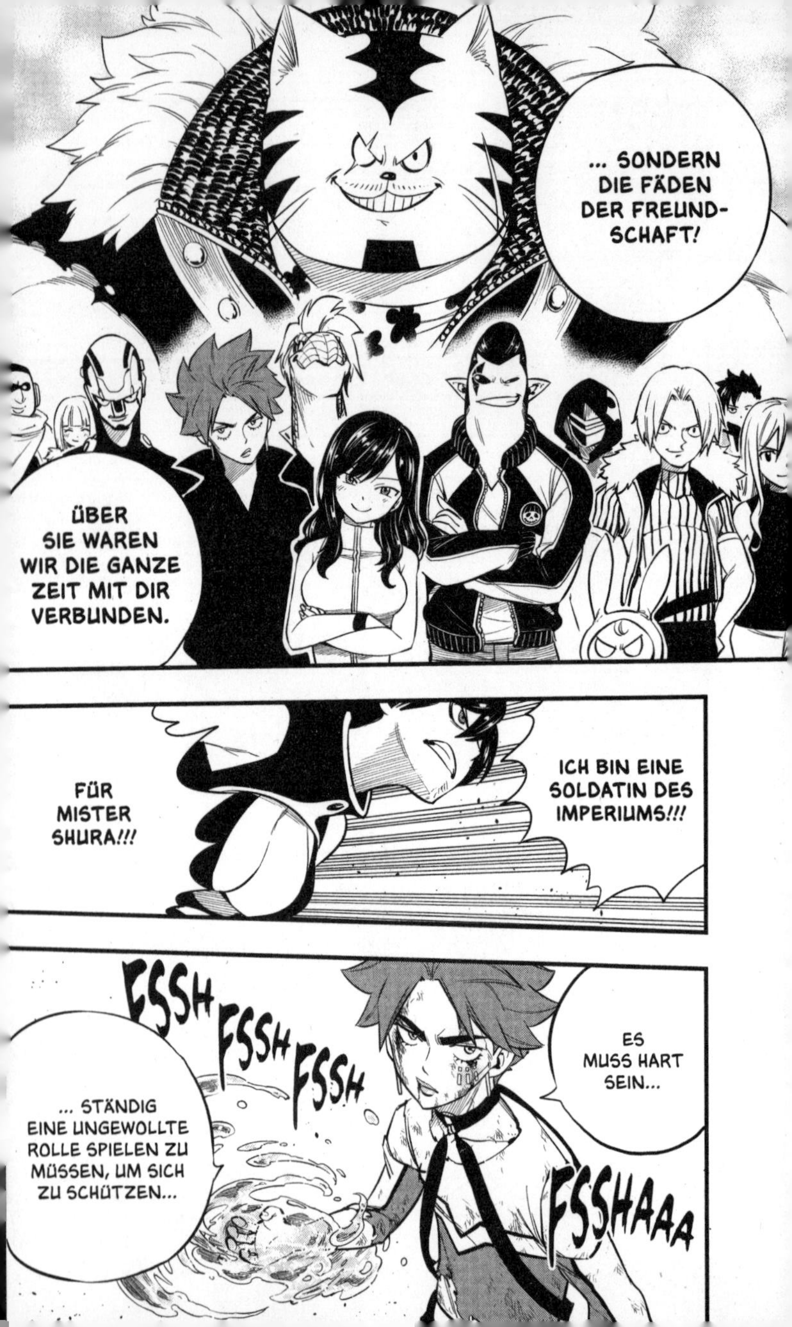
... SONDERN DIE FÄDEN DER FREUND-SCHAFT!
ÜBER SIE WAREN WIR DIE GANZE ZEIT MIT DIR VERBUNDEN.
ICH BIN EINE SOLDATIN DES IMPERIUMS!!!
FÜR MISTER SHURA!!!
ES MUSS HART SEIN...
FSSHAAA
FSSH FSSH FSSH
... STÄNDIG EINE UNGEWOLLTE ROLLE SPIELEN ZU MÜSSEN, UM SICH ZU SCHÜTZEN...

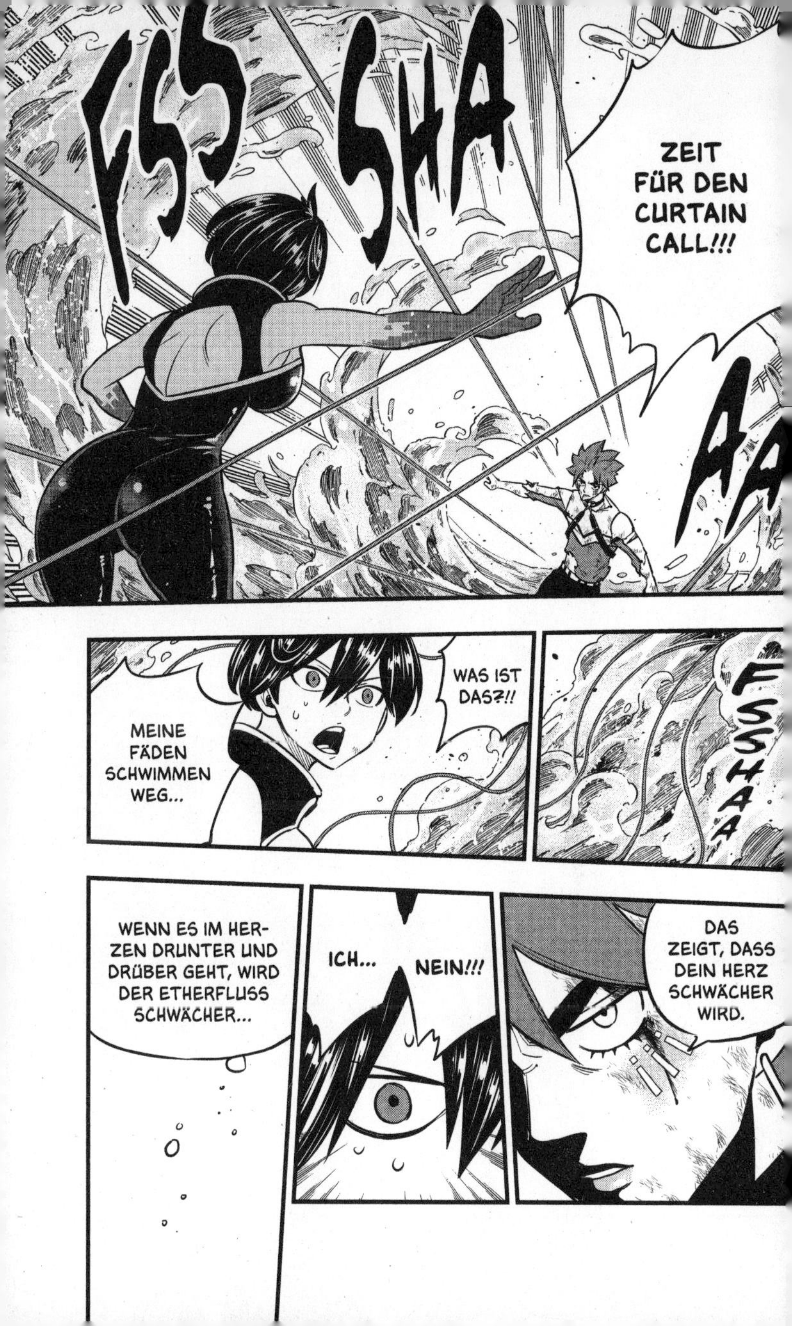
FSS SHA
ZEIT FÜR DEN CURTAIN CALL!!!
AA
FSSHAA
WAS IST DAS?!!
MEINE FÄDEN SCHWIMMEN WEG...
DAS ZEIGT, DASS DEIN HERZ SCHWÄCHER WIRD.
ICH... NEIN!!!
WENN ES IM HERZEN DRUNTER UND DRÜBER GEHT, WIRD DER ETHERFLUSS SCHWÄCHER...

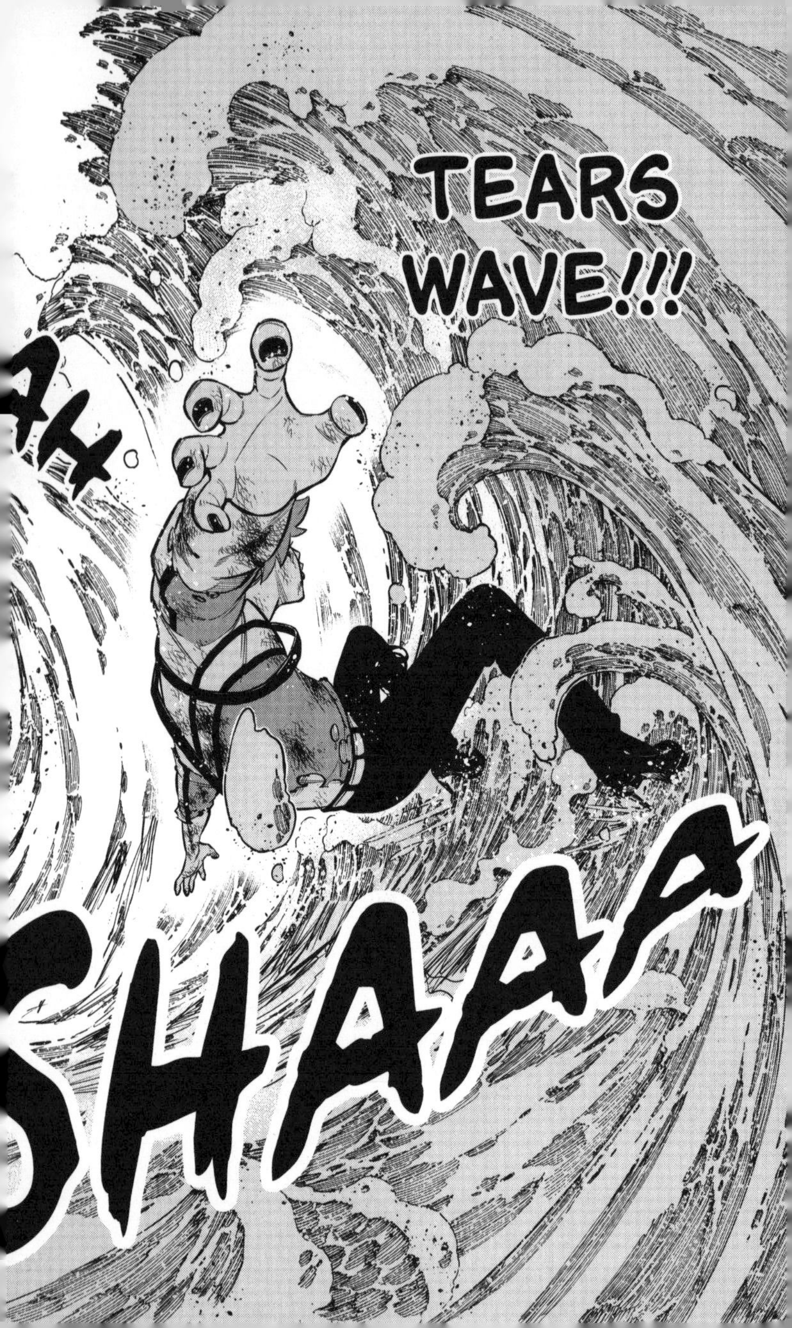
TEARS WAVE!!!
SHAAA

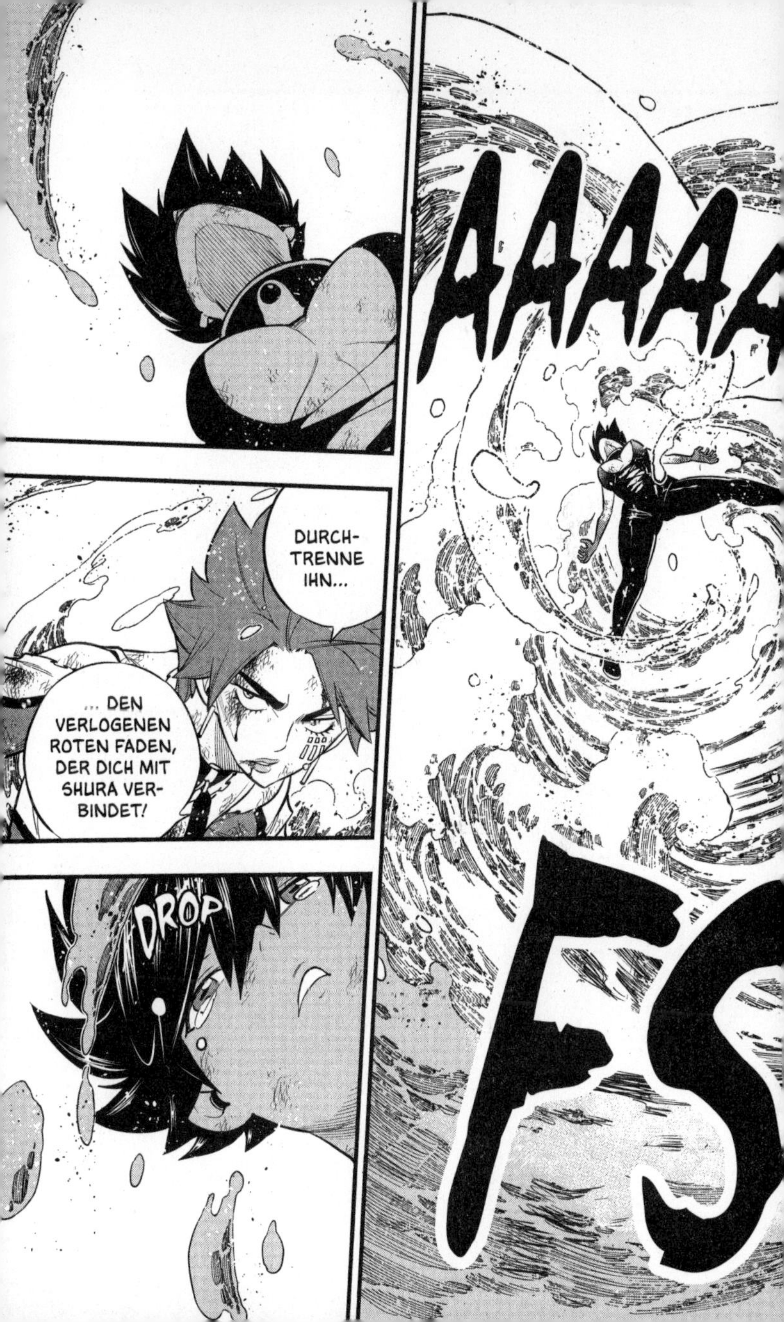
AAAAA
DURCH-TRENNE IHN...
... DEN VERLOGENEN ROTEN FADEN, DER DICH MIT SHURA VER-BINDET!
DROP
FS

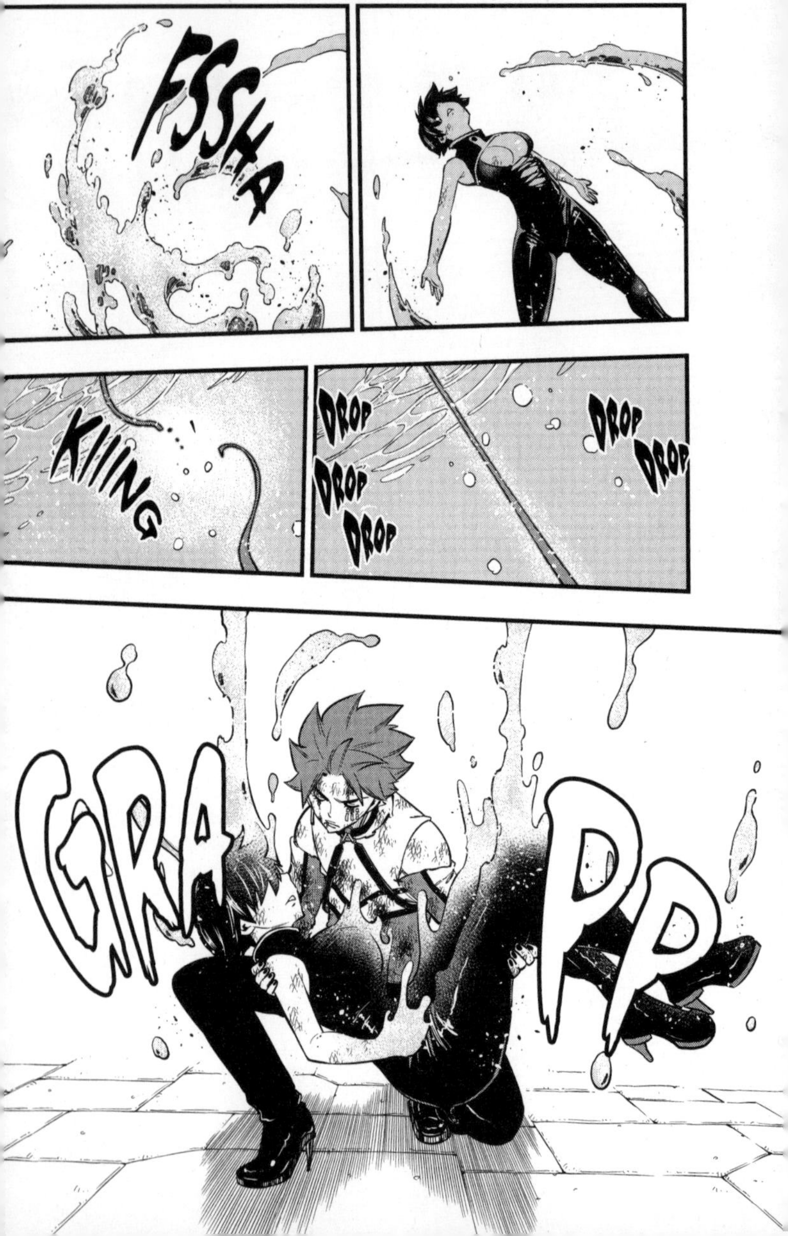
FSSHA
KIIING
DROP
DROP
DROP
DROP
DROP
GRAPP

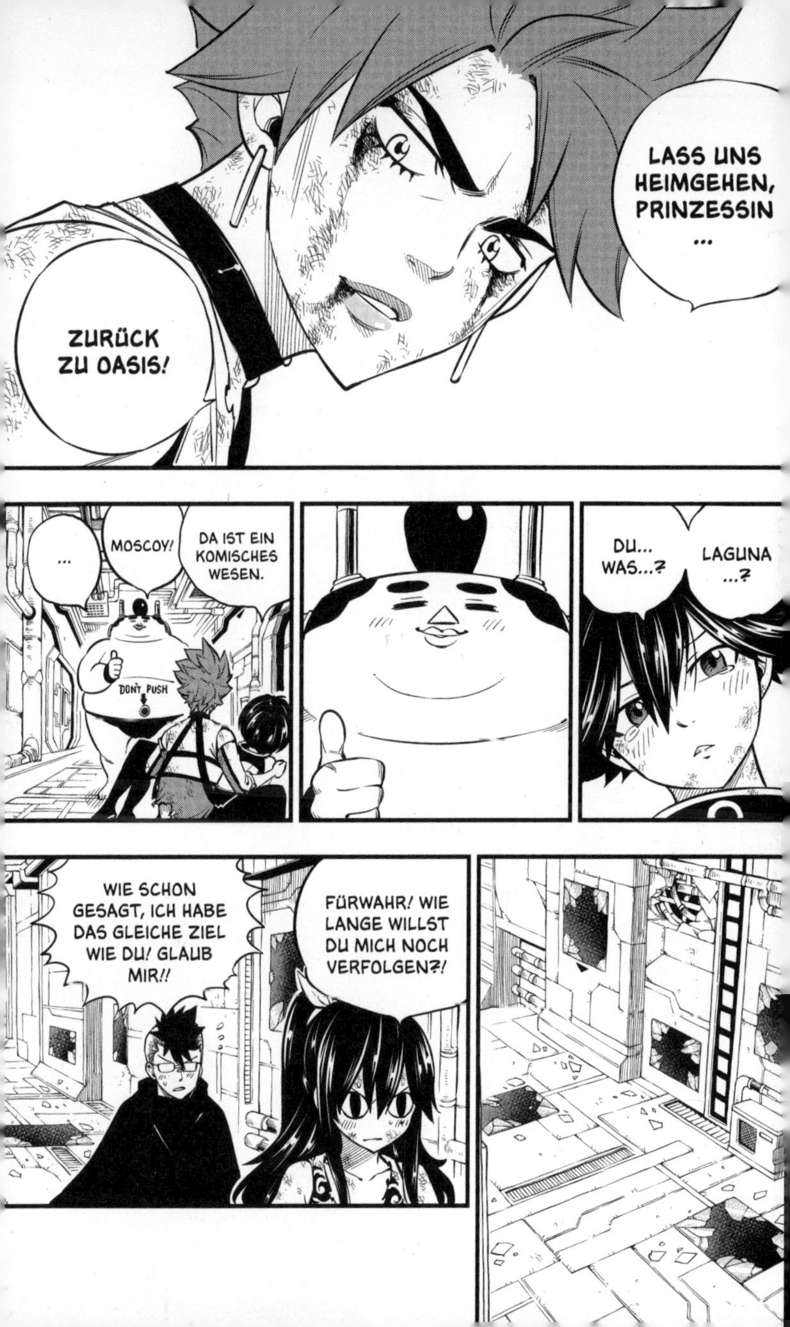
LASS UNS HEIMGEHEN, PRINZESSIN ...
ZURÜCK ZU OASIS!
...
MOSCOY!
DA IST EIN KOMISCHES WESEN.
DON'T PUSH
DU... WAS...?
LAGUNA ...?
WIE SCHON GESAGT, ICH HABE DAS GLEICHE ZIEL WIE DU! GLAUB MIR!!
FÜRWAHR! WIE LANGE WILLST DU MICH NOCH VERFOLGEN?!

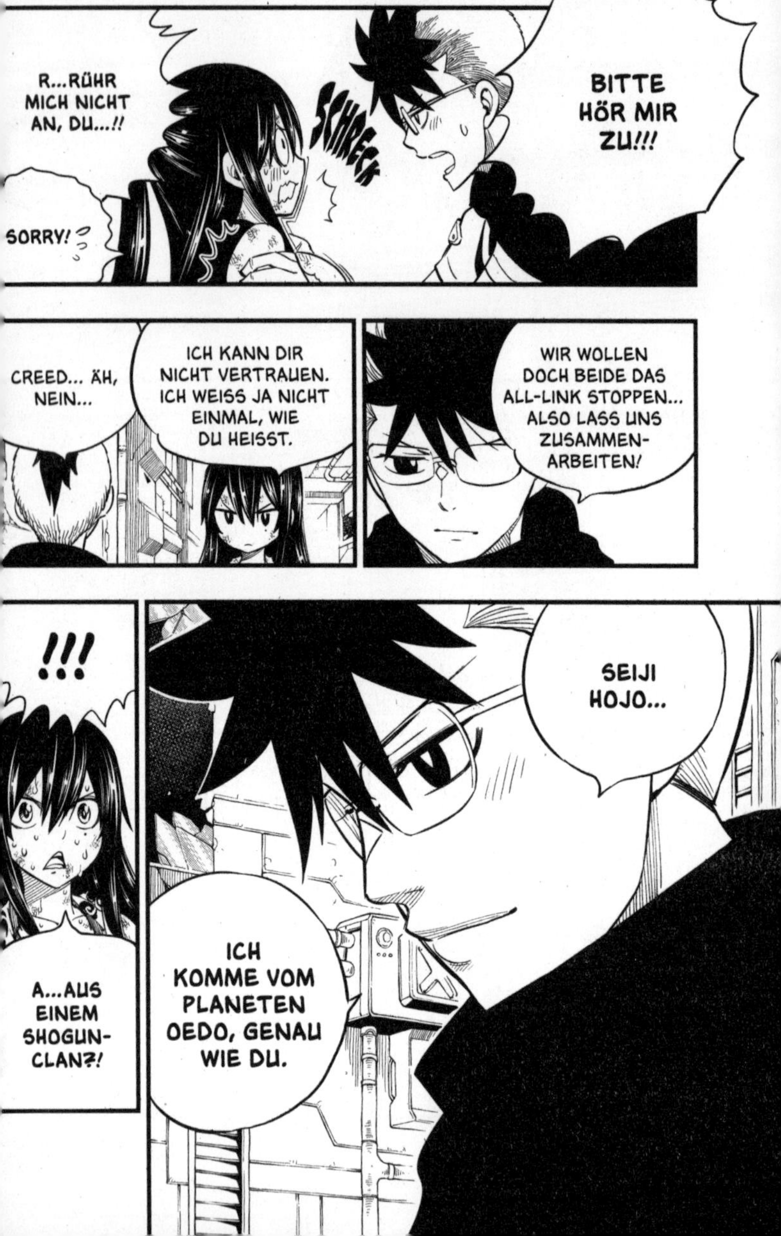
BITTE HÖR MIR ZU!!!
SCHRECK
R...RÜHR MICH NICHT AN, DU...!!
SORRY!
WIR WOLLEN DOCH BEIDE DAS ALL-LINK STOPPEN... ALSO LASS UNS ZUSAMMEN-ARBEITEN!
ICH KANN DIR NICHT VERTRAUEN. ICH WEISS JA NICHT EINMAL, WIE DU HEISST.
CREED... ÄH, NEIN...
SEIJI HOJO...
ICH KOMME VOM PLANETEN OEDO, GENAU WIE DU.
!!!
A...AUS EINEM SHOGUN-CLAN?!

EDENS ZERO

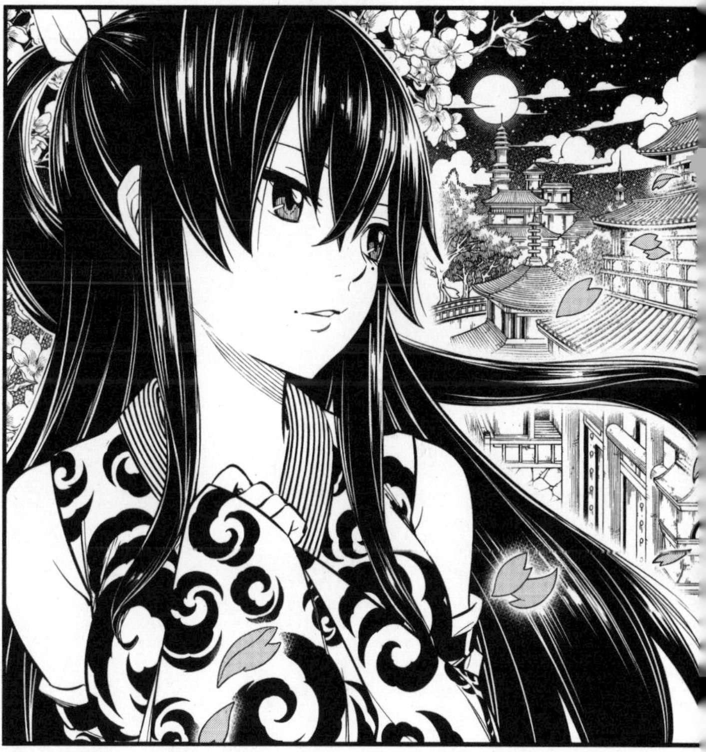

KAPITEL 160: IM AOI-KOSMOS ZERSTREUT

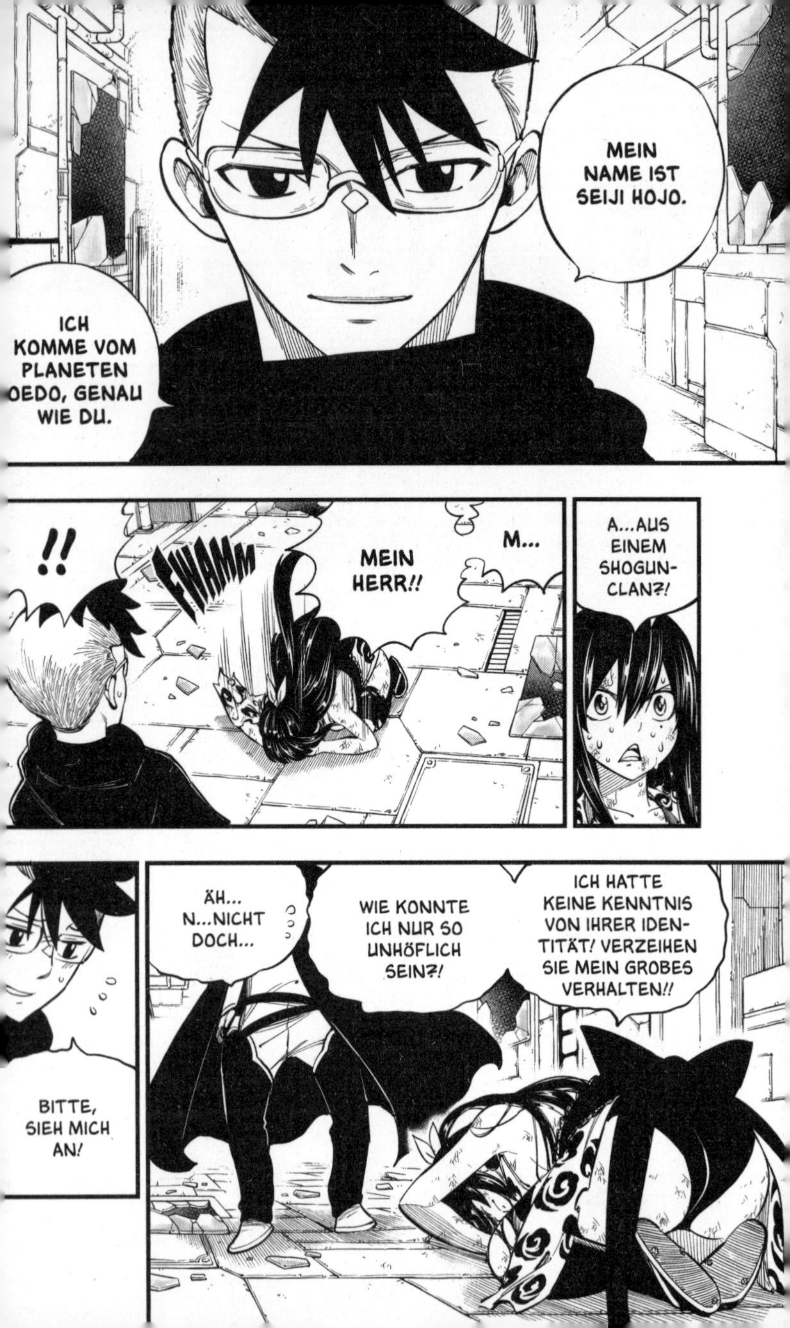
MEIN NAME IST SEIJI HOJO.
ICH KOMME VOM PLANETEN OEDO, GENAU WIE DU.
A...AUS EINEM SHOGUN-CLAN?!
M...
MEIN HERR!!
CHWAMM
!!
ICH HATTE KEINE KENNTNIS VON IHRER IDENTITÄT! VERZEIHEN SIE MEIN GROBES VERHALTEN!!
WIE KONNTE ICH NUR SO UNHÖFLICH SEIN?!
ÄH... N...NICHT DOCH...
BITTE, SIEH MICH AN!

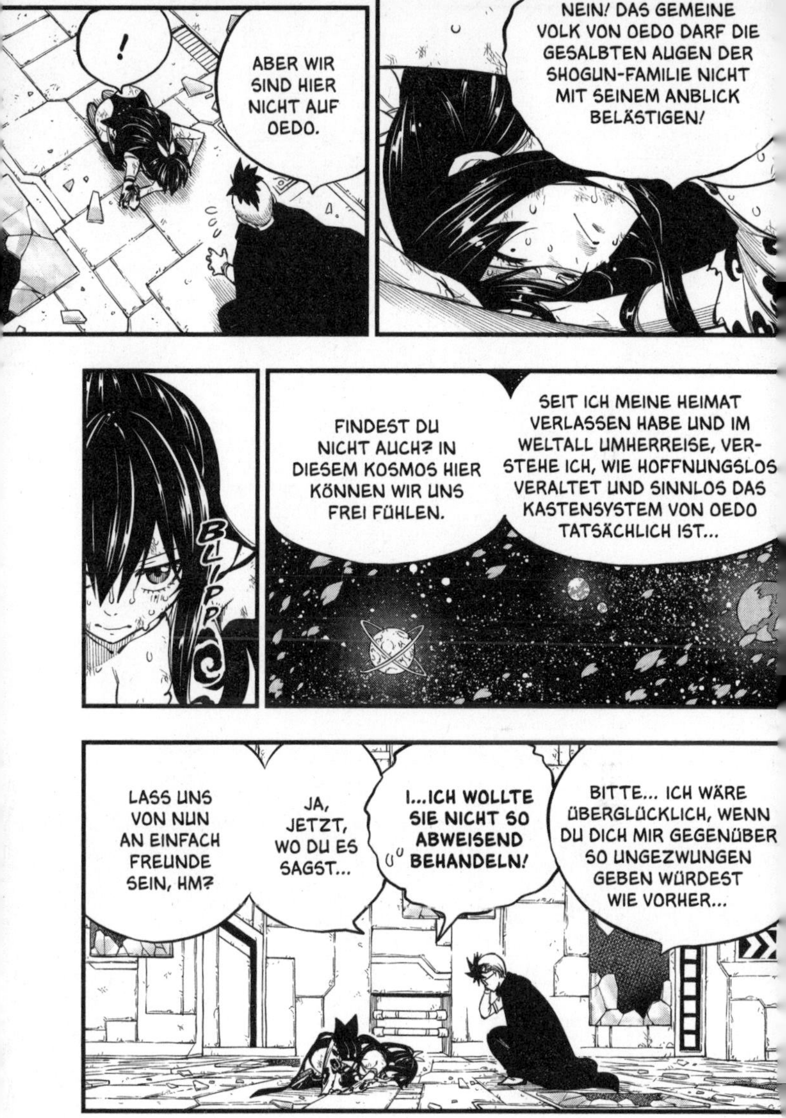
NEIN! DAS GEMEINE VOLK VON OEDO DARF DIE GESALBTEN AUGEN DER SHOGUN-FAMILIE NICHT MIT SEINEM ANBLICK BELÄSTIGEN!
!
ABER WIR SIND HIER NICHT AUF OEDO.
SEIT ICH MEINE HEIMAT VERLASSEN HABE UND IM WELTALL UMHERREISE, VERSTEHE ICH, WIE HOFFNUNGSLOS VERALTET UND SINNLOS DAS KASTENSYSTEM VON OEDO TATSÄCHLICH IST...
FINDEST DU NICHT AUCH? IN DIESEM KOSMOS HIER KÖNNEN WIR UNS FREI FÜHLEN.
BLIPP
BITTE... ICH WÄRE ÜBERGLÜCKLICH, WENN DU DICH MIR GEGENÜBER SO UNGEZWUNGEN GEBEN WÜRDEST WIE VORHER...
I...ICH WOLLTE SIE NICHT SO ABWEISEND BEHANDELN!
JA, JETZT, WO DU ES SAGST...
LASS UNS VON NUN AN EINFACH FREUNDE SEIN, HM?

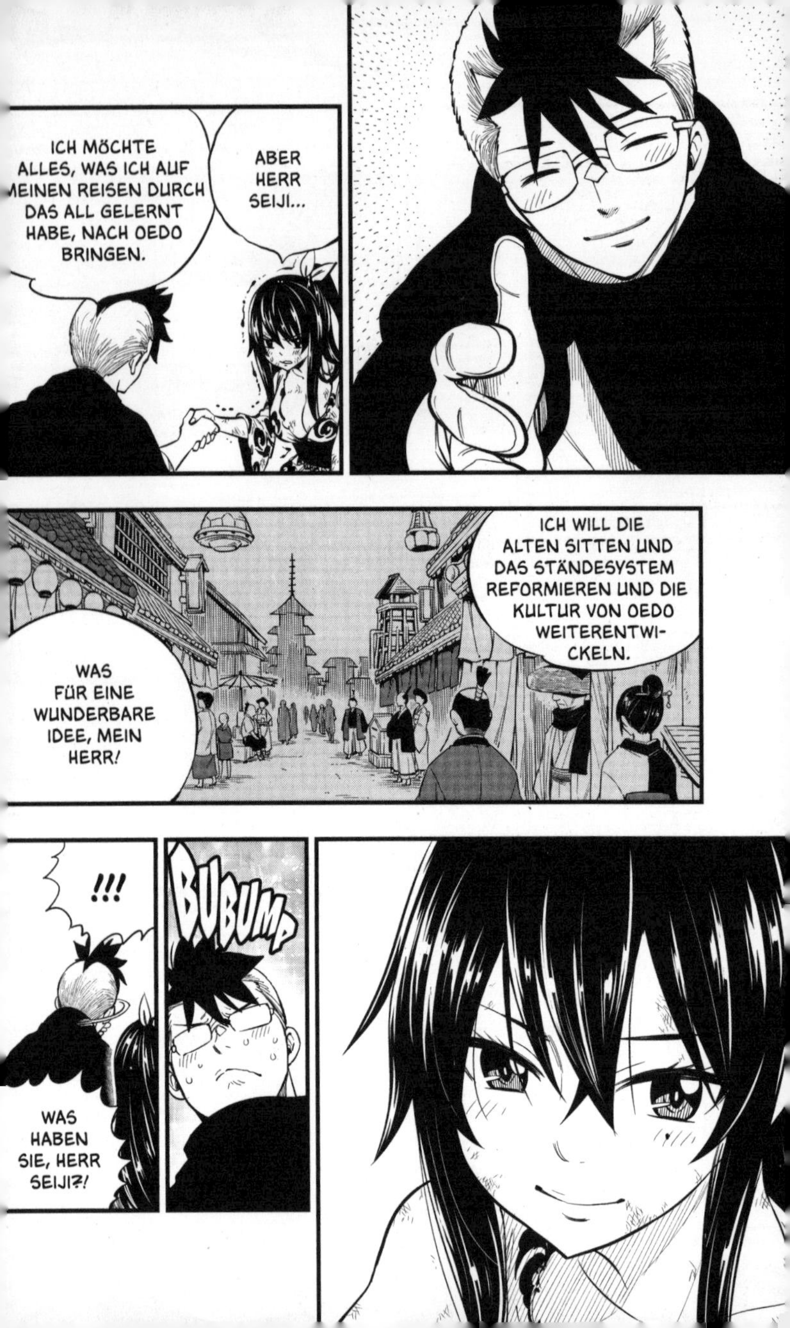
ICH MÖCHTE ALLES, WAS ICH AUF MEINEN REISEN DURCH DAS ALL GELERNT HABE, NACH OEDO BRINGEN.
ABER HERR SEIJI...
...
ICH WILL DIE ALTEN SITTEN UND DAS STÄNDESYSTEM REFORMIEREN UND DIE KULTUR VON OEDO WEITERENTWI-CKELN.
WAS FÜR EINE WUNDERBARE IDEE, MEIN HERR!
!!!
WAS HABEN SIE, HERR SEIJI?!
BUBUMP

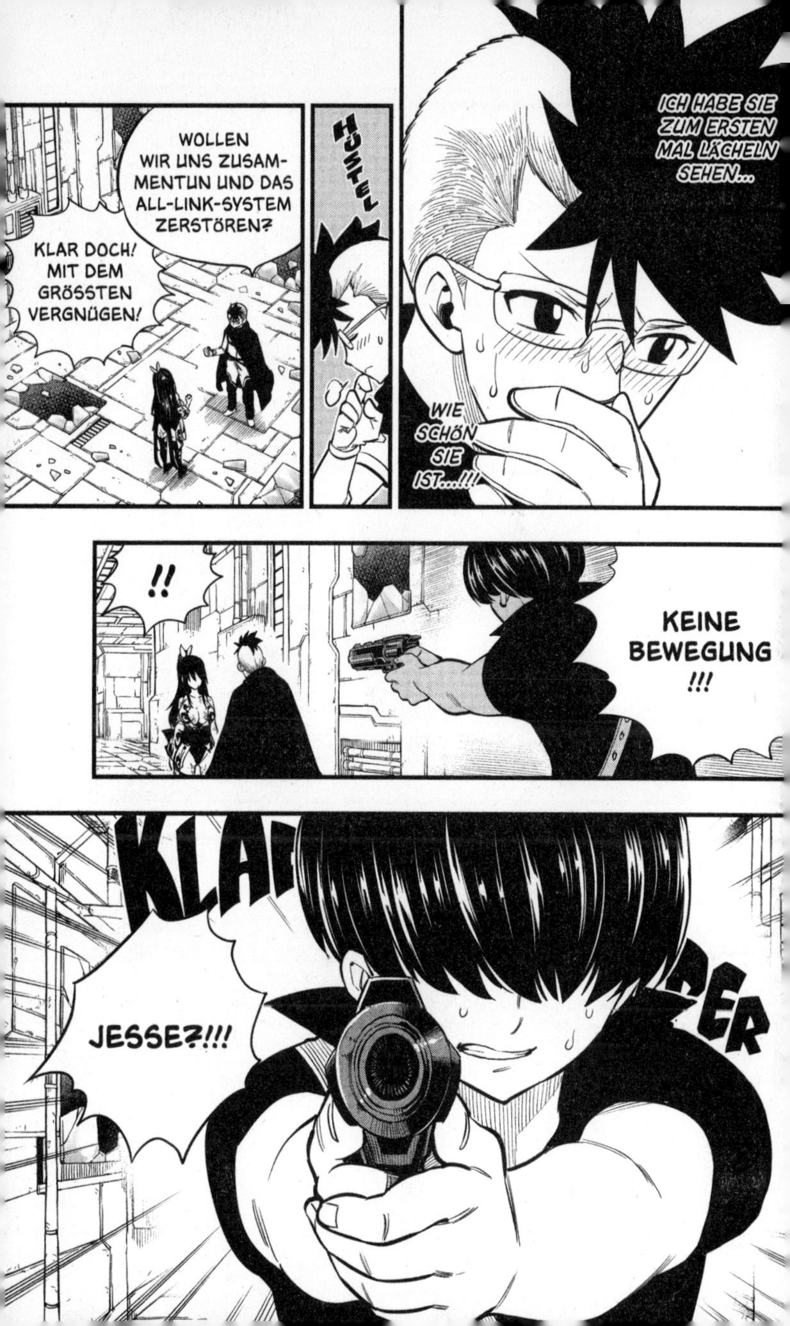
ICH HABE SIE ZUM ERSTEN MAL LÄCHELN SEHEN...
WIE SCHÖN SIE IST...!!!
HÜSTEL
WOLLEN WIR UNS ZUSAMMENTUN UND DAS ALL-LINK-SYSTEM ZERSTÖREN?
KLAR DOCH! MIT DEM GRÖSSTEN VERGNÜGEN!
KEINE BEWEGUNG !!!
!!
JESSE?!!!

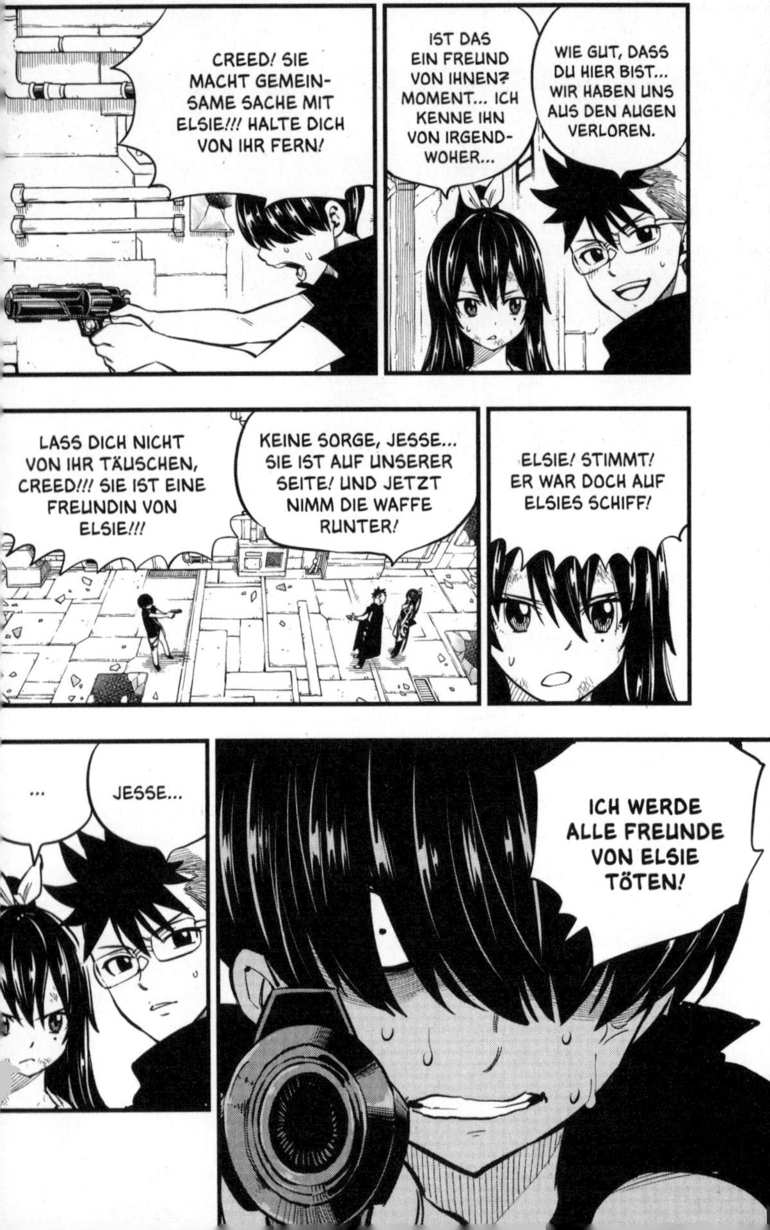
CREED! SIE MACHT GEMEINSAME SACHE MIT ELSIE!!! HALTE DICH VON IHR FERN!
IST DAS EIN FREUND VON IHNEN? MOMENT... ICH KENNE IHN VON IRGENDWOHER...
WIE GUT, DASS DU HIER BIST... WIR HABEN UNS AUS DEN AUGEN VERLOREN.
LASS DICH NICHT VON IHR TÄUSCHEN, CREED!!! SIE IST EINE FREUNDIN VON ELSIE!!!
KEINE SORGE, JESSE... SIE IST AUF UNSERER SEITE! UND JETZT NIMM DIE WAFFE RUNTER!
ELSIE! STIMMT! ER WAR DOCH AUF ELSIES SCHIFF!
...
JESSE...
ICH WERDE ALLE FREUNDE VON ELSIE TÖTEN!

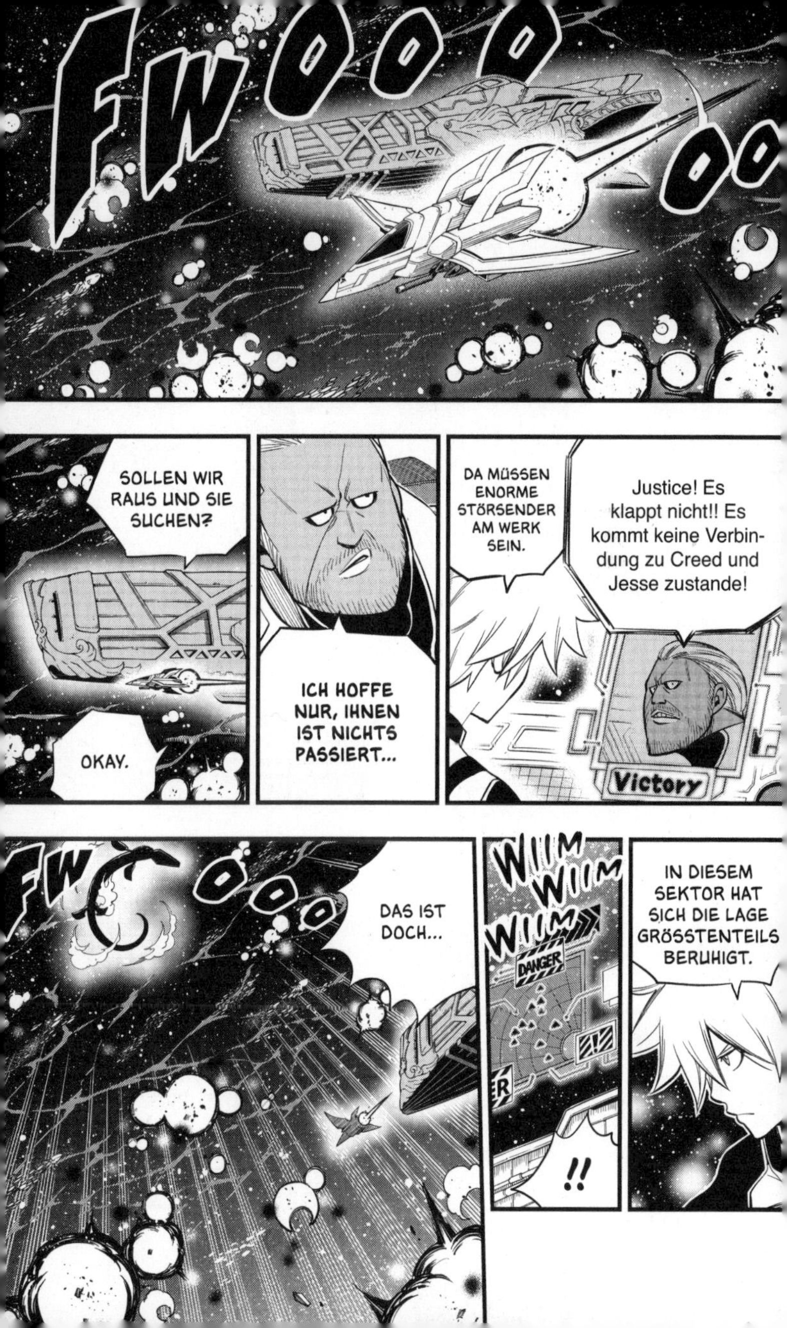
FWOOOOOO
SOLLEN WIR RAUS UND SIE SUCHEN?
OKAY.
ICH HOFFE NUR, IHNEN IST NICHTS PASSIERT...
DA MÜSSEN ENORME STÖRSENDER AM WERK SEIN.
Justice! Es klappt nicht!! Es kommt keine Verbindung zu Creed und Jesse zustande!
Victory
FWOOO
DAS IST DOCH...
WIIM WIIM WIIM
DANGER
!!
IN DIESEM SEKTOR HAT SICH DIE LAGE GRÖSSTENTEILS BERUHIGT.

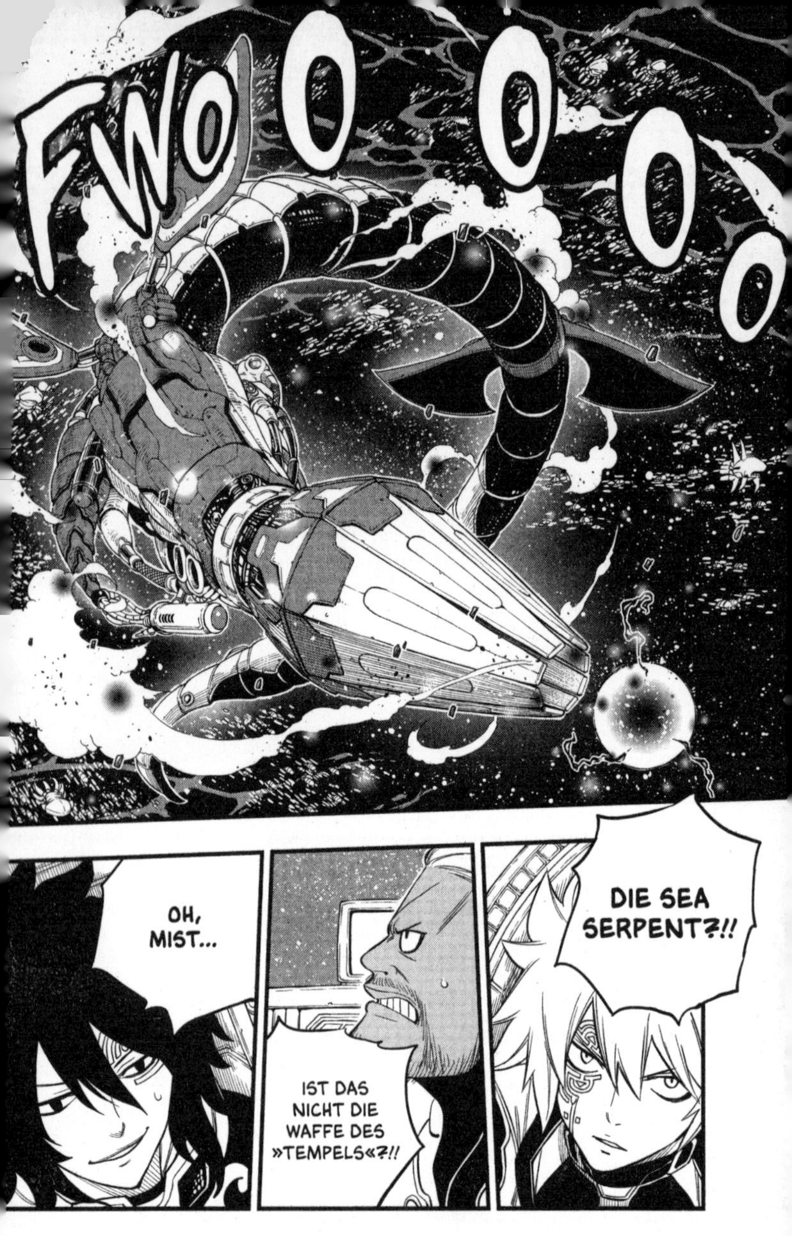
FWOOOOOO
DIE SEA SERPENT?!!
IST DAS NICHT DIE WAFFE DES »TEMPELS«?!!
OH, MIST...

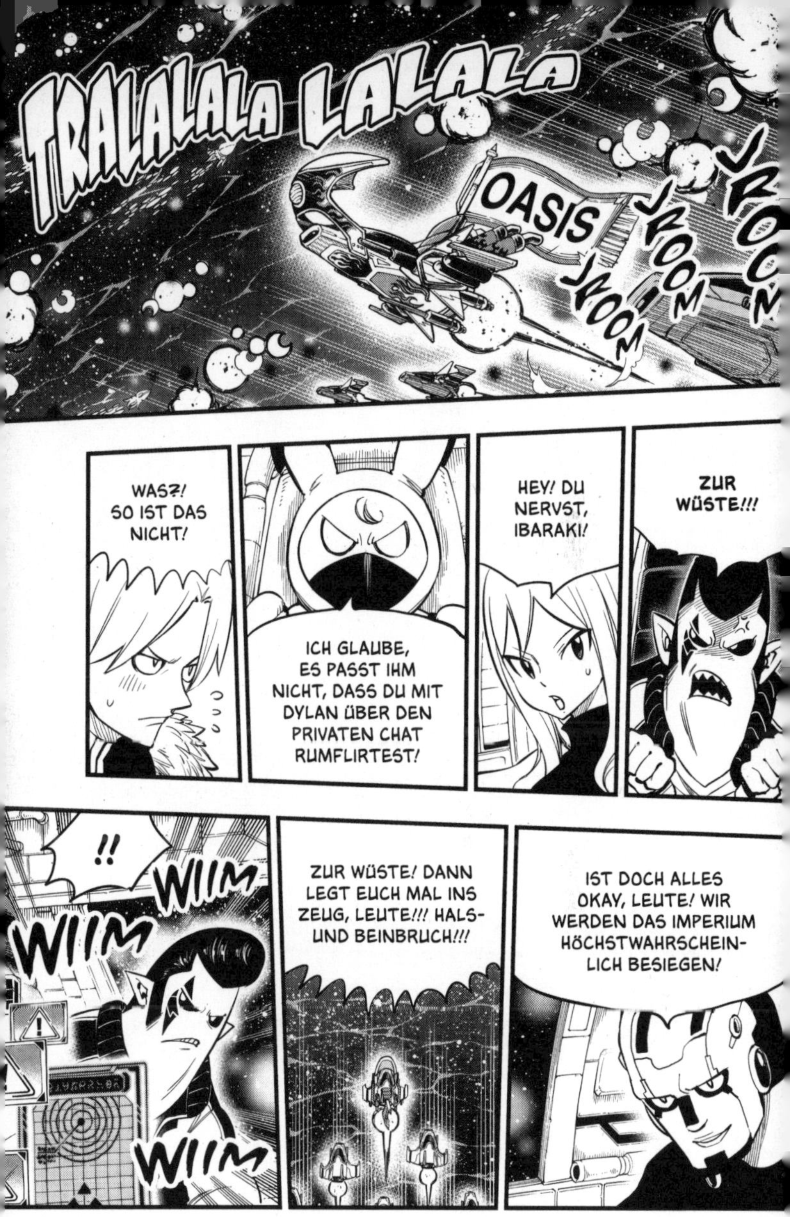
TRALALALA LALALA
OASIS
JROOM JROOM JROOM
ZUR WÜSTE!!!
HEY! DU NERVST, IBARAKI!
ICH GLAUBE, ES PASST IHM NICHT, DASS DU MIT DYLAN ÜBER DEN PRIVATEN CHAT RUMFLIRTEST!
WAS?! SO IST DAS NICHT!
IST DOCH ALLES OKAY, LEUTE! WIR WERDEN DAS IMPERIUM HÖCHSTWAHRSCHEIN-LICH BESIEGEN!
ZUR WÜSTE! DANN LEGT EUCH MAL INS ZEUG, LEUTE!!! HALS- UND BEINBRUCH!!!
!!
WIIM
WIIM
WIIM

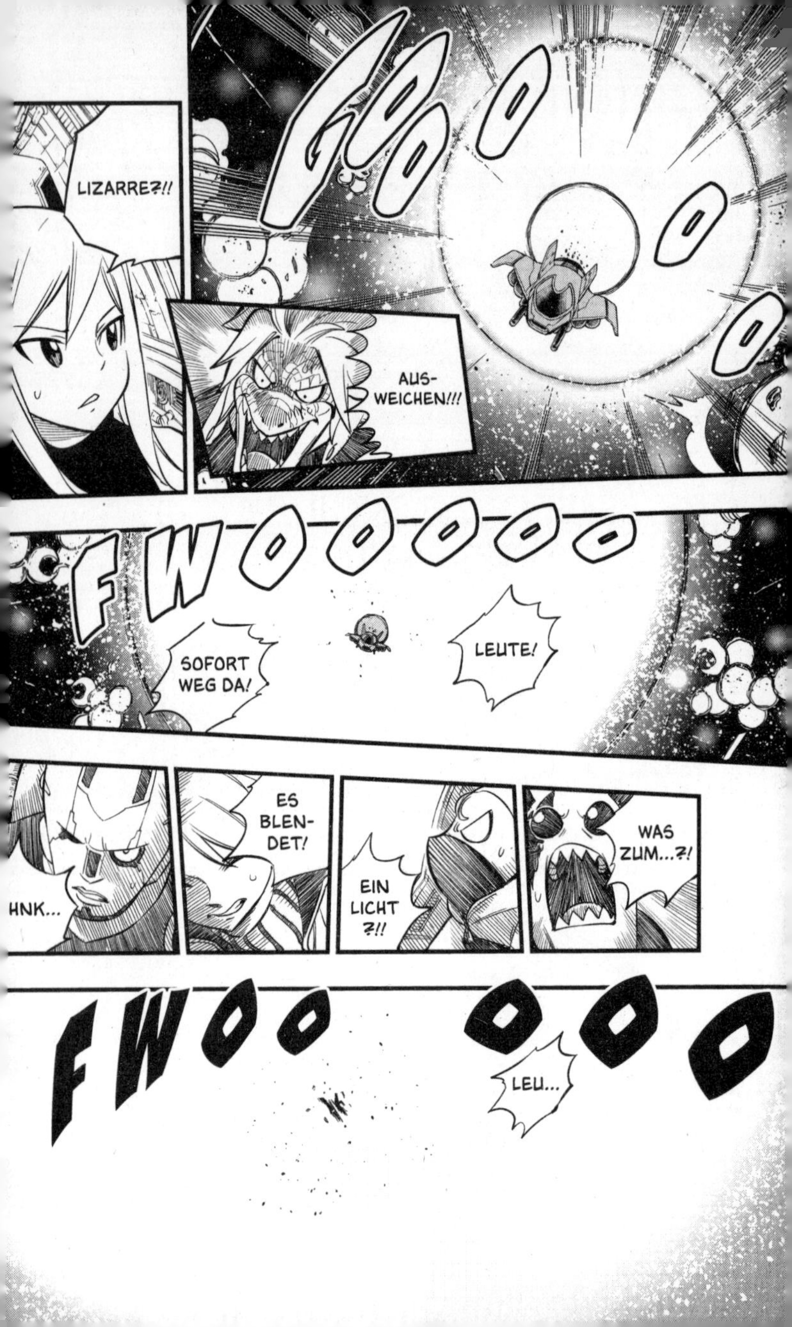
LIZARRE?!!
GOOOOOOOO
AUS-WEICHEN!!!
FWOOOOOOO
SOFORT WEG DA!
LEUTE!
WAS ZUM...?!
EIN LICHT ?!!
ES BLEN-DET!
HNK...
FWOOOOO
LEU...

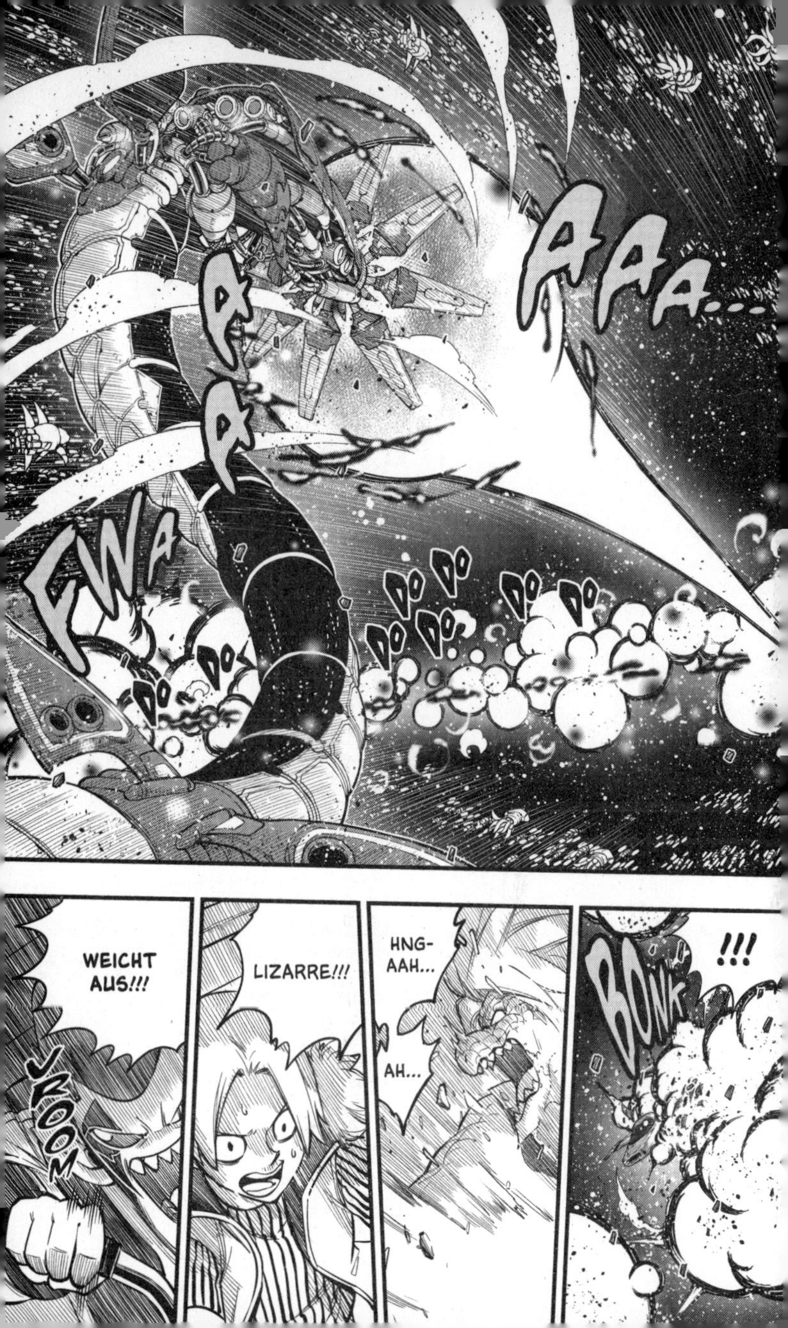
EWA
A
A
AAA...
DO DO DO DO DO DO DO DO
BONK !!!
HNG-
AAH...
AH...
LIZARRE!!!
WEICHT AUS!!!
VROOM

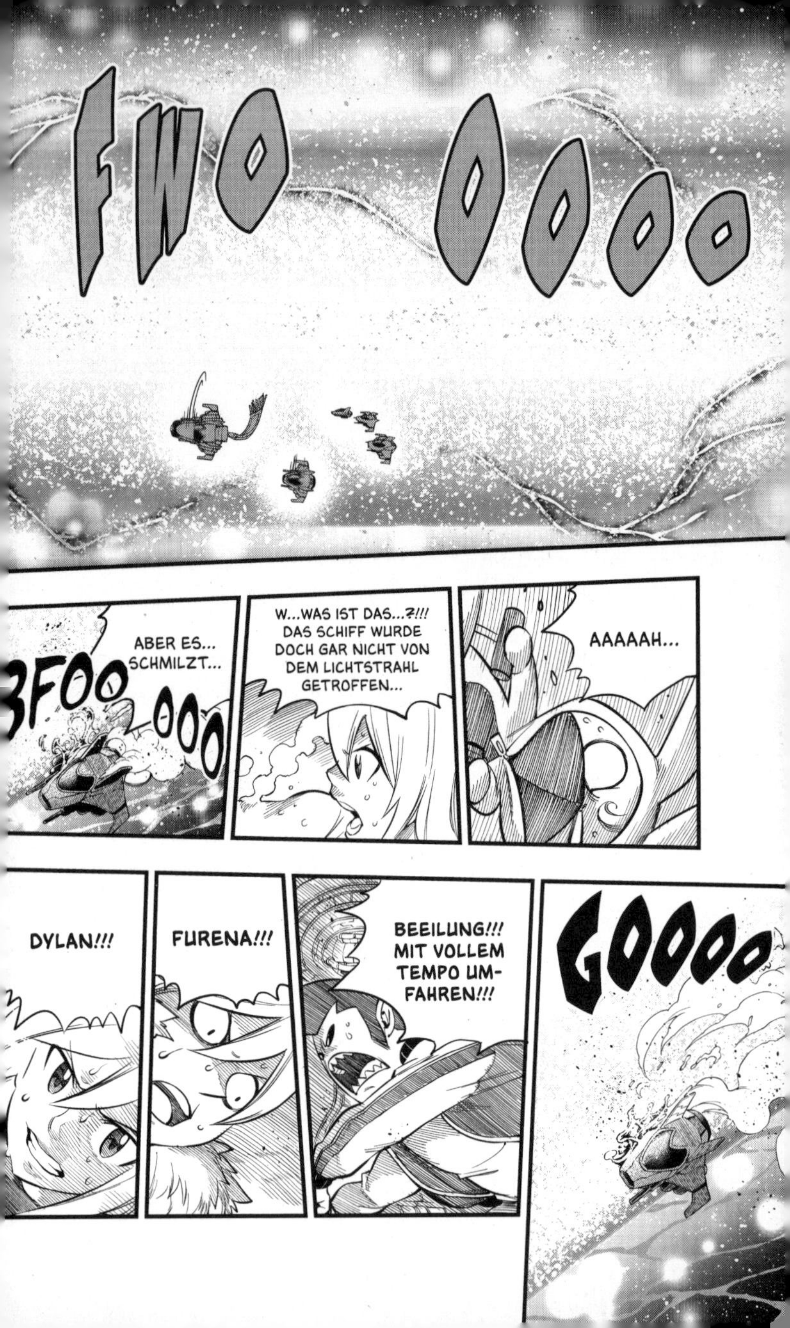
FWOOOOO
ABER ES... SCHMILZT...
BFOOOOO
W...WAS IST DAS...?!!! DAS SCHIFF WURDE DOCH GAR NICHT VON DEM LICHTSTRAHL GETROFFEN...
AAAAAH...
DYLAN!!!
FURENA!!!
BEEILUNG!!! MIT VOLLEM TEMPO UMFAHREN!!!
GOOOO

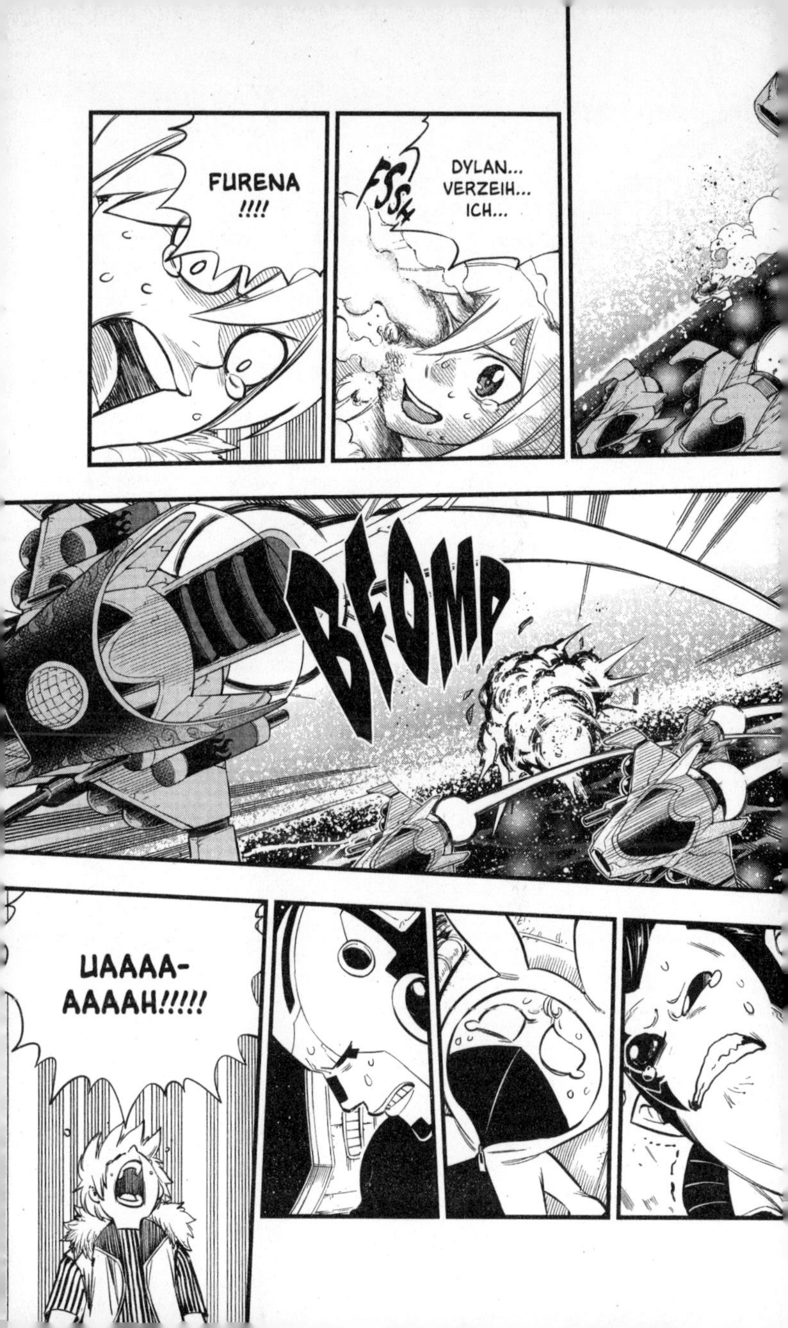
FURENA
!!!!
FSSH
DYLAN...
VERZEIH...
ICH...
BFOMP
UAAAA-
AAAAH!!!!!

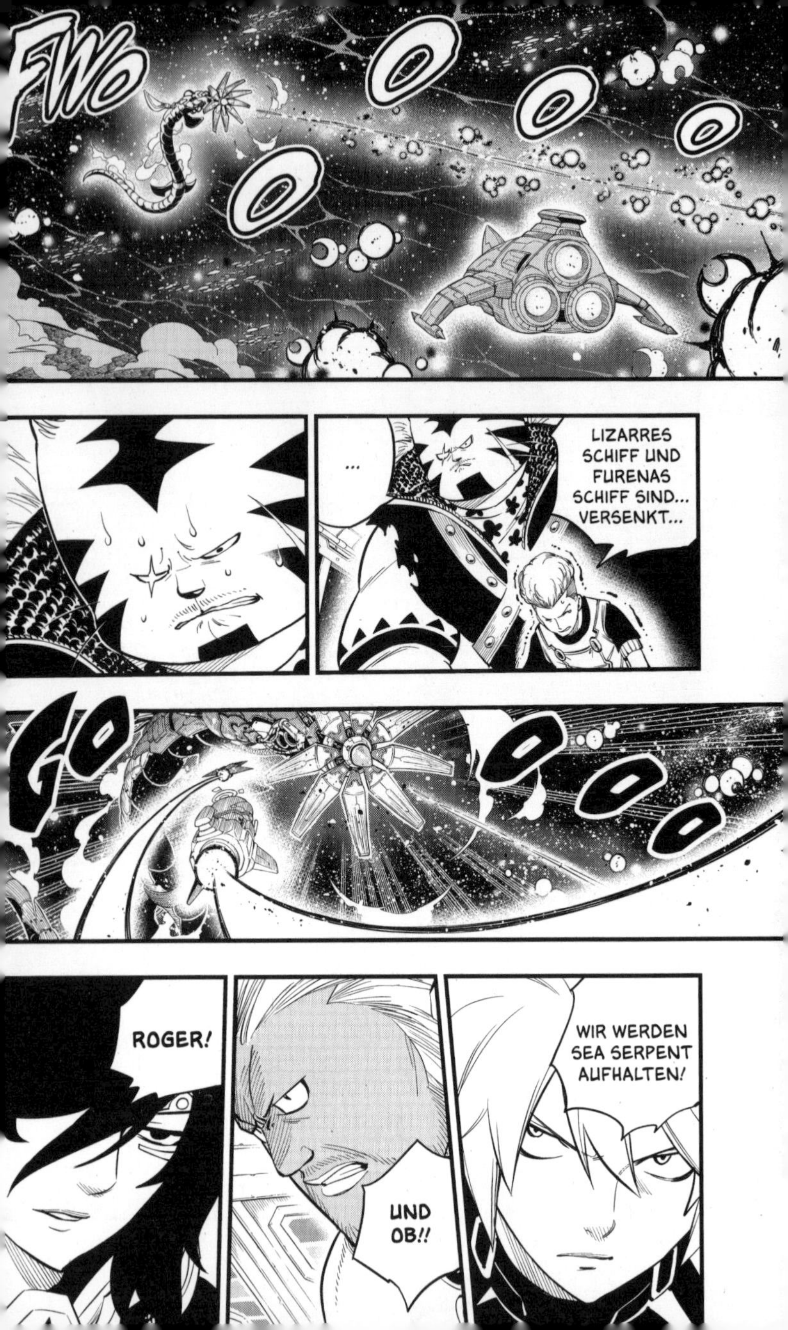
FWOOOOOO
...
LIZARRES SCHIFF UND FURENAS SCHIFF SIND... VERSENKT...
GOOOOO
ROGER!
UND OB!!
WIR WERDEN SEA SERPENT AUFHALTEN!

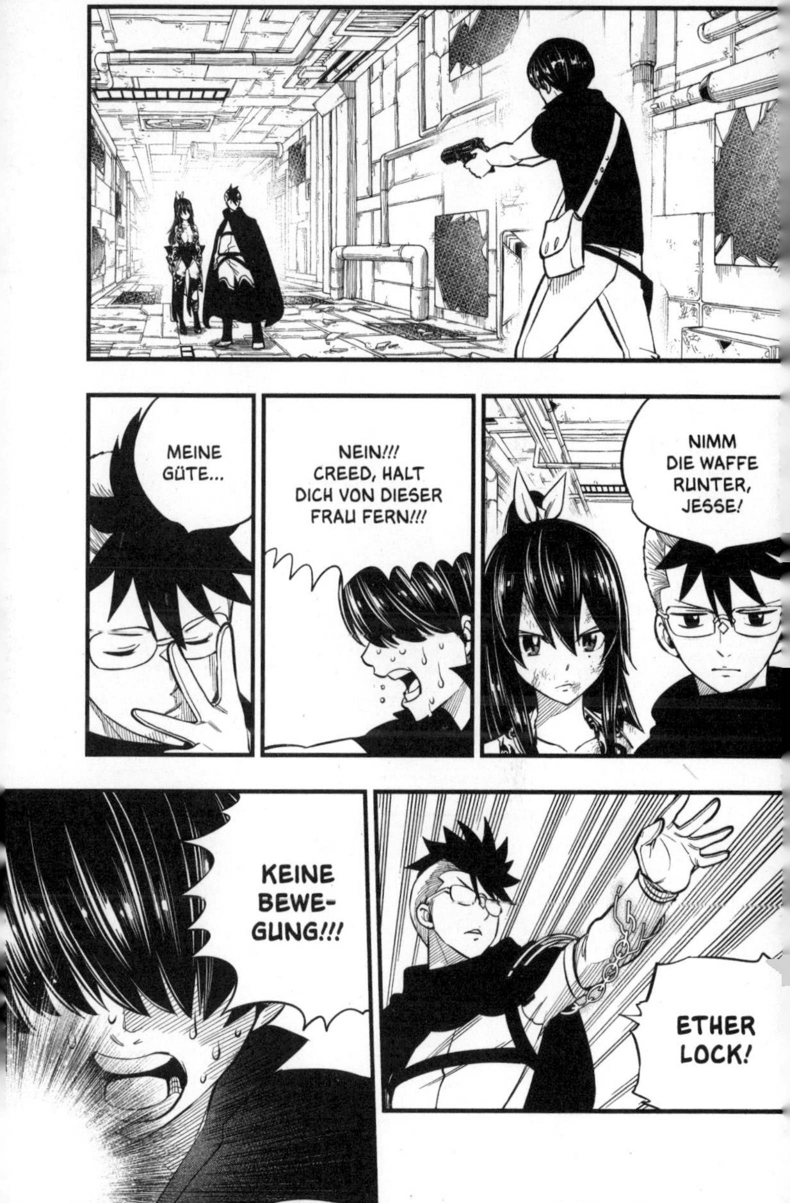
NIMM DIE WAFFE RUNTER, JESSE!
NEIN!!! CREED, HALT DICH VON DIESER FRAU FERN!!!
MEINE GÜTE...
ETHER LOCK!
KEINE BEWE-GUNG!!!

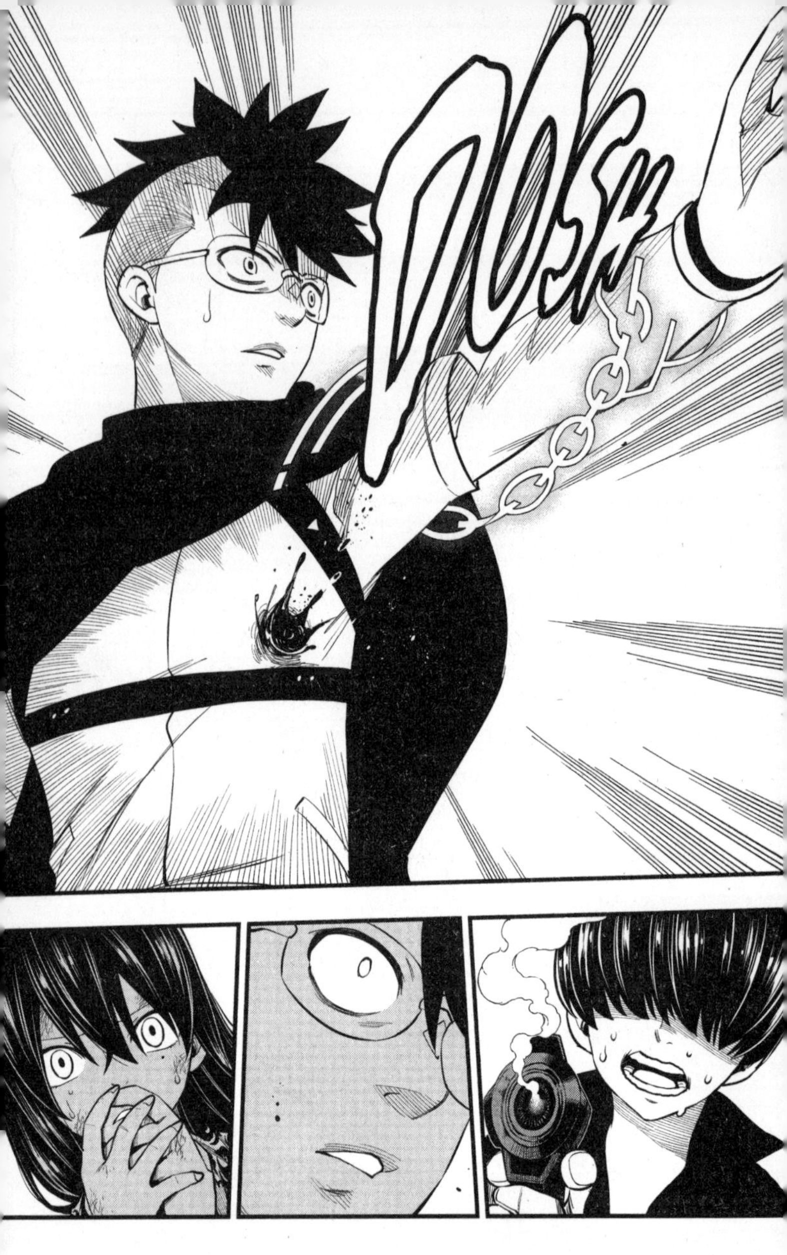

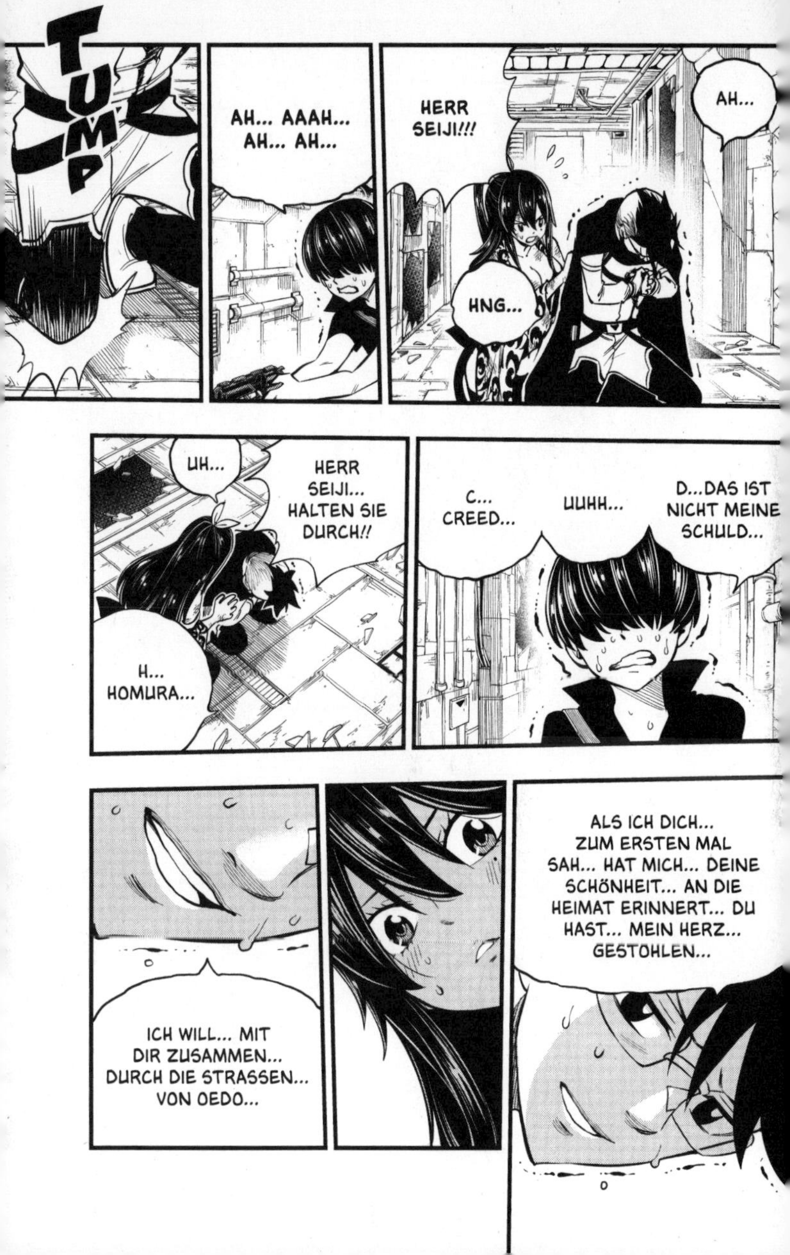
AH...
HERR SEIJI!!!
HNG...
AH... AAAH... AH... AH...
TUMP
D...DAS IST NICHT MEINE SCHULD...
UUHH...
C... CREED...
HERR SEIJI... HALTEN SIE DURCH!!
UH...
H... HOMURA...
ALS ICH DICH... ZUM ERSTEN MAL SAH... HAT MICH... DEINE SCHÖNHEIT... AN DIE HEIMAT ERINNERT... DU HAST... MEIN HERZ... GESTOHLEN...
ICH WILL... MIT DIR ZUSAMMEN... DURCH DIE STRASSEN... VON OEDO...

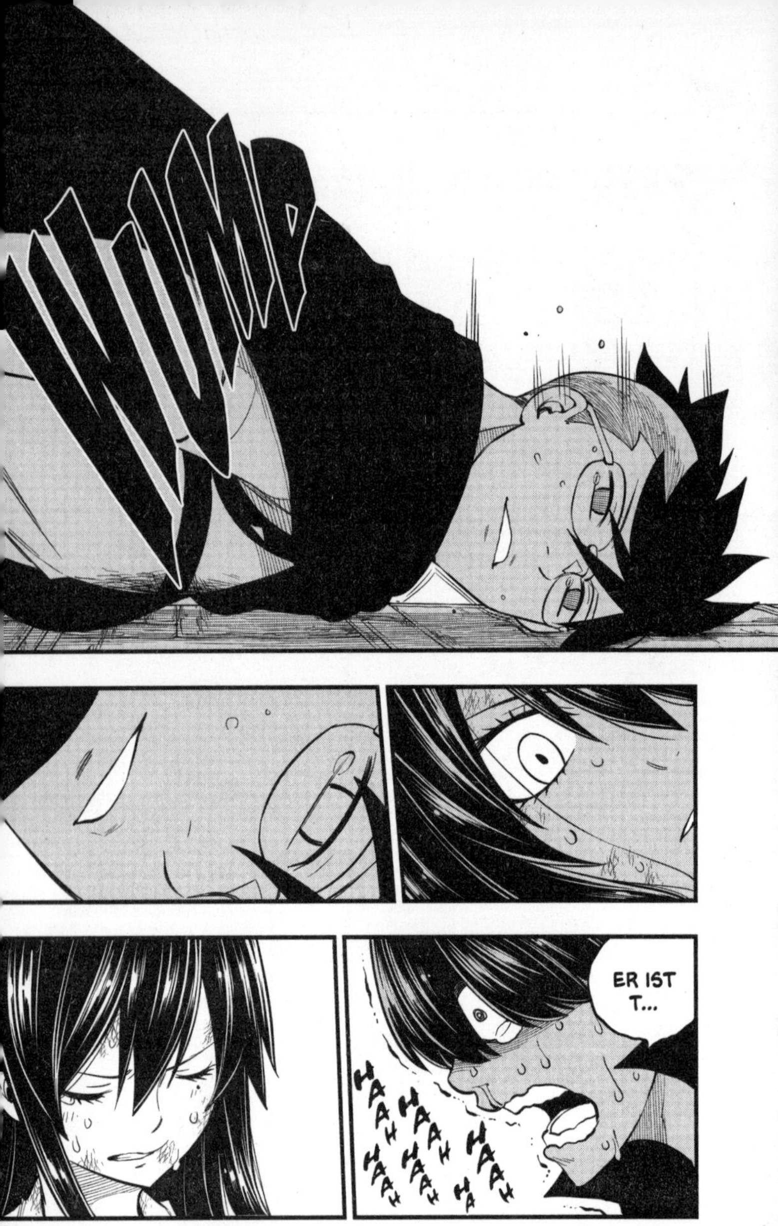
WUMP
ER IST T...
HAAH HAAH
HAAH HAAH
HAAH HAAH
HA HAAH

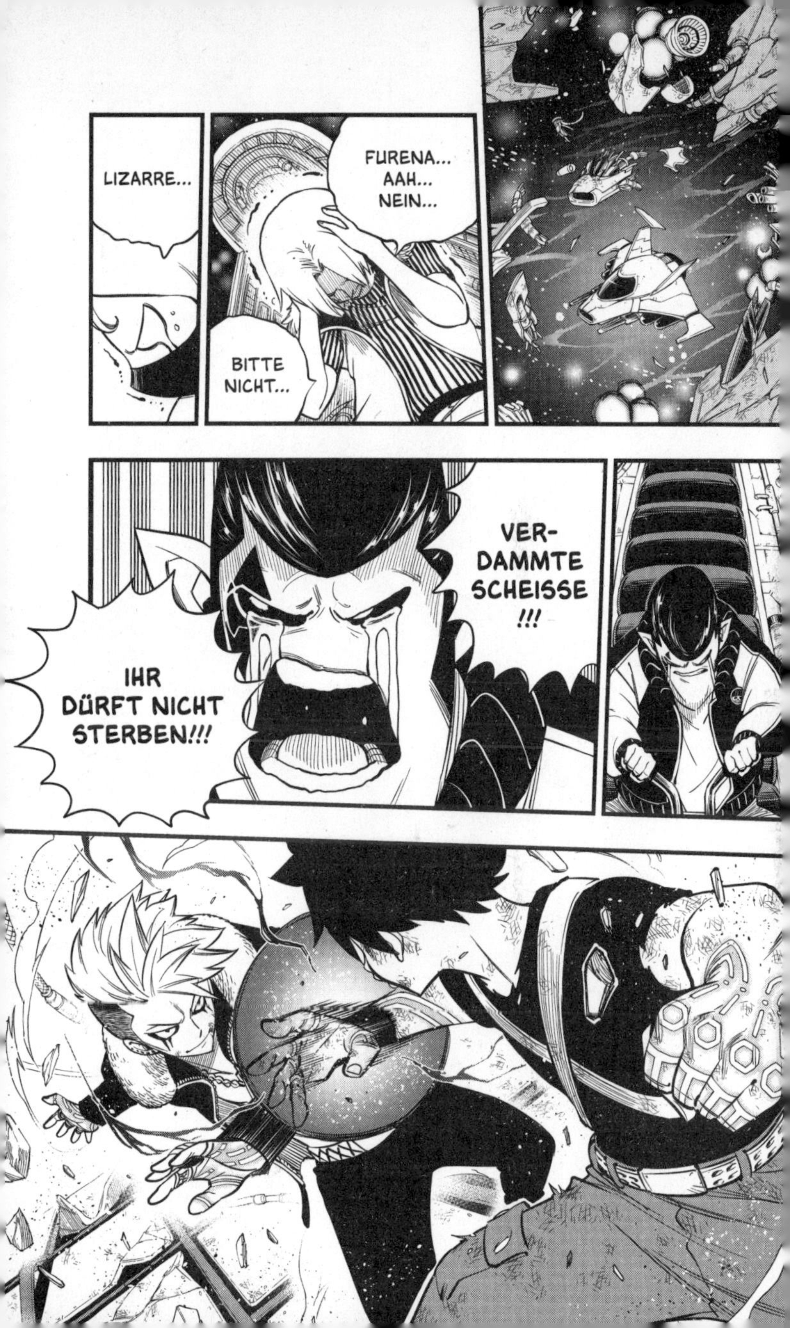
FURENA... AAH... NEIN...
BITTE NICHT...
LIZARRE...
VER-DAMMTE SCHEISSE !!!
IHR DÜRFT NICHT STERBEN!!!

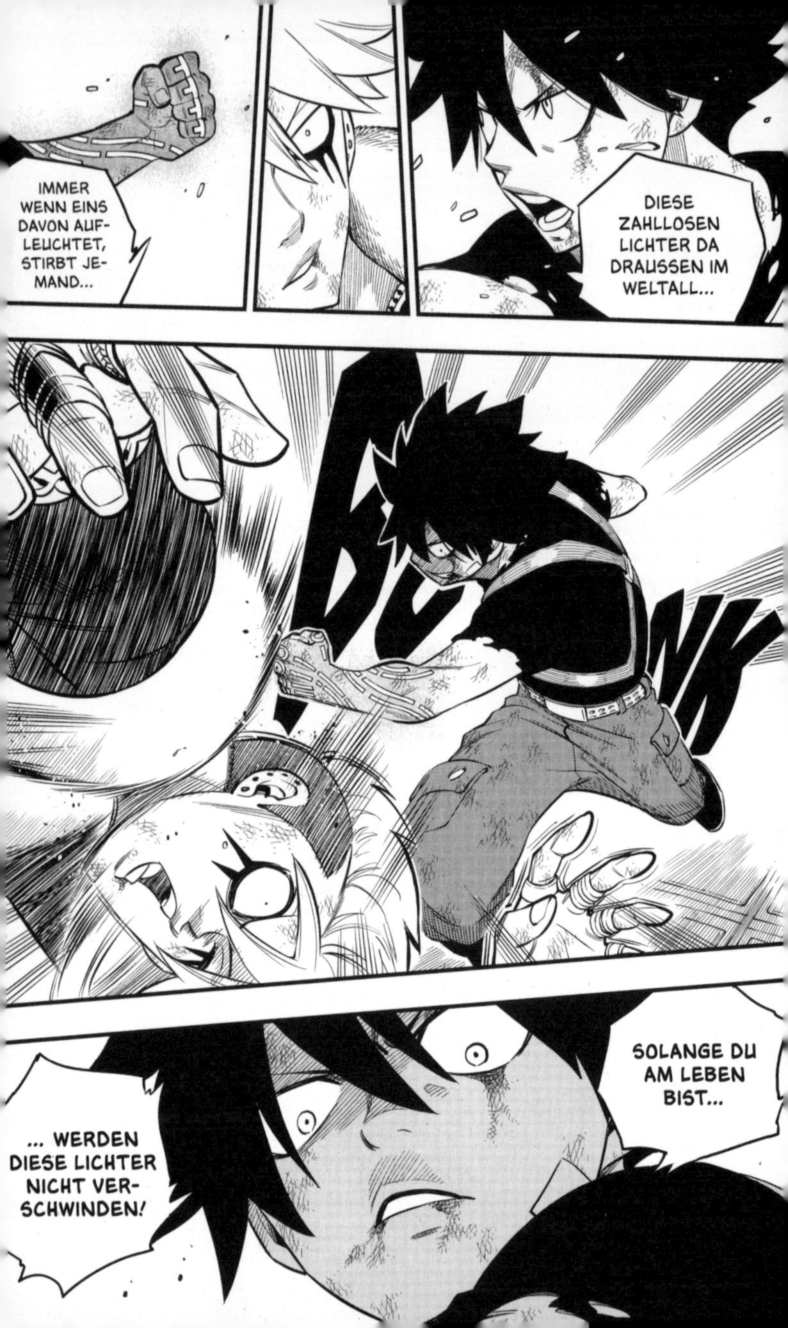
DIESE ZAHLLOSEN LICHTER DA DRAUSSEN IM WELTALL...
IMMER WENN EINS DAVON AUF-LEUCHTET, STIRBT JE-MAND...
SOLANGE DU AM LEBEN BIST...
... WERDEN DIESE LICHTER NICHT VER-SCHWINDEN!

EDENS ZERO

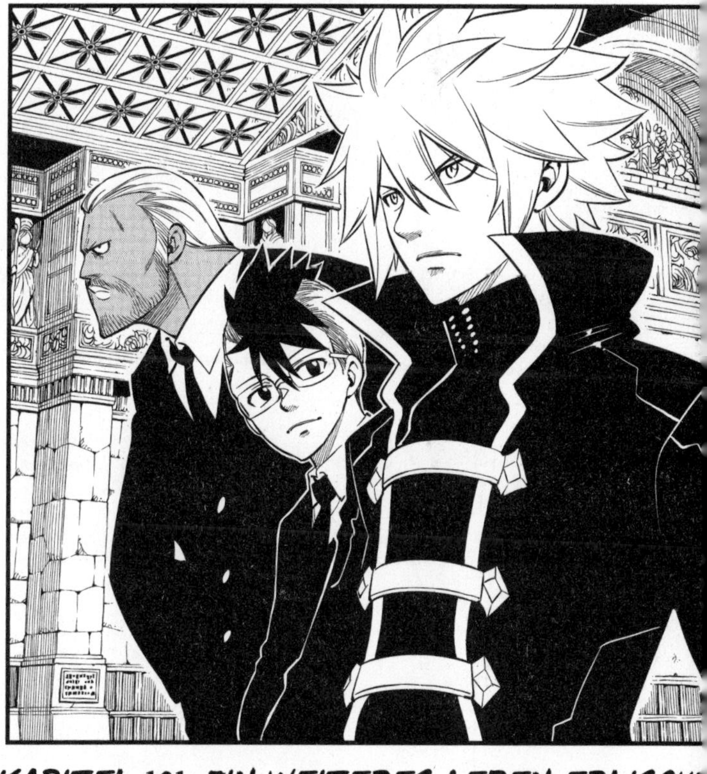

KAPITEL 161: EIN WEITERES LEBEN ERLISCH

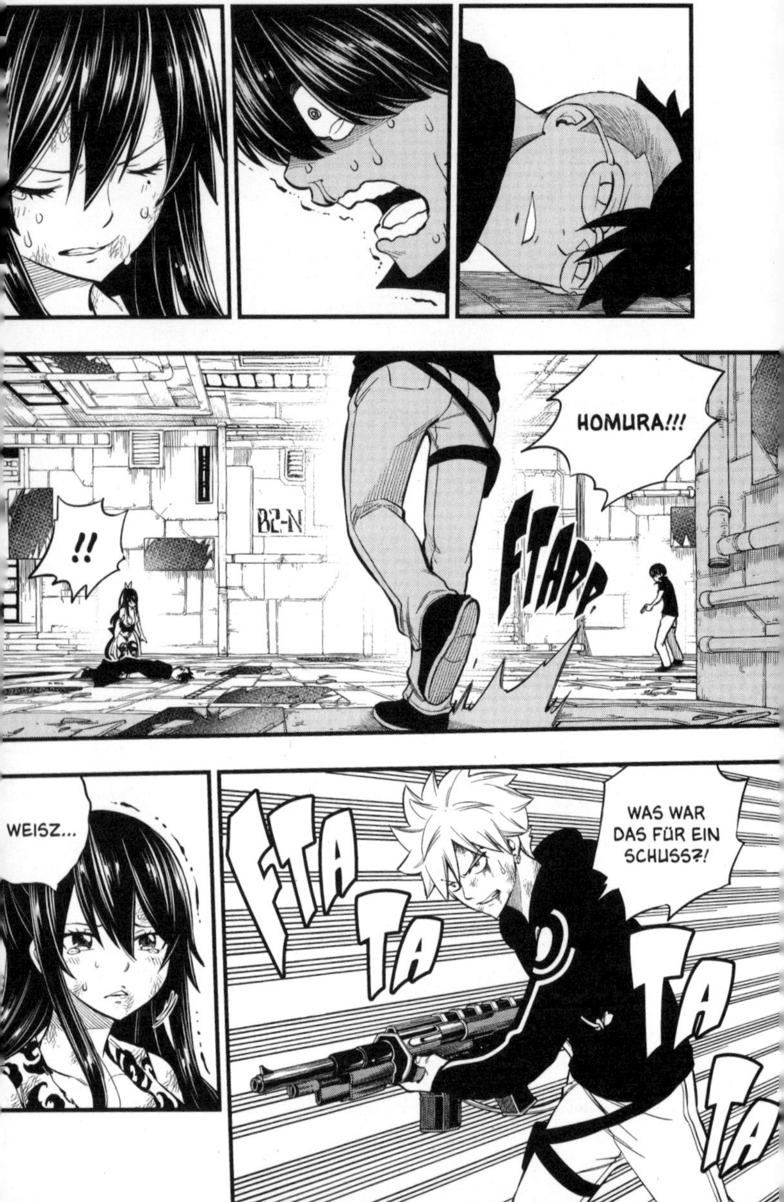
HOMURA!!!
!!
FTAPP
WAS WAR DAS FÜR EIN SCHUSS?!
WEISZ...
FTA TA TA TA

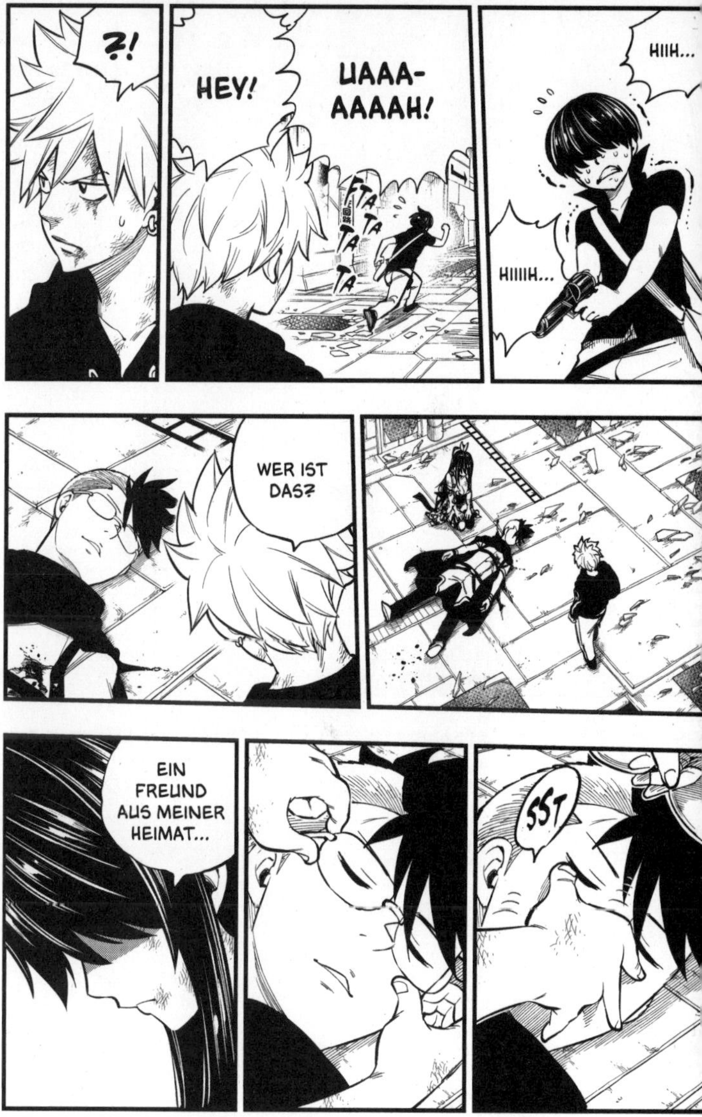
HIIH...
HIIIIH...
UAAA-AAAAH!
HEY!
FTA TA TA TA TA
?!
WER IST DAS?
SST
EIN FREUND AUS MEINER HEIMAT...

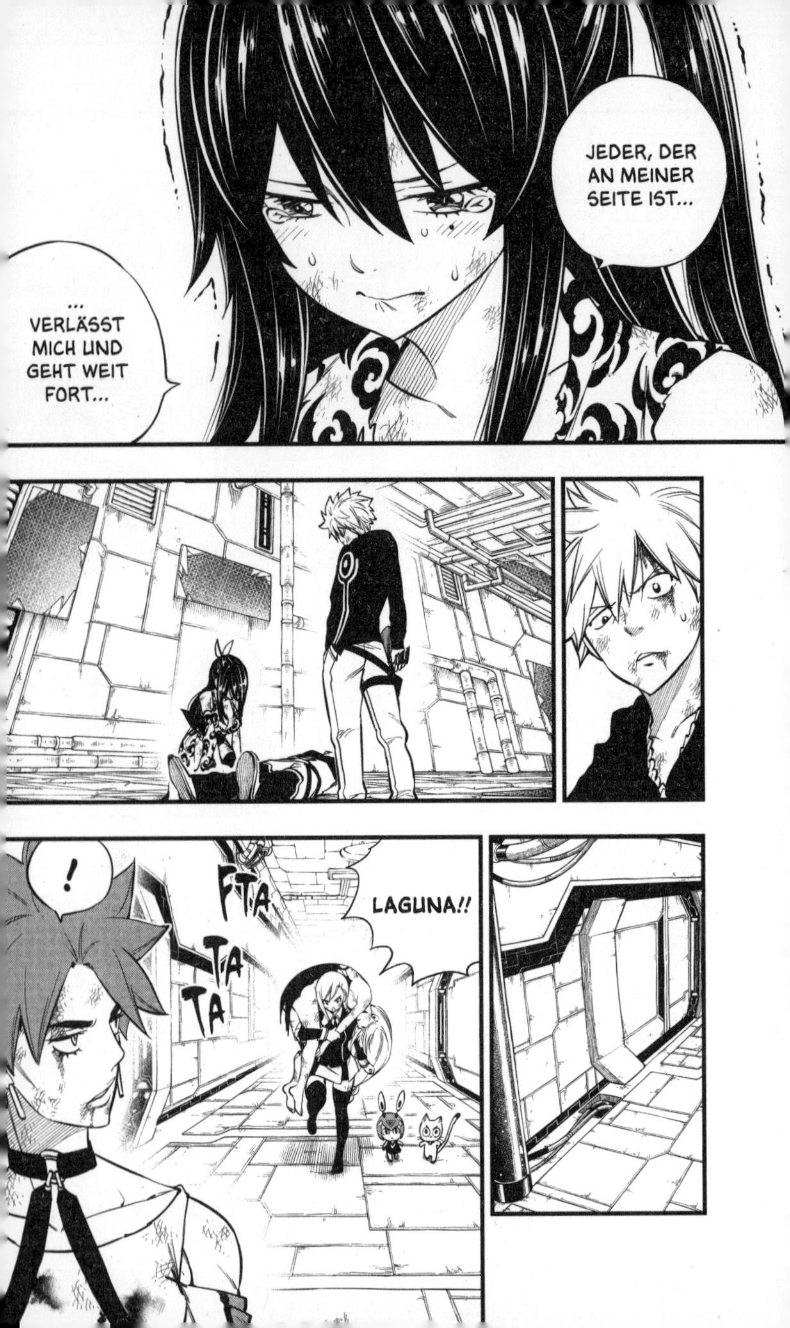
JEDER, DER AN MEINER SEITE IST...
... VERLÄSST MICH UND GEHT WEIT FORT...
LAGUNA!!
FTA
TA
TA
!

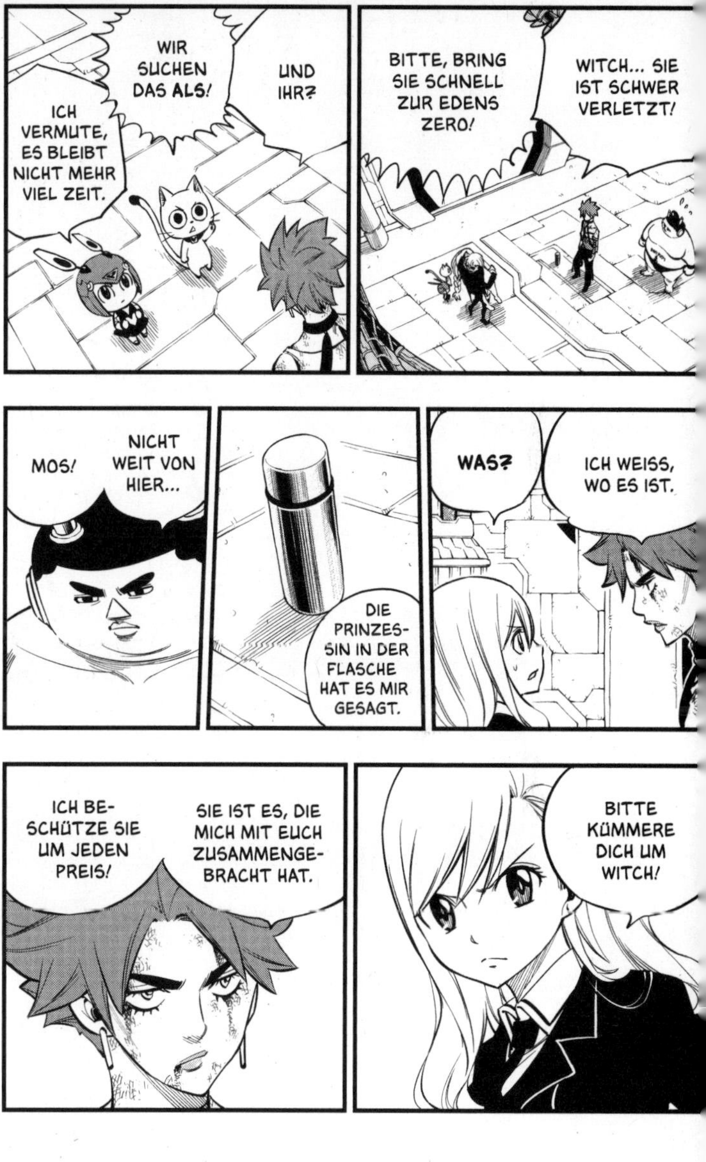
WITCH... SIE IST SCHWER VERLETZT!
BITTE, BRING SIE SCHNELL ZUR EDENS ZERO!
UND IHR?
WIR SUCHEN DAS ALS!
ICH VERMUTE, ES BLEIBT NICHT MEHR VIEL ZEIT.
ICH WEISS, WO ES IST.
WAS?
DIE PRINZES-SIN IN DER FLASCHE HAT ES MIR GESAGT.
NICHT WEIT VON HIER...
MOS!
BITTE KÜMMERE DICH UM WITCH!
SIE IST ES, DIE MICH MIT EUCH ZUSAMMENGE-BRACHT HAT.
ICH BE-SCHÜTZE SIE UM JEDEN PREIS!

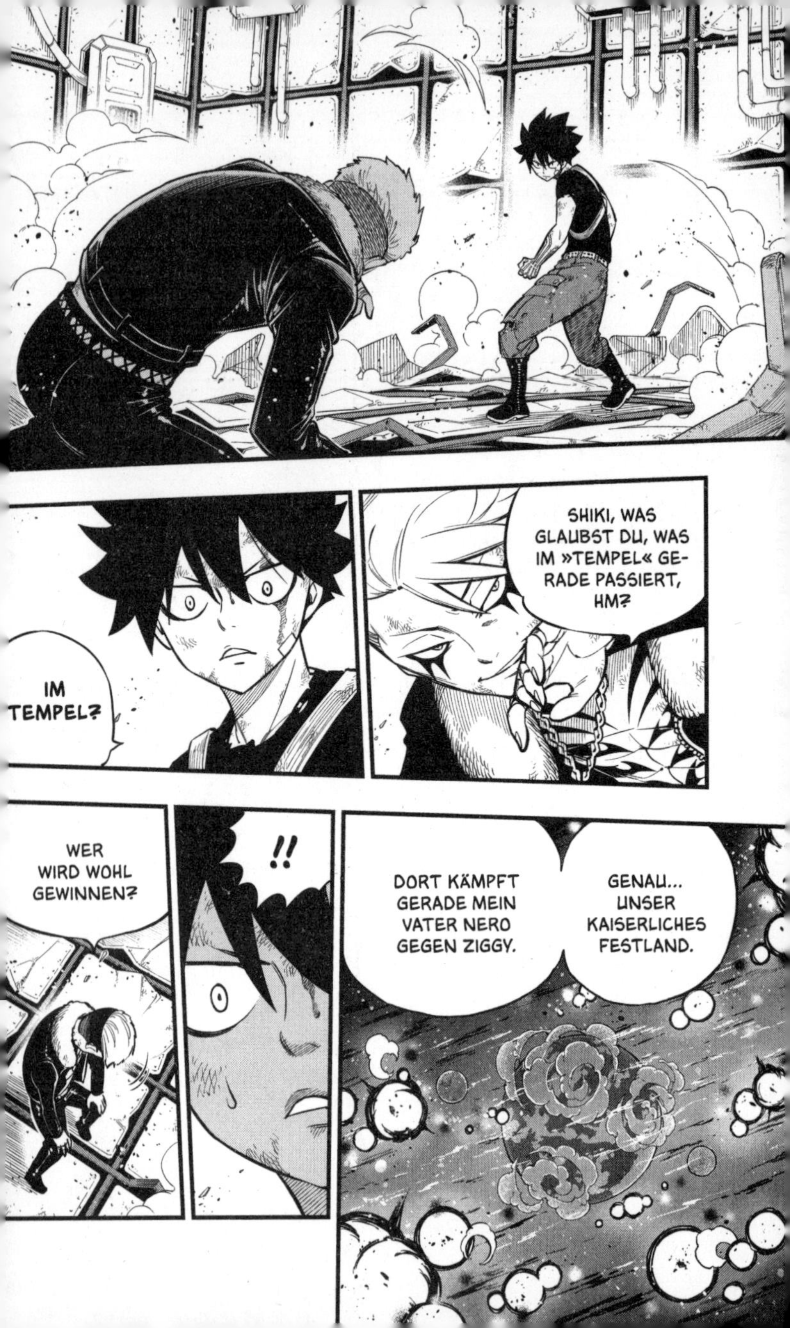
SHIKI, WAS GLAUBST DU, WAS IM »TEMPEL« GERADE PASSIERT, HM?
IM TEMPEL?
GENAU... UNSER KAISERLICHES FESTLAND.
DORT KÄMPFT GERADE MEIN VATER NERO GEGEN ZIGGY.
!!
WER WIRD WOHL GEWINNEN?

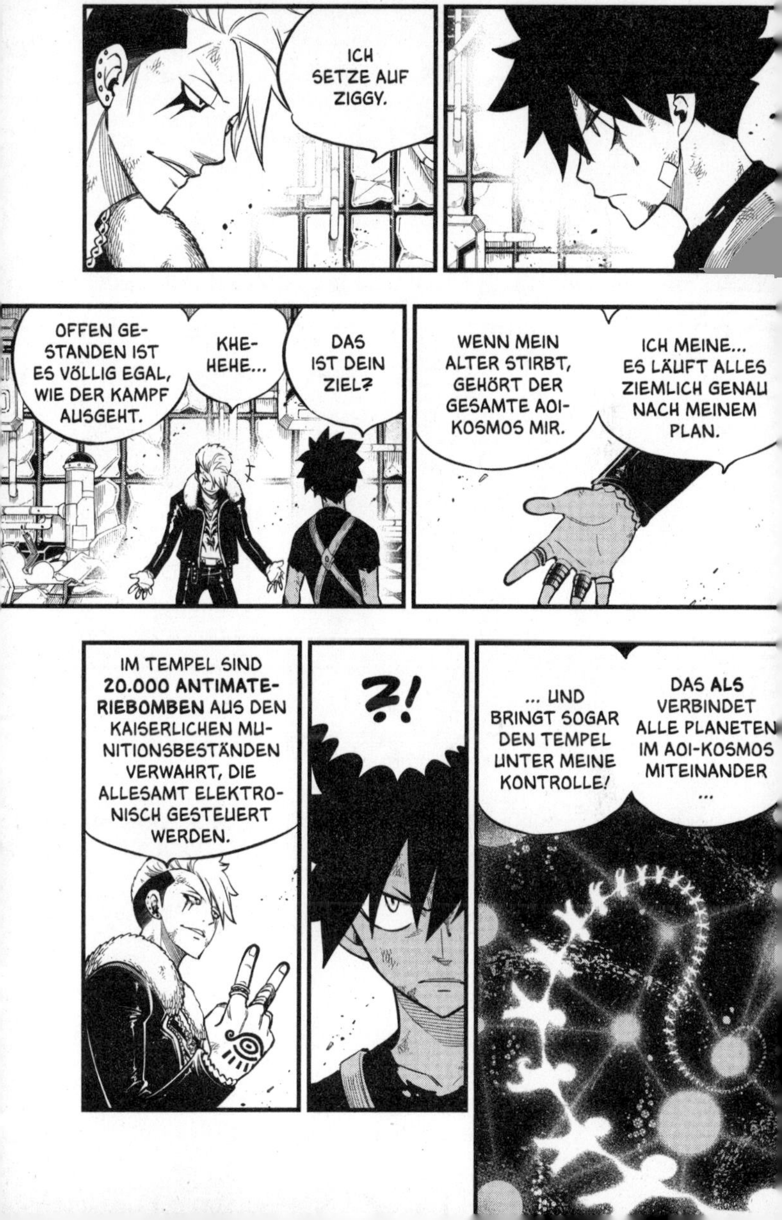
ICH SETZE AUF ZIGGY.
ICH MEINE... ES LÄUFT ALLES ZIEMLICH GENAU NACH MEINEM PLAN.
WENN MEIN ALTER STIRBT, GEHÖRT DER GESAMTE AOI-KOSMOS MIR.
DAS IST DEIN ZIEL?
KHE-HEHE...
OFFEN GESTANDEN IST ES VÖLLIG EGAL, WIE DER KAMPF AUSGEHT.
DAS ALS VERBINDET ALLE PLANETEN IM AOI-KOSMOS MITEINANDER ...
... UND BRINGT SOGAR DEN TEMPEL UNTER MEINE KONTROLLE!
?!
IM TEMPEL SIND 20.000 ANTIMATERIEBOMBEN AUS DEN KAISERLICHEN MUNITIONSBESTÄNDEN VERWAHRT, DIE ALLESAMT ELEKTRONISCH GESTEUERT WERDEN.

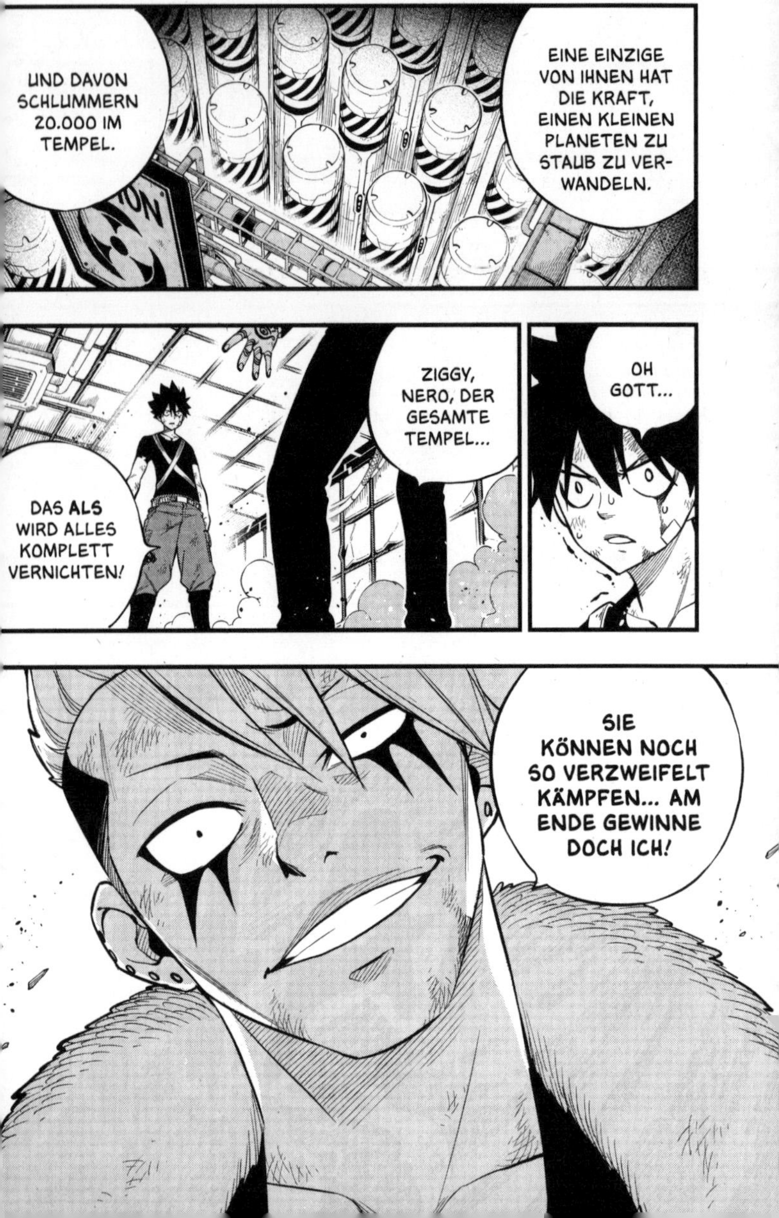
EINE EINZIGE VON IHNEN HAT DIE KRAFT, EINEN KLEINEN PLANETEN ZU STAUB ZU VER-WANDELN.
UND DAVON SCHLUMMERN 20.000 IM TEMPEL.
OH GOTT...
ZIGGY, NERO, DER GESAMTE TEMPEL...
DAS ALS WIRD ALLES KOMPLETT VERNICHTEN!
SIE KÖNNEN NOCH SO VERZWEIFELT KÄMPFEN... AM ENDE GEWINNE DOCH ICH!

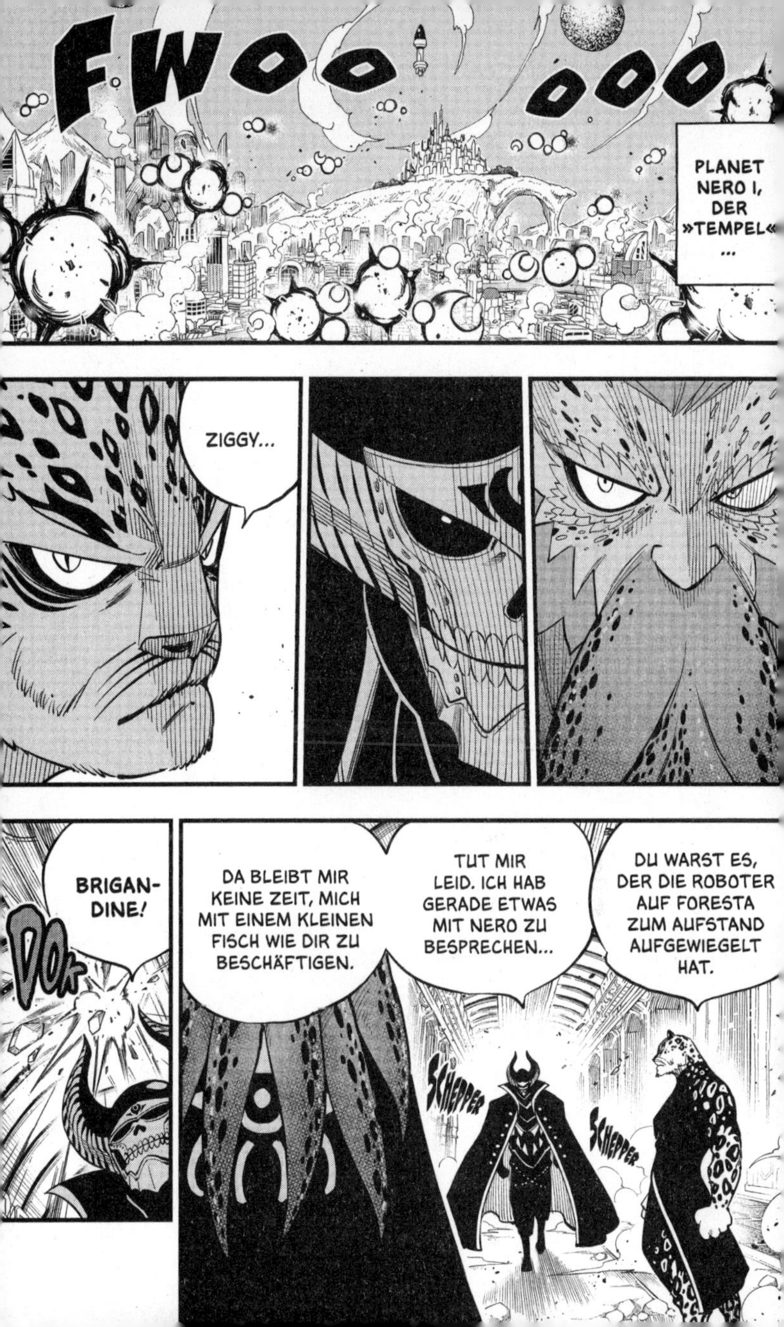
FWOOOOOO
PLANET NERO I, DER »TEMPEL« ...
ZIGGY...
DU WARST ES, DER DIE ROBOTER AUF FORESTA ZUM AUFSTAND AUFGEWIEGELT HAT.
TUT MIR LEID. ICH HAB GERADE ETWAS MIT NERO ZU BESPRECHEN...
DA BLEIBT MIR KEINE ZEIT, MICH MIT EINEM KLEINEN FISCH WIE DIR ZU BESCHÄFTIGEN.
SCHEPPER
SCHEPPER
BRIGAN-DINE!
DOK

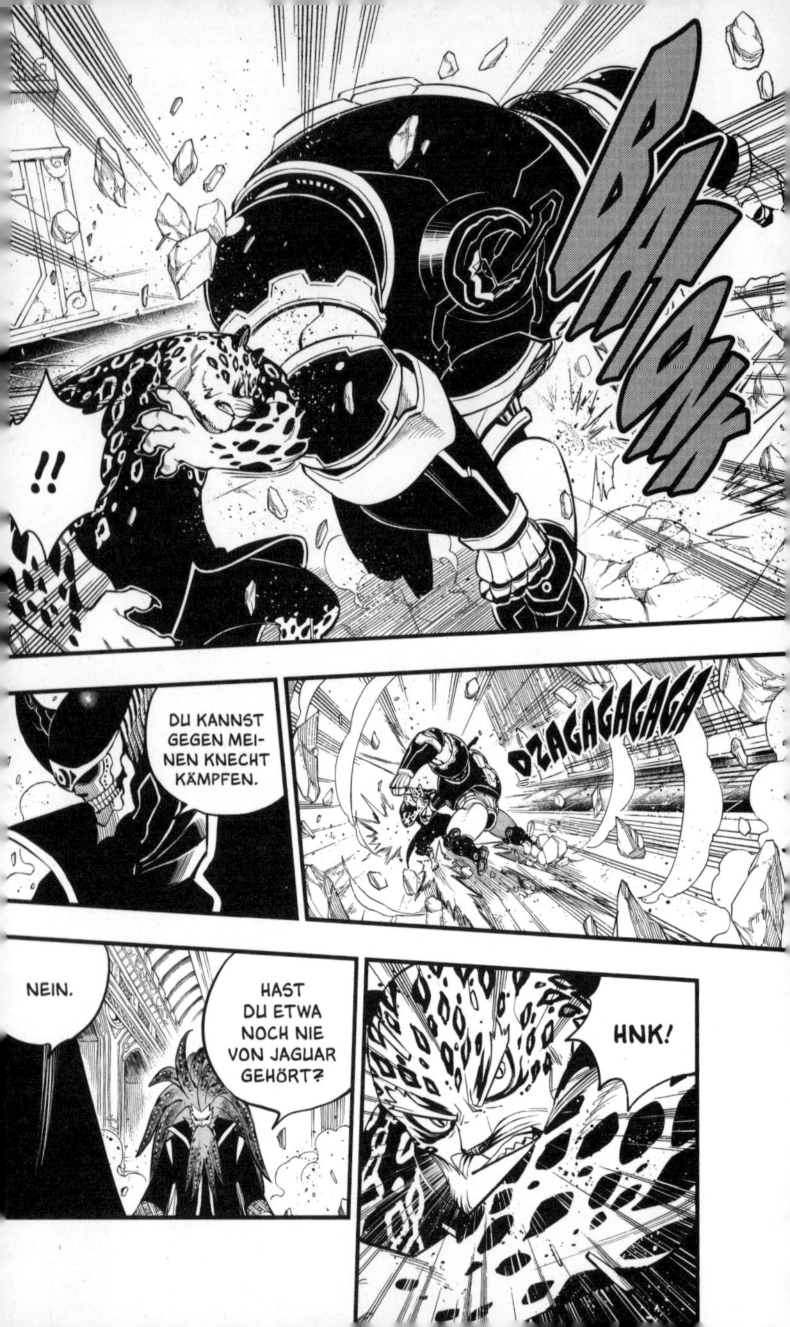
!!
DZAGAGAGAGA
DU KANNST GEGEN MEINEN KNECHT KÄMPFEN.
HNK!
HAST DU ETWA NOCH NIE VON JAGUAR GEHÖRT?
NEIN.

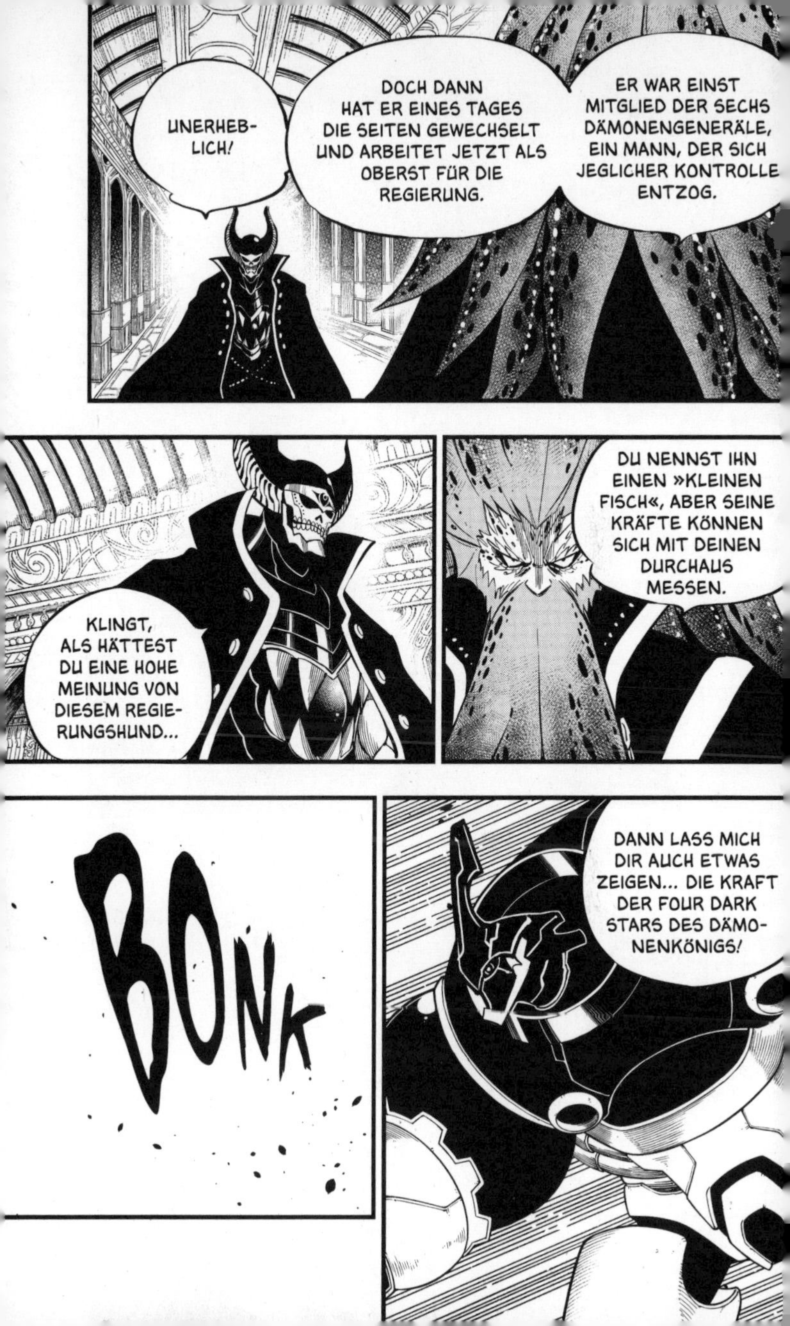
ER WAR EINST MITGLIED DER SECHS DÄMONENGENERÄLE, EIN MANN, DER SICH JEGLICHER KONTROLLE ENTZOG.
DOCH DANN HAT ER EINES TAGES DIE SEITEN GEWECHSELT UND ARBEITET JETZT ALS OBERST FÜR DIE REGIERUNG.
UNERHEB-LICH!
DU NENNST IHN EINEN »KLEINEN FISCH«, ABER SEINE KRÄFTE KÖNNEN SICH MIT DEINEN DURCHAUS MESSEN.
KLINGT, ALS HÄTTEST DU EINE HOHE MEINUNG VON DIESEM REGIE-RUNGSHUND...
DANN LASS MICH DIR AUCH ETWAS ZEIGEN... DIE KRAFT DER FOUR DARK STARS DES DÄMO-NENKÖNIGS!
BONK

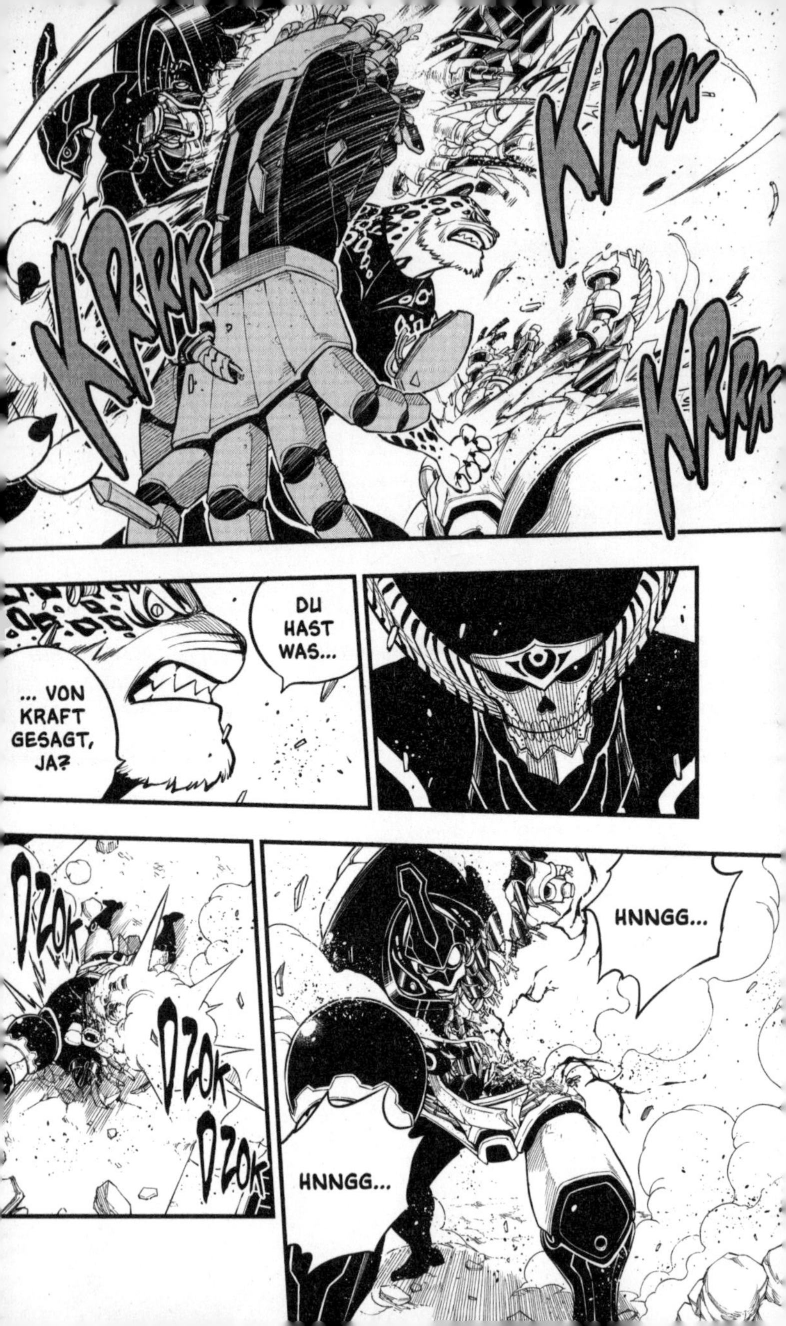

KRRK
KRRK
KRRK
DU HAST WAS...
... VON KRAFT GESAGT, JA?
HNNGG...
DZOK
DZOK
DZOK
HNNGG...

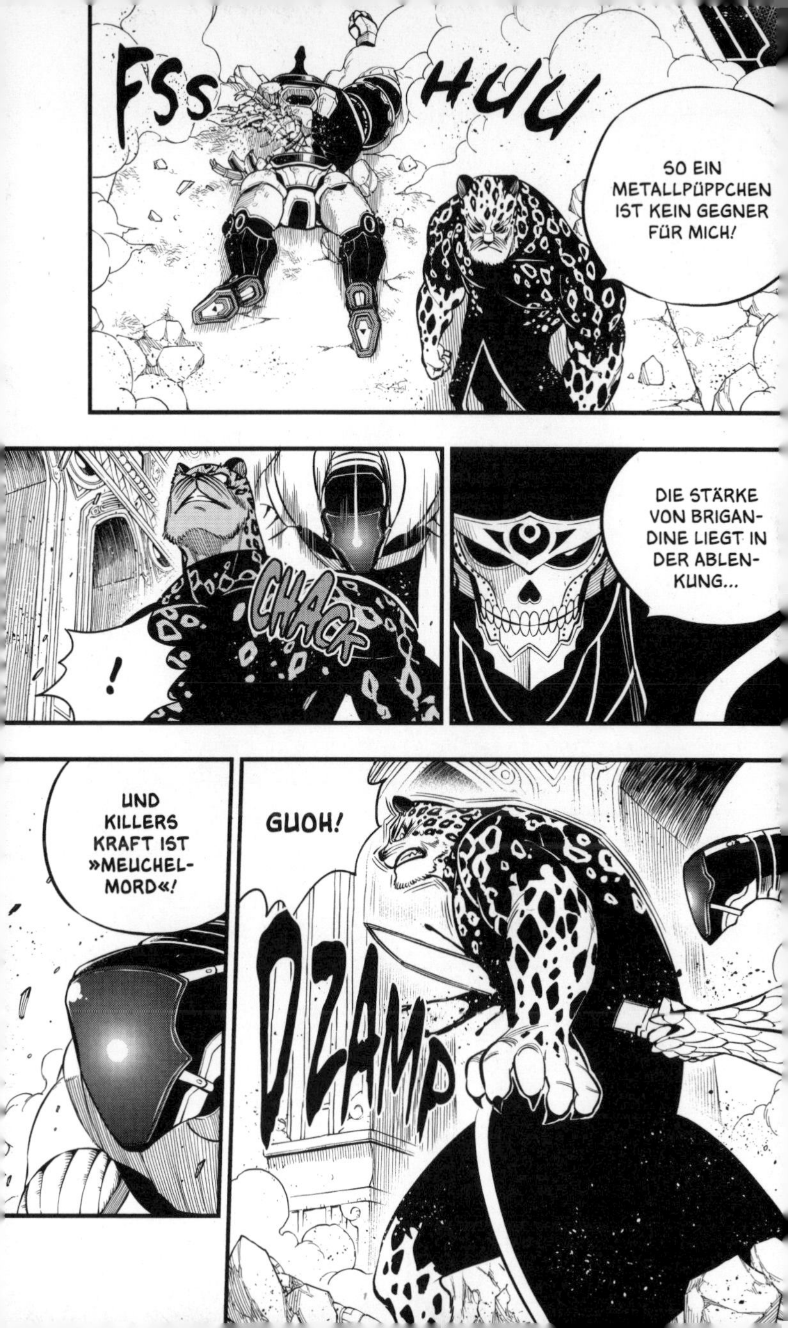

FSS HUU
SO EIN METALLPÜPPCHEN IST KEIN GEGNER FÜR MICH!
DIE STÄRKE VON BRIGAN-DINE LIEGT IN DER ABLEN-KUNG...
CHACK
!
UND KILLERS KRAFT IST »MEUCHEL-MORD«!
GUOH!
DZAMP

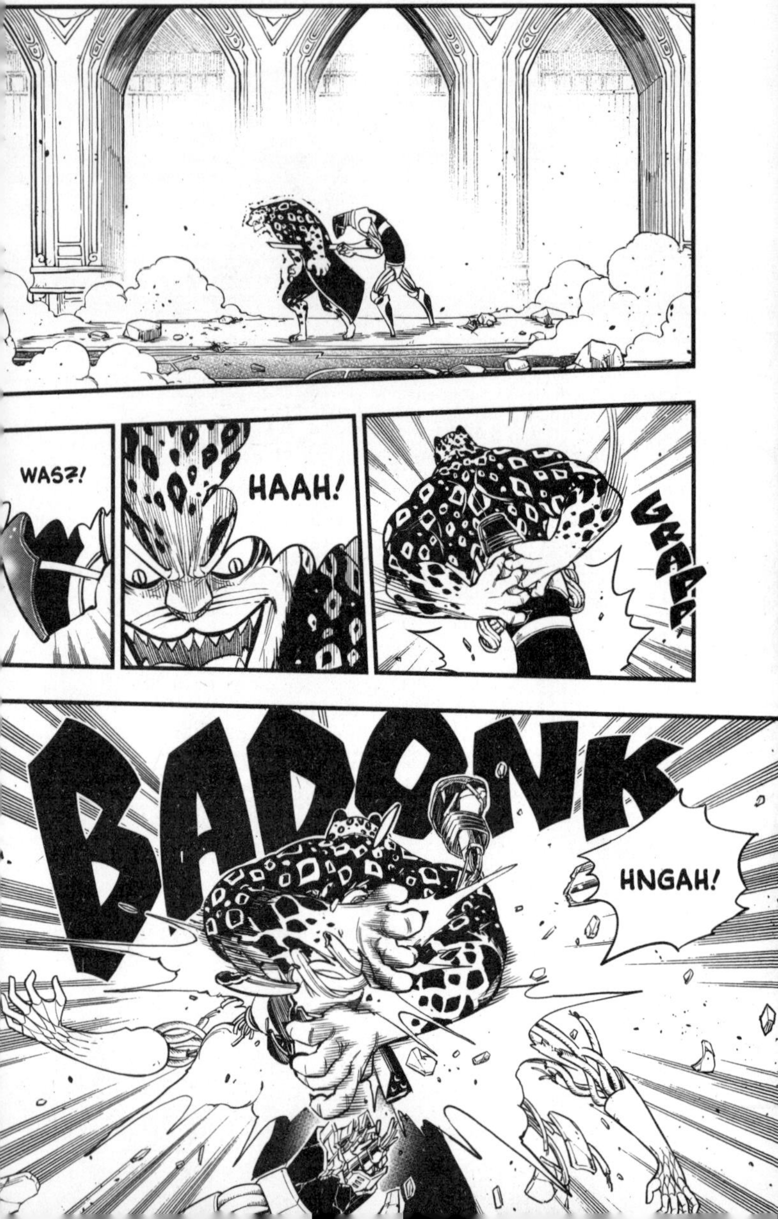

GRAAA
HAAH!
WAS?!
HNGAH!
BADONK

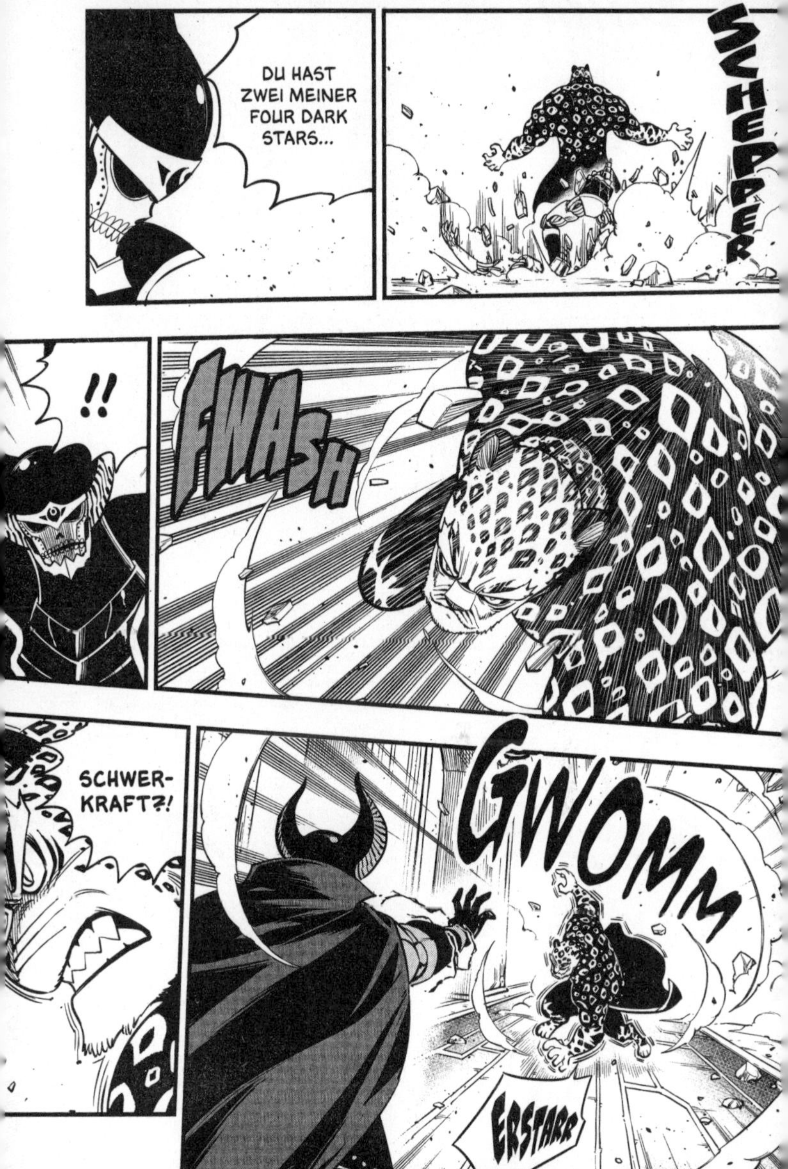
SCHEPPER
DU HAST ZWEI MEINER FOUR DARK STARS...
FWASH
!!
GWOMM
ERSTARR
SCHWER-
KRAFT?!

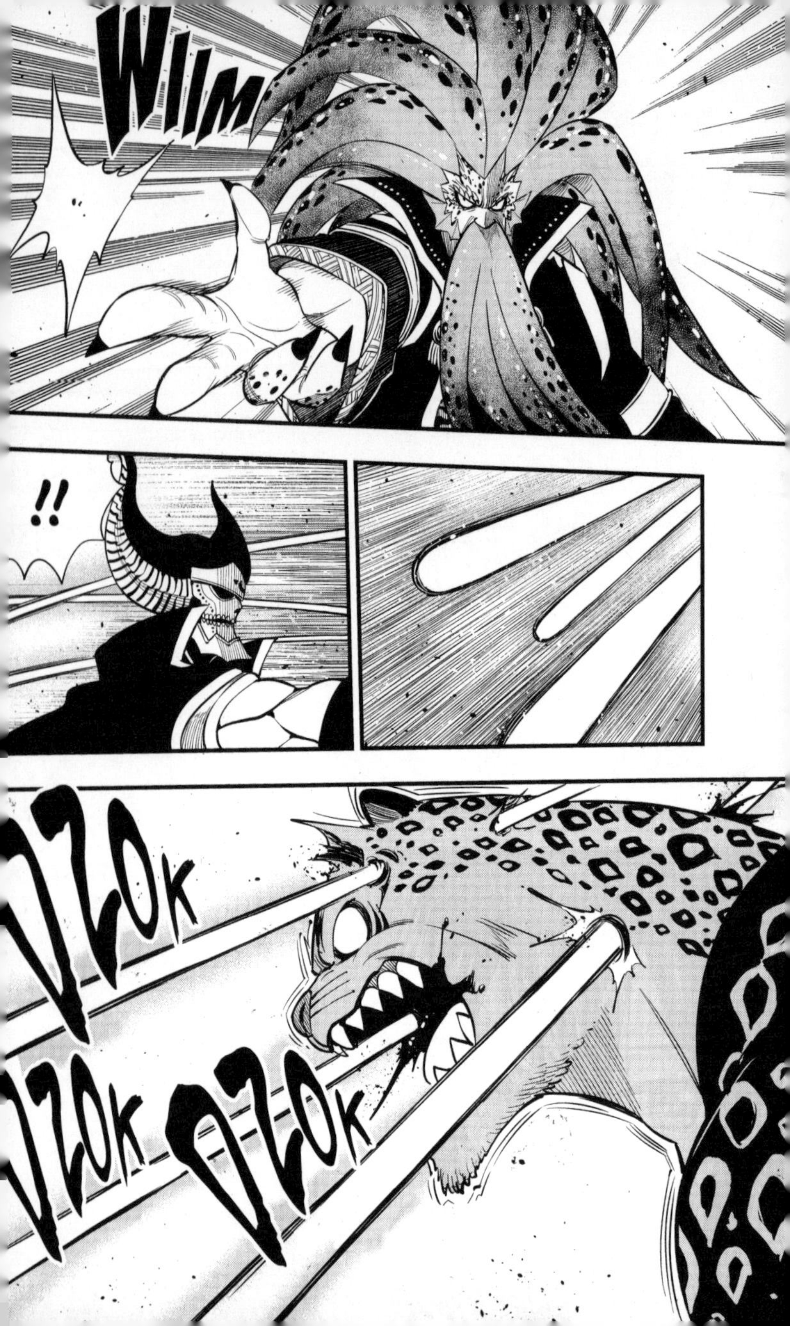
WIIM
!!
DZOK
DZOK DZOK

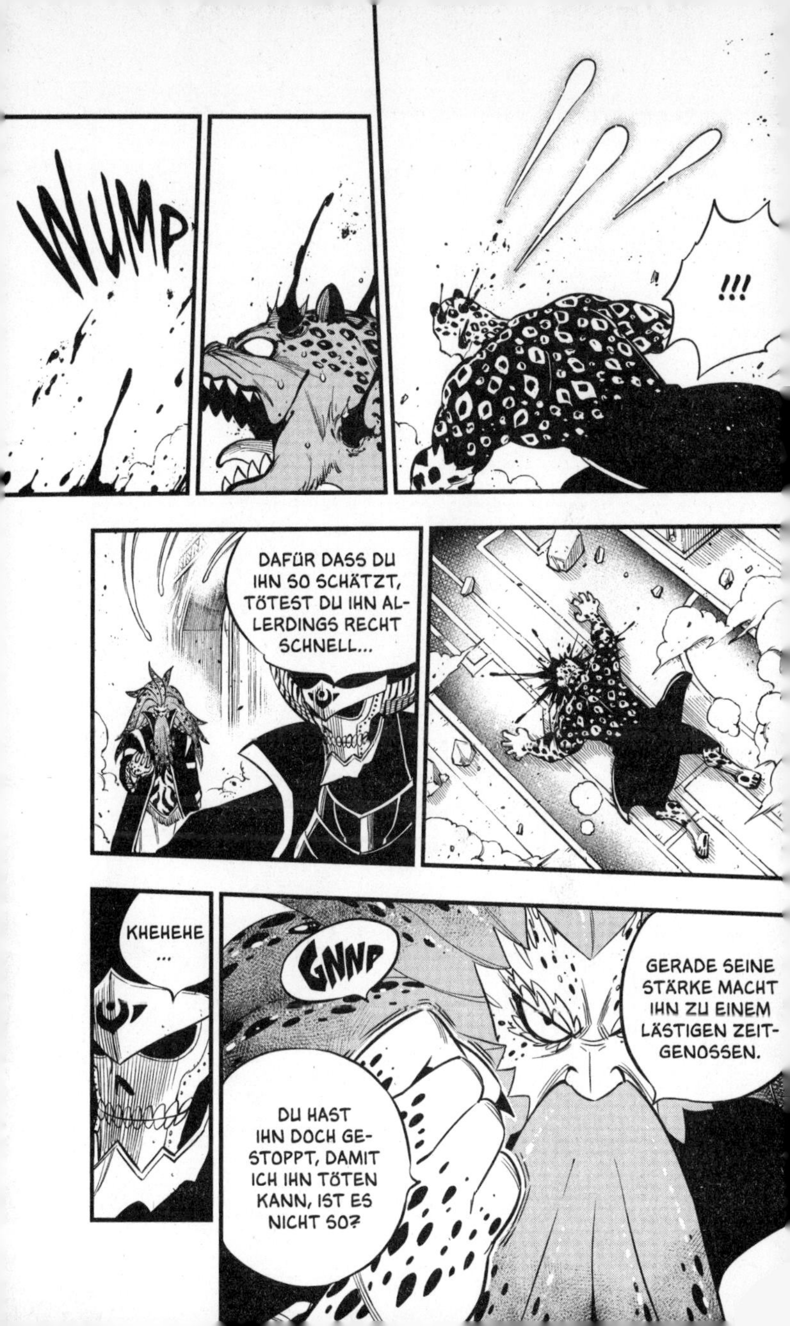

WUMP
!!!
DAFÜR DASS DU IHN SO SCHÄTZT, TÖTEST DU IHN ALLERDINGS RECHT SCHNELL...
GERADE SEINE STÄRKE MACHT IHN ZU EINEM LÄSTIGEN ZEITGENOSSEN.
GNNP
KHEHEHE ...
DU HAST IHN DOCH GESTOPPT, DAMIT ICH IHN TÖTEN KANN, IST ES NICHT SO?

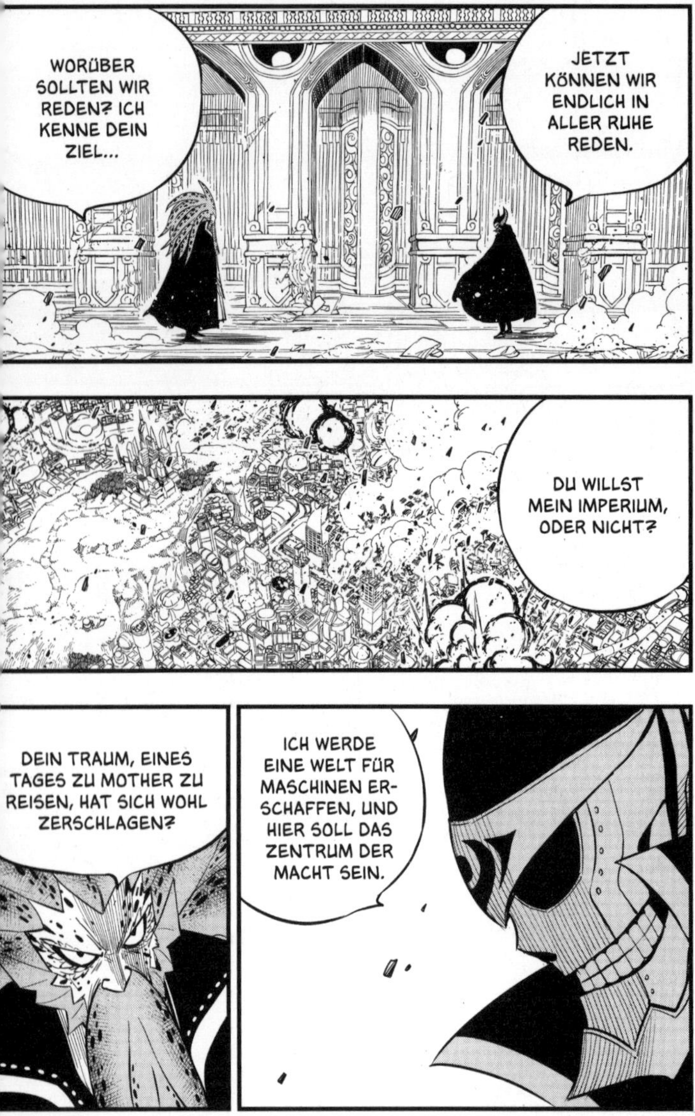
JETZT KÖNNEN WIR ENDLICH IN ALLER RUHE REDEN.
WORÜBER SOLLTEN WIR REDEN? ICH KENNE DEIN ZIEL...
DU WILLST MEIN IMPERIUM, ODER NICHT?
ICH WERDE EINE WELT FÜR MASCHINEN ER-SCHAFFEN, UND HIER SOLL DAS ZENTRUM DER MACHT SEIN.
DEIN TRAUM, EINES TAGES ZU MOTHER ZU REISEN, HAT SICH WOHL ZERSCHLAGEN?

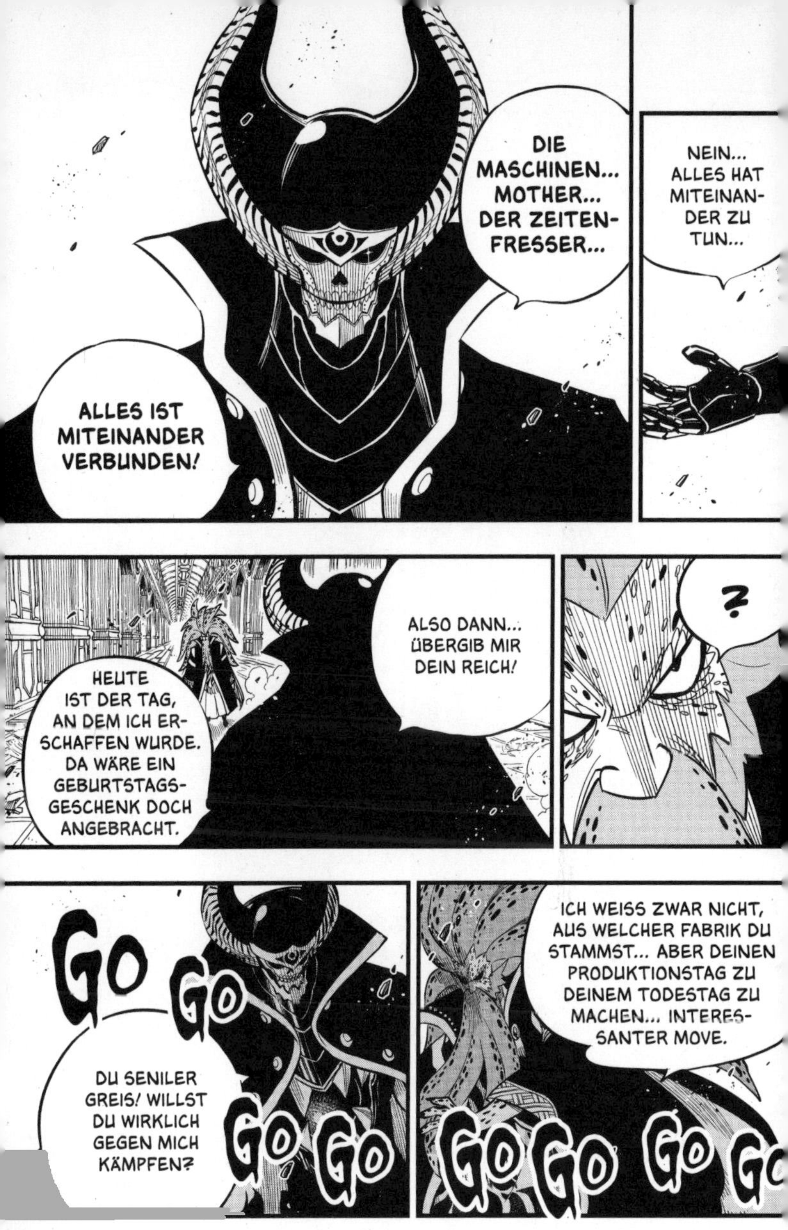

DIE MASCHINEN... MOTHER... DER ZEITEN-FRESSER...
NEIN... ALLES HAT MITEINANDER ZU TUN...
ALLES IST MITEINANDER VERBUNDEN!
HEUTE IST DER TAG, AN DEM ICH ERSCHAFFEN WURDE. DA WÄRE EIN GEBURTSTAGS-GESCHENK DOCH ANGEBRACHT.
ALSO DANN... ÜBERGIB MIR DEIN REICH!
?
GO GO
DU SENILER GREIS! WILLST DU WIRKLICH GEGEN MICH KÄMPFEN?
GO GO
ICH WEISS ZWAR NICHT, AUS WELCHER FABRIK DU STAMMST... ABER DEINEN PRODUKTIONSTAG ZU DEINEM TODESTAG ZU MACHEN... INTERES-SANTER MOVE.
GO GO GO GO GO GO

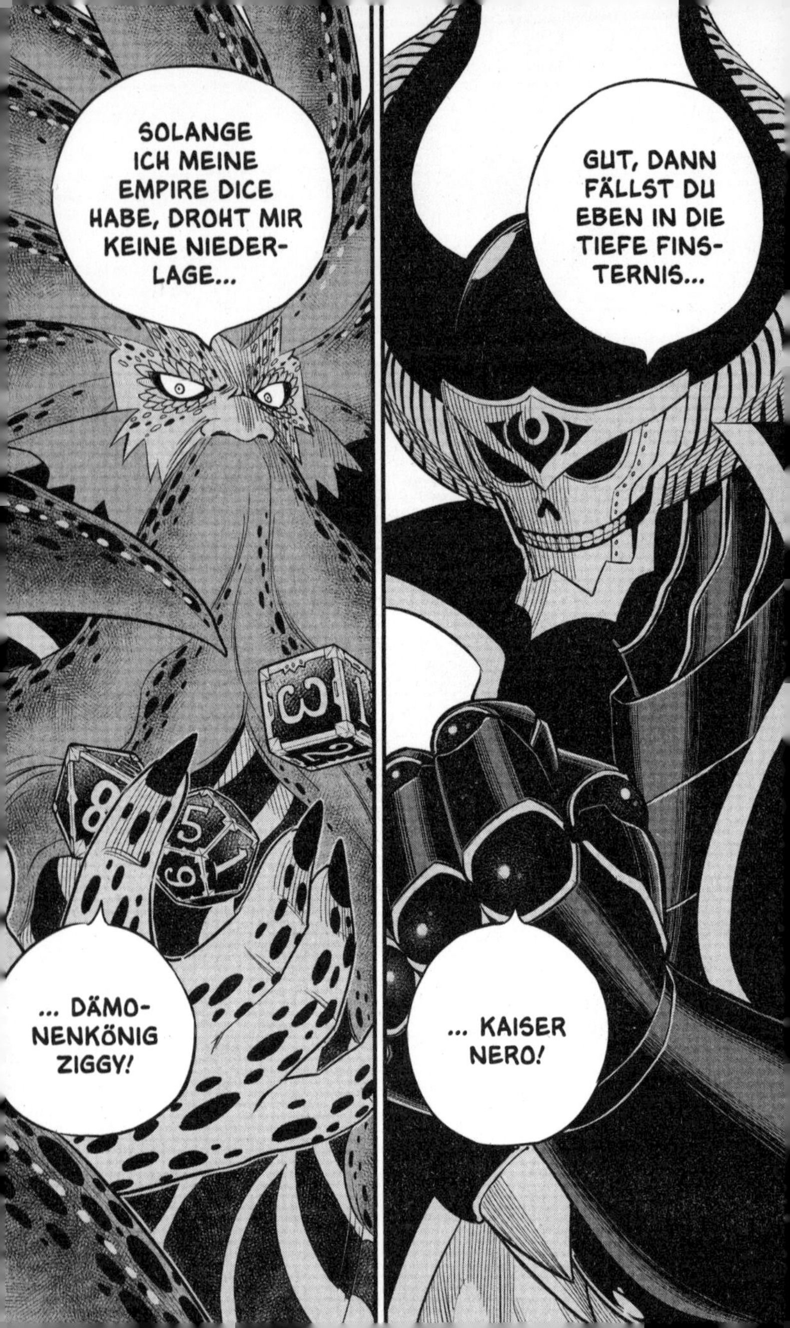
GUT, DANN FÄLLST DU EBEN IN DIE TIEFE FINSTERNIS...
... KAISER NERO!
SOLANGE ICH MEINE EMPIRE DICE HABE, DROHT MIR KEINE NIEDERLAGE...
... DÄMONENKÖNIG ZIGGY!

EDENS ZERO

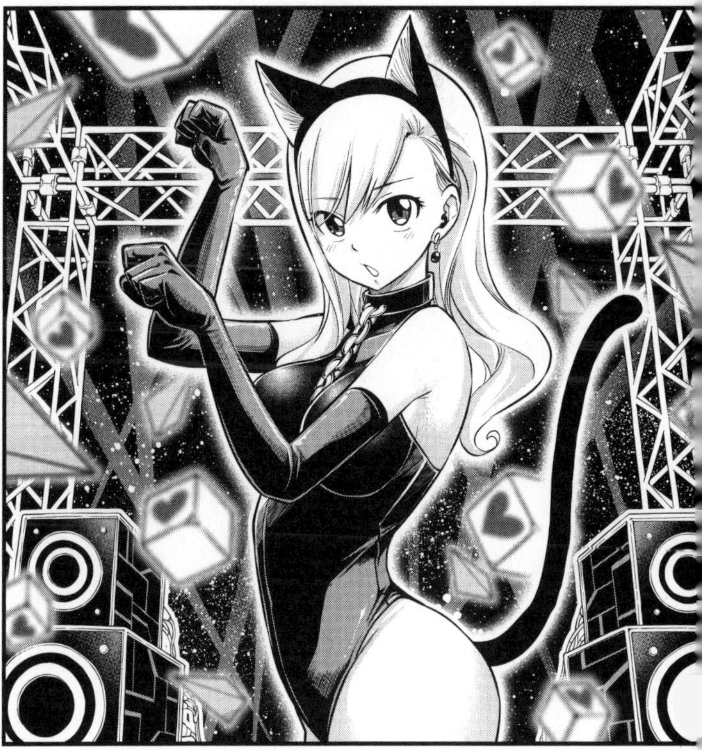

KAPITEL 162: ZIGGY VS. NERO

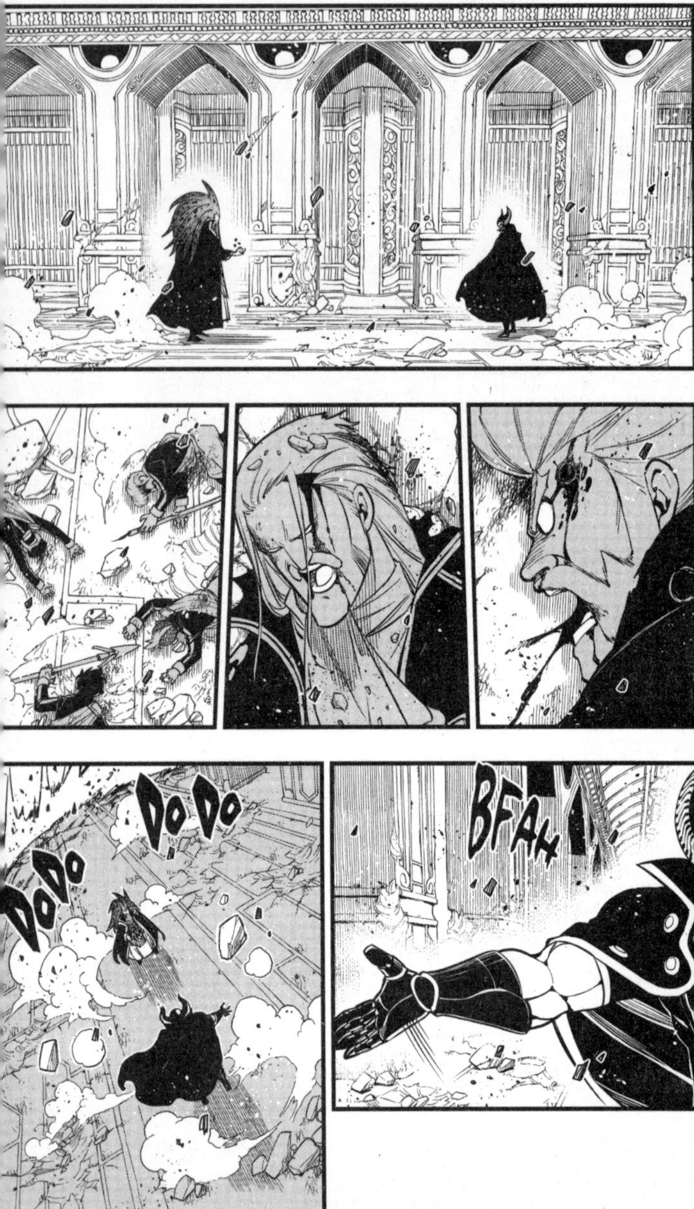
DO DO
DO DO
BFAH

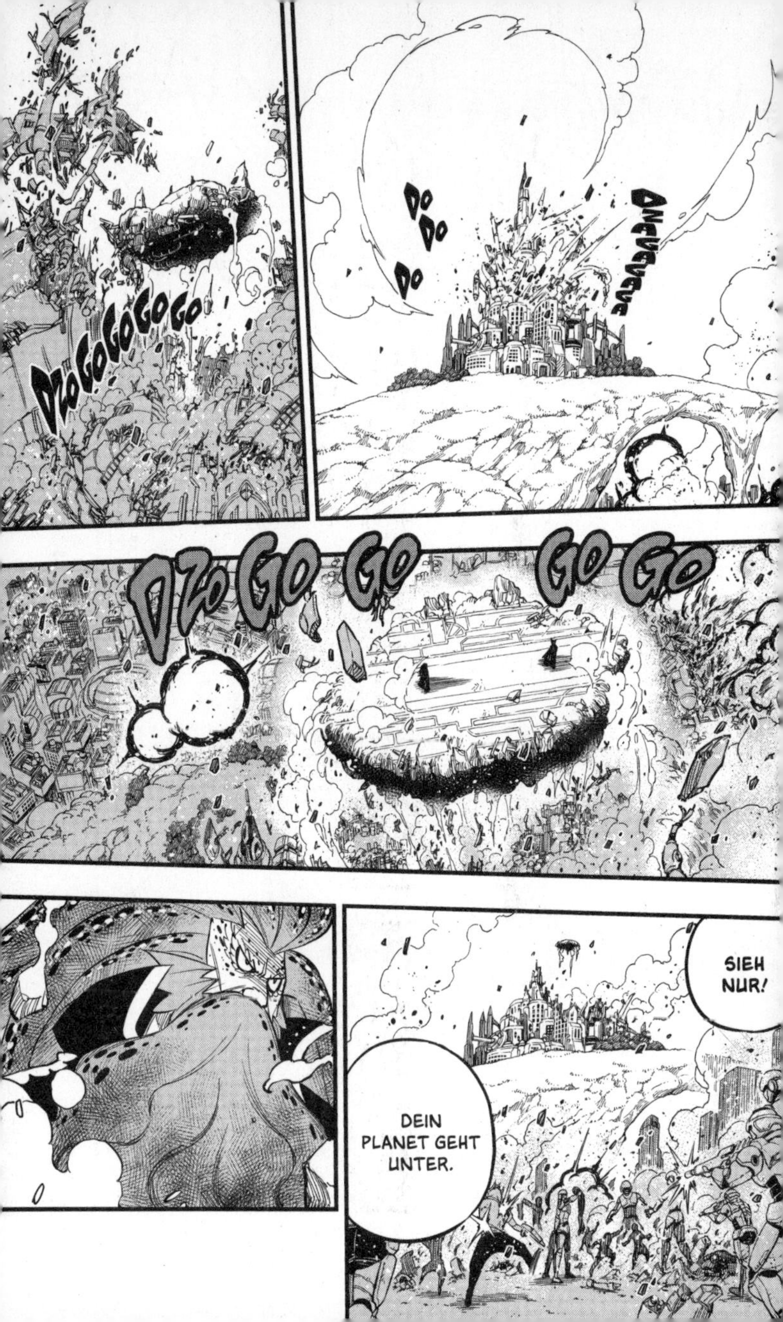
DO DO DO
DZOGOGOGOGO
DZO GO GO GO GO
SIEH NUR!
DEIN PLANET GEHT UNTER.

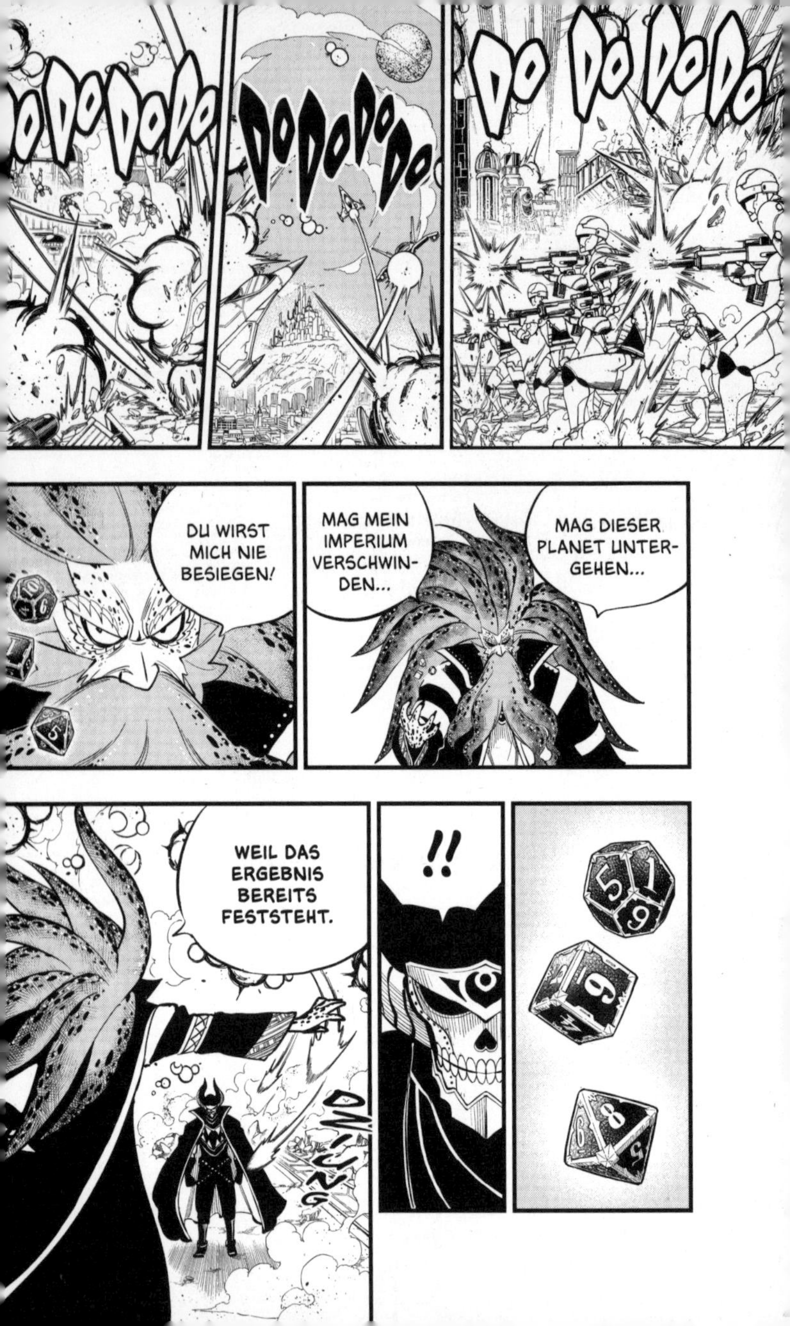
DO DO DO DO
DODODODODO
DO DO DO DO
MAG DIESER PLANET UNTERGEHEN...
MAG MEIN IMPERIUM VERSCHWINDEN...
DU WIRST MICH NIE BESIEGEN!
!!
WEIL DAS ERGEBNIS BEREITS FESTSTEHT.
DZIUNG

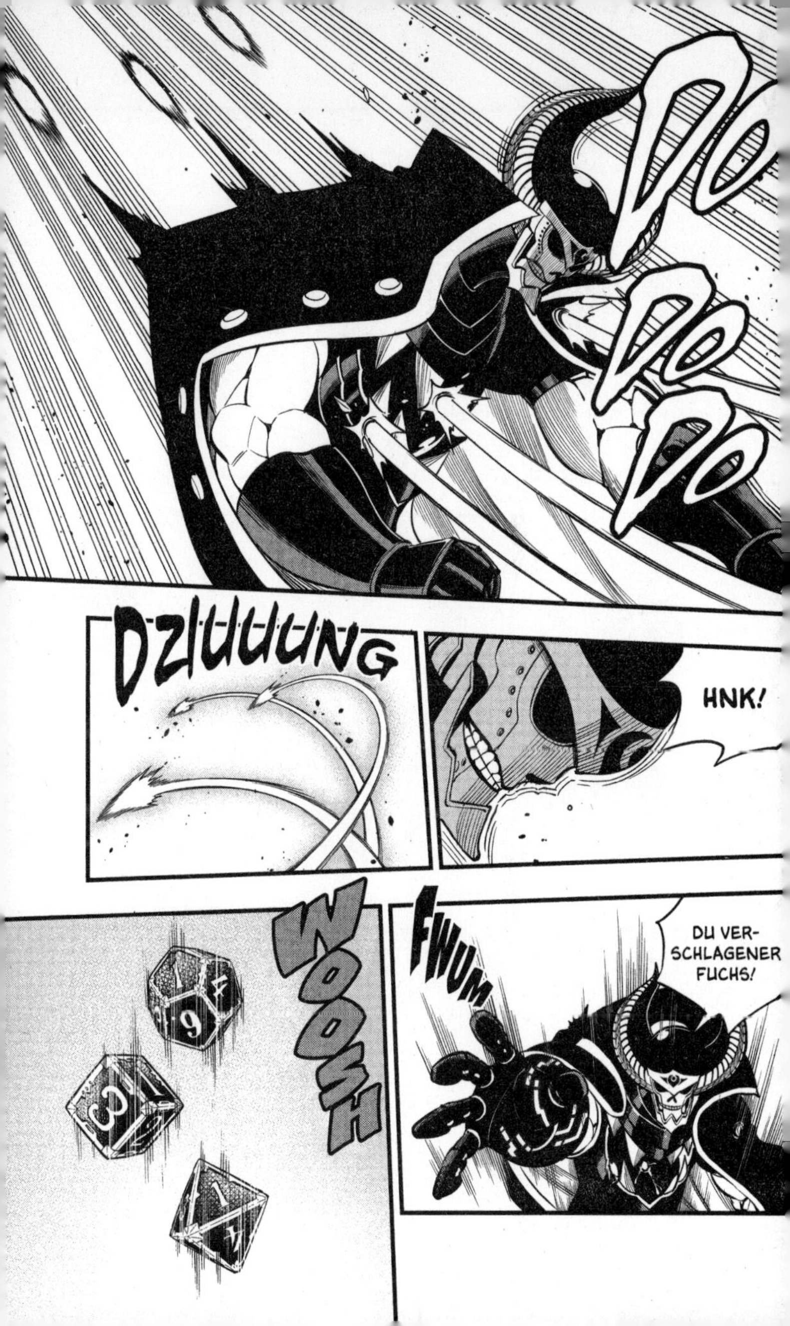
DZIUUUNG
HNK!
FWUM
DU VER-
SCHLAGENER
FUCHS!
WOOOSH

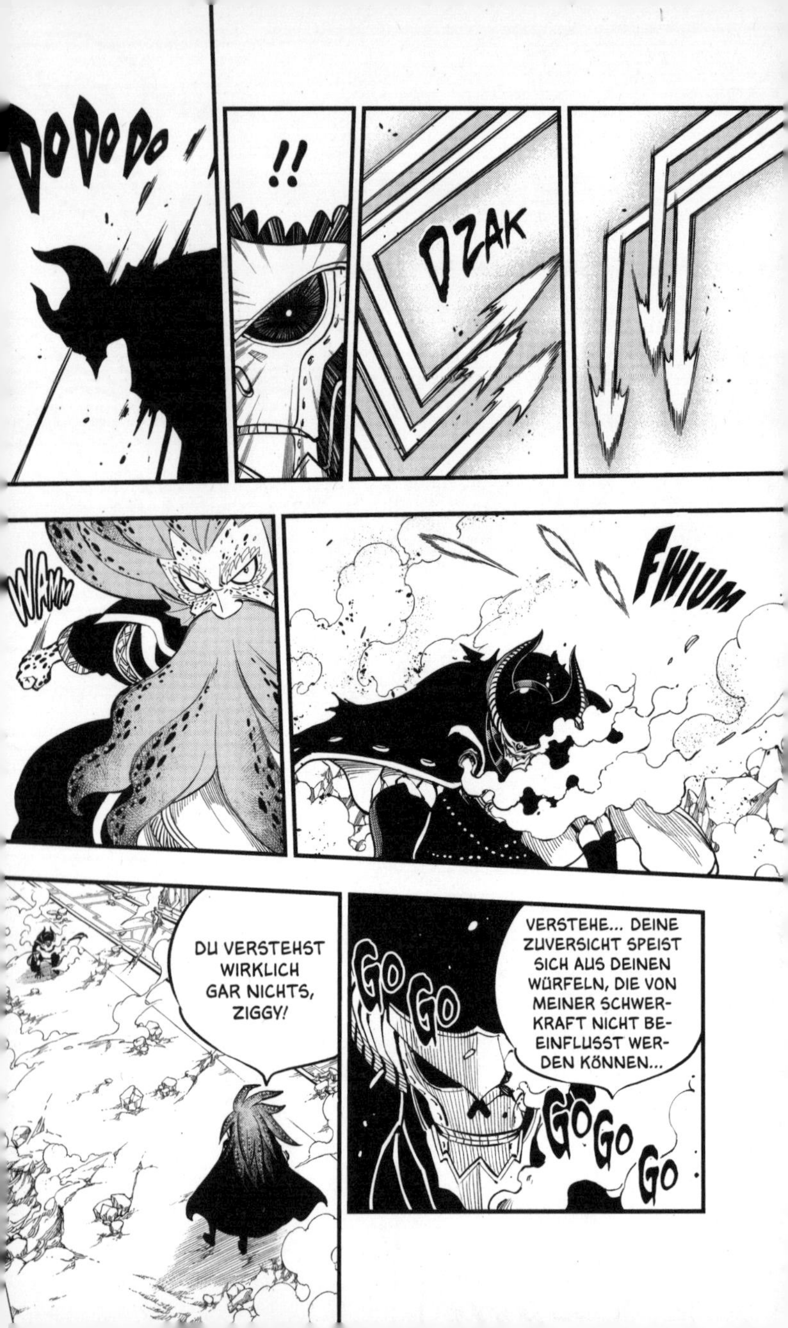

DODODO
!!
DZAK
WAMM
FWIUM
DU VERSTEHST WIRKLICH GAR NICHTS, ZIGGY!
GOGO
VERSTEHE... DEINE ZUVERSICHT SPEIST SICH AUS DEINEN WÜRFELN, DIE VON MEINER SCHWER-KRAFT NICHT BE-EINFLUSST WER-DEN KÖNNEN...
GOGOGO

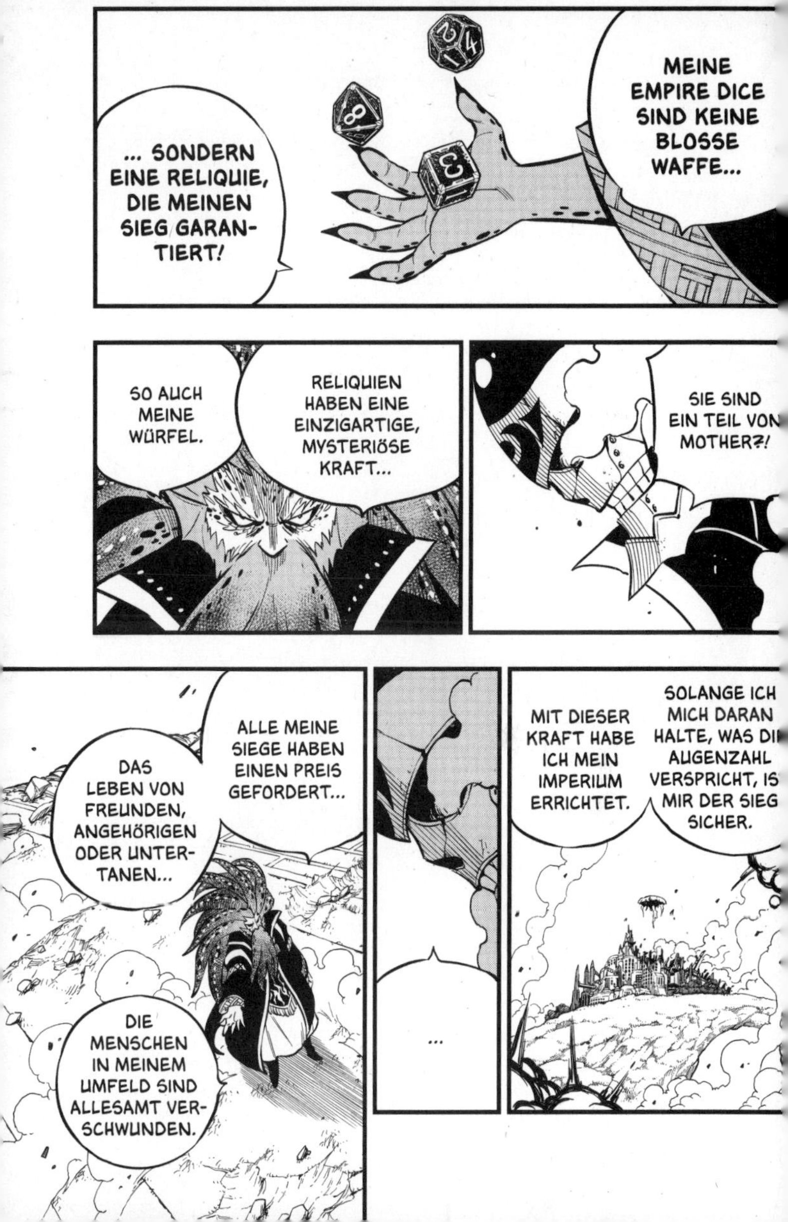
MEINE EMPIRE DICE SIND KEINE BLOSSE WAFFE...
... SONDERN EINE RELIQUIE, DIE MEINEN SIEG GARANTIERT!
SIE SIND EIN TEIL VON MOTHER?!
RELIQUIEN HABEN EINE EINZIGARTIGE, MYSTERIÖSE KRAFT...
SO AUCH MEINE WÜRFEL.
SOLANGE ICH MICH DARAN HALTE, WAS DI AUGENZAHL VERSPRICHT, IS MIR DER SIEG SICHER.
MIT DIESER KRAFT HABE ICH MEIN IMPERIUM ERRICHTET.
...
ALLE MEINE SIEGE HABEN EINEN PREIS GEFORDERT...
DAS LEBEN VON FREUNDEN, ANGEHÖRIGEN ODER UNTERTANEN...
DIE MENSCHEN IN MEINEM UMFELD SIND ALLESAMT VERSCHWUNDEN.

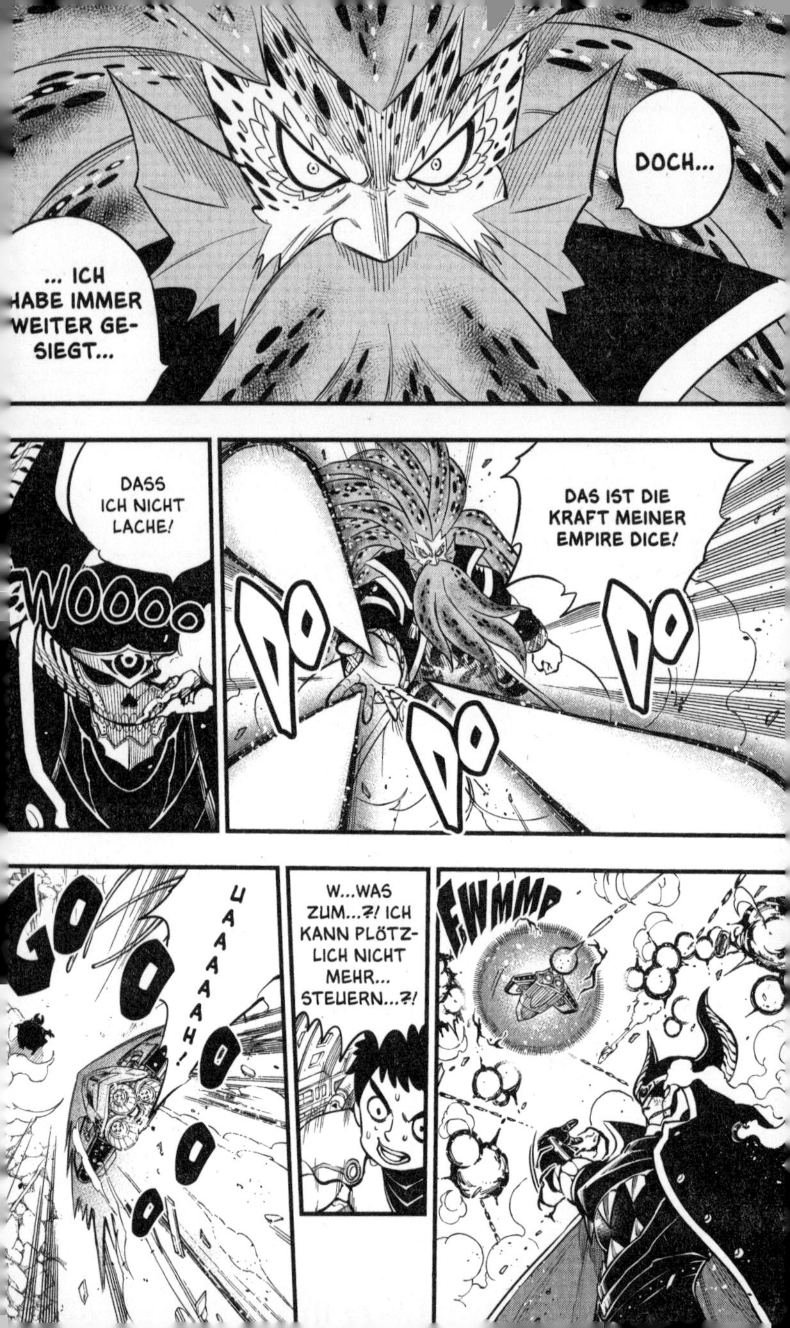
DOCH...
... ICH HABE IMMER WEITER GE-SIEGT...
DAS IST DIE KRAFT MEINER EMPIRE DICE!
DO
DO
DO
DASS ICH NICHT LACHE!
WOOOOO
FWMMP
W...WAS ZUM...?! ICH KANN PLÖTZ-LICH NICHT MEHR... STEUERN...?!
UAAAAAAH!
GOOOOOOO

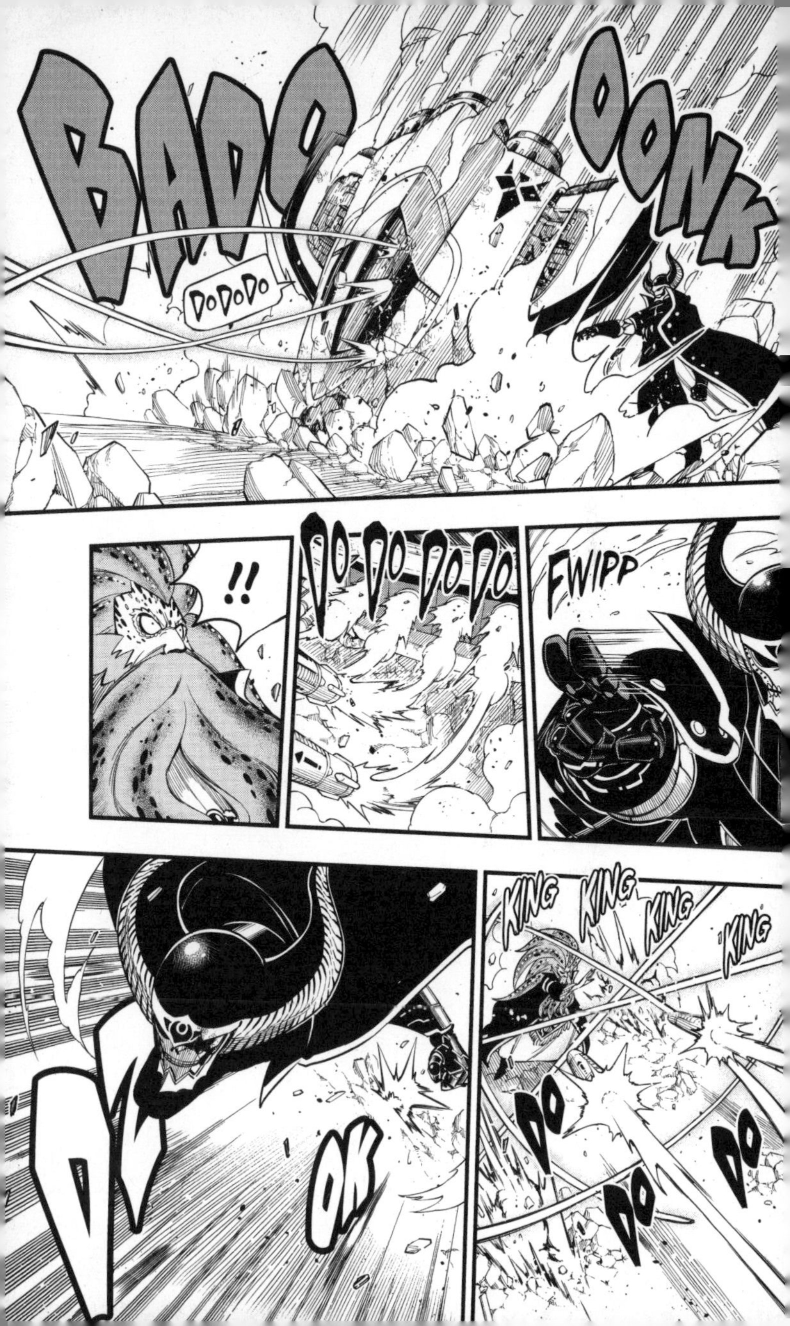
BADOOONK
DODODO
!!
DO DO DO DO
FWIPP
KING KING KING KING
DOK
DO DO DO

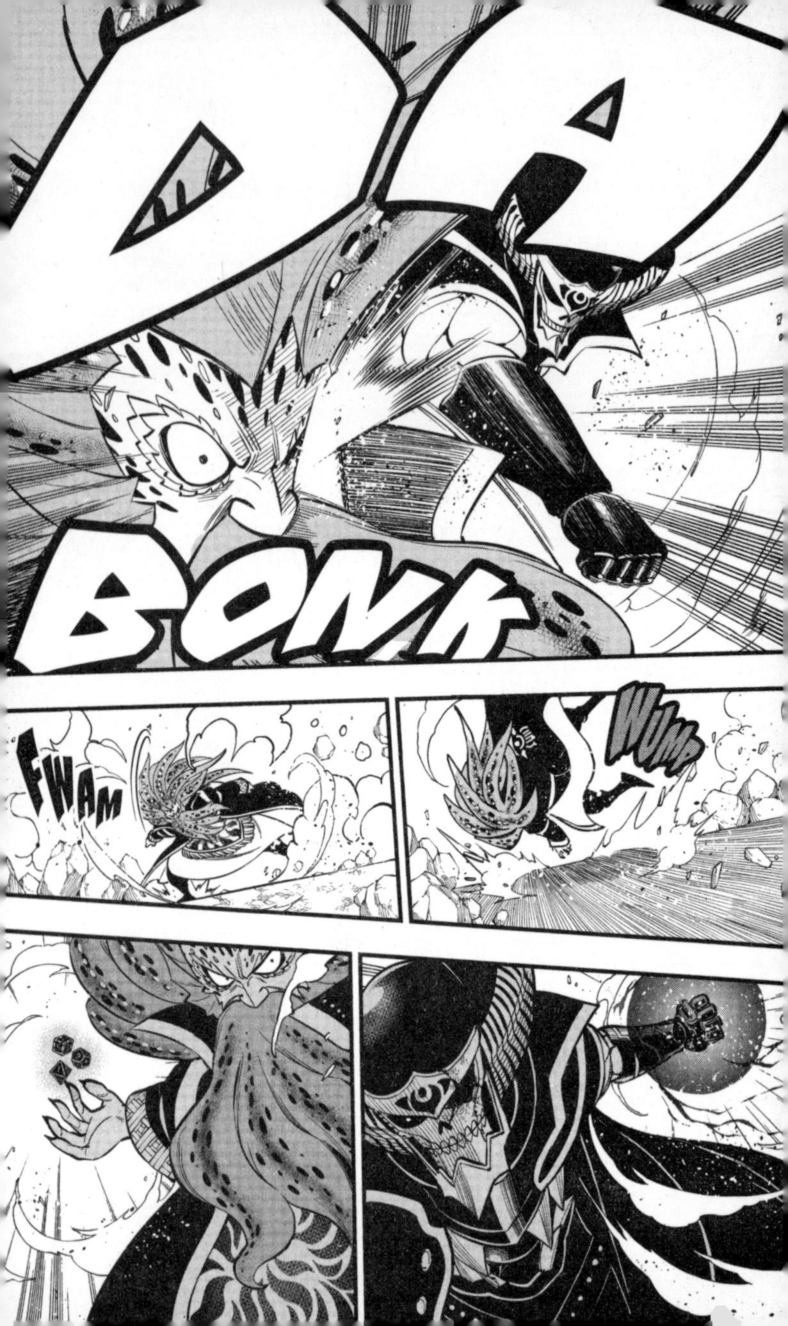
BONK
WUMP
FWAM

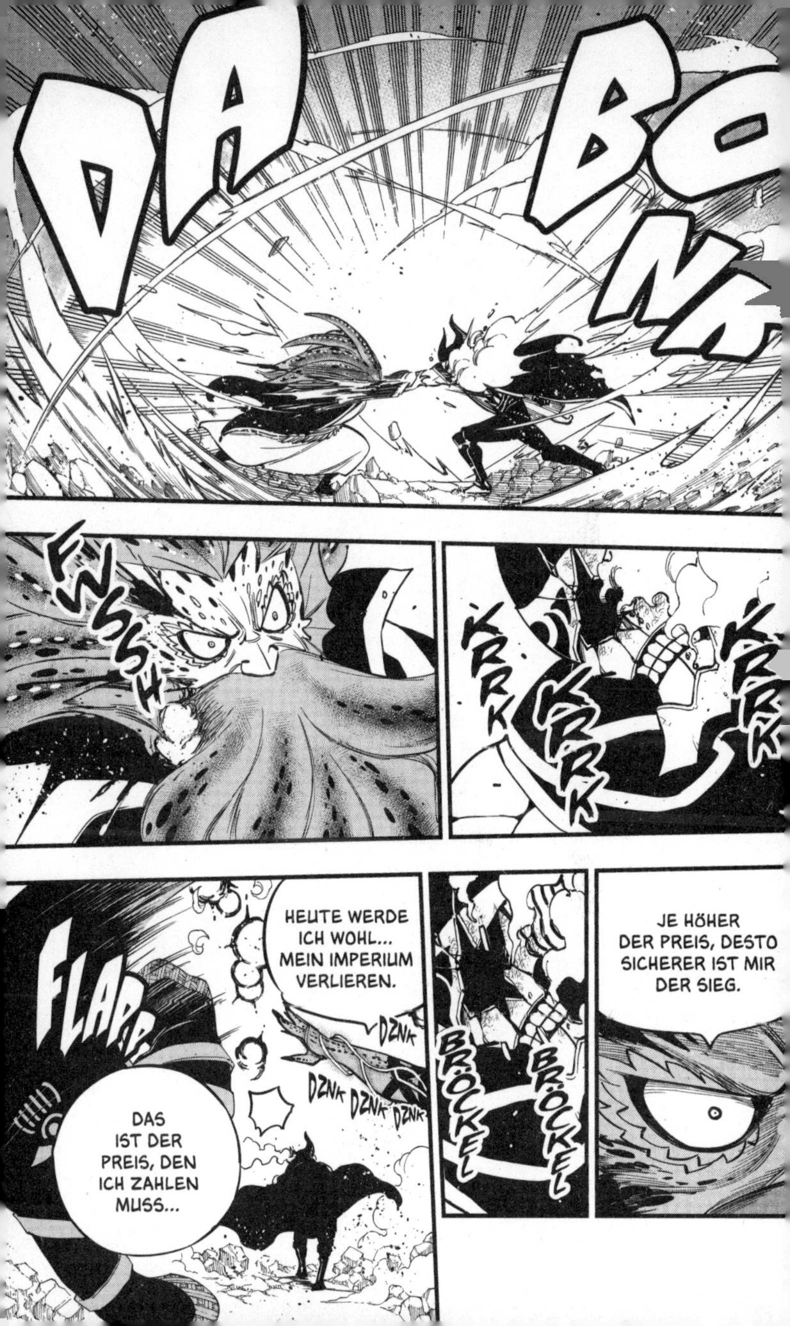
DA
BOM
FWSSSH
KRRK
KRRK
KRRK
JE HÖHER DER PREIS, DESTO SICHERER IST MIR DER SIEG.
BRÖCKEL
BRÖCKEL
HEUTE WERDE ICH WOHL... MEIN IMPERIUM VERLIEREN.
DZNK
DZNK
DZNK
DZNK
FLAPP
DAS IST DER PREIS, DEN ICH ZAHLEN MUSS...

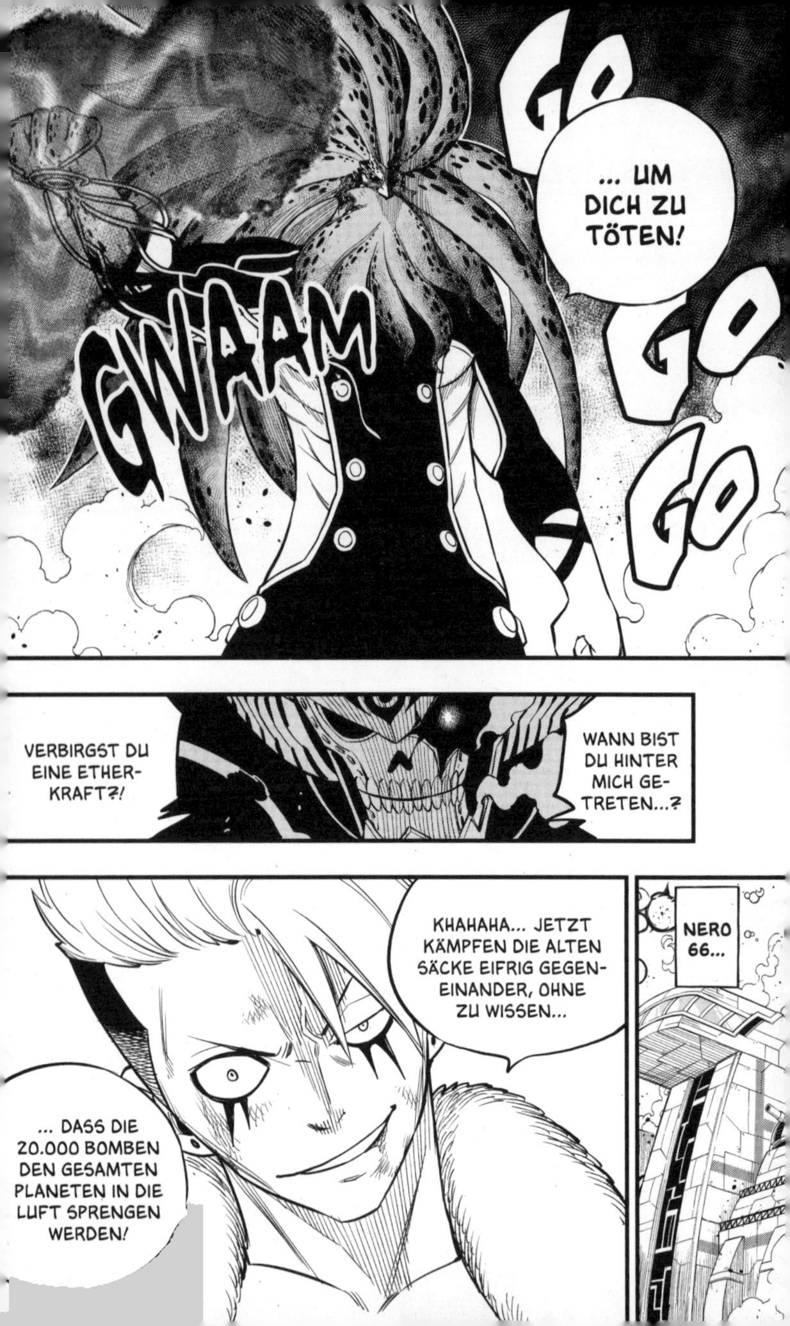
GO
... UM DICH ZU TÖTEN!
GO
GO
GWAAM
WANN BIST DU HINTER MICH GETRETEN...?
VERBIRGST DU EINE ETHERKRAFT?!
NERO 66...
KHAHAHA... JETZT KÄMPFEN DIE ALTEN SÄCKE EIFRIG GEGENEINANDER, OHNE ZU WISSEN...
... DASS DIE 20.000 BOMBEN DEN GESAMTEN PLANETEN IN DIE LUFT SPRENGEN WERDEN!

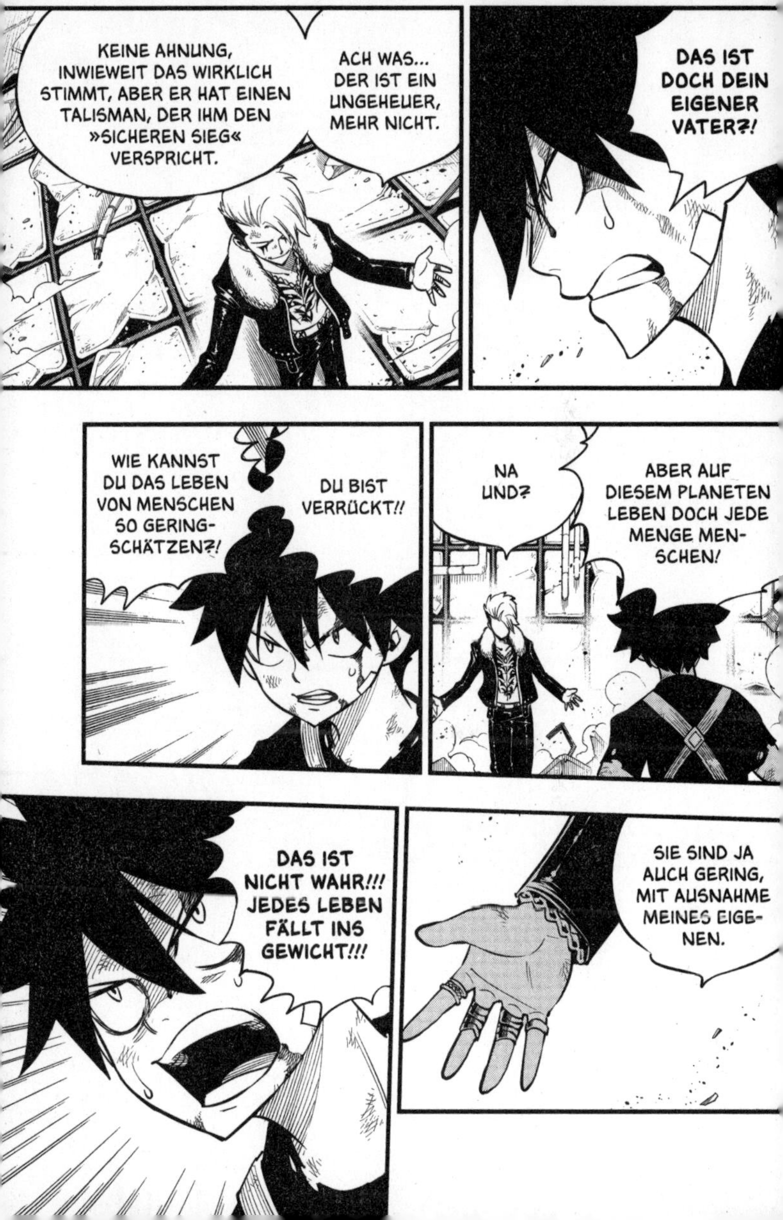
KEINE AHNUNG, INWIEWEIT DAS WIRKLICH STIMMT, ABER ER HAT EINEN TALISMAN, DER IHM DEN »SICHEREN SIEG« VERSPRICHT.
ACH WAS... DER IST EIN UNGEHEUER, MEHR NICHT.
DAS IST DOCH DEIN EIGENER VATER?!
WIE KANNST DU DAS LEBEN VON MENSCHEN SO GERING-SCHÄTZEN?!
DU BIST VERRÜCKT!!
NA UND?
ABER AUF DIESEM PLANETEN LEBEN DOCH JEDE MENGE MEN-SCHEN!
DAS IST NICHT WAHR!!! JEDES LEBEN FÄLLT INS GEWICHT!!!
SIE SIND JA AUCH GERING, MIT AUSNAHME MEINES EIGE-NEN.

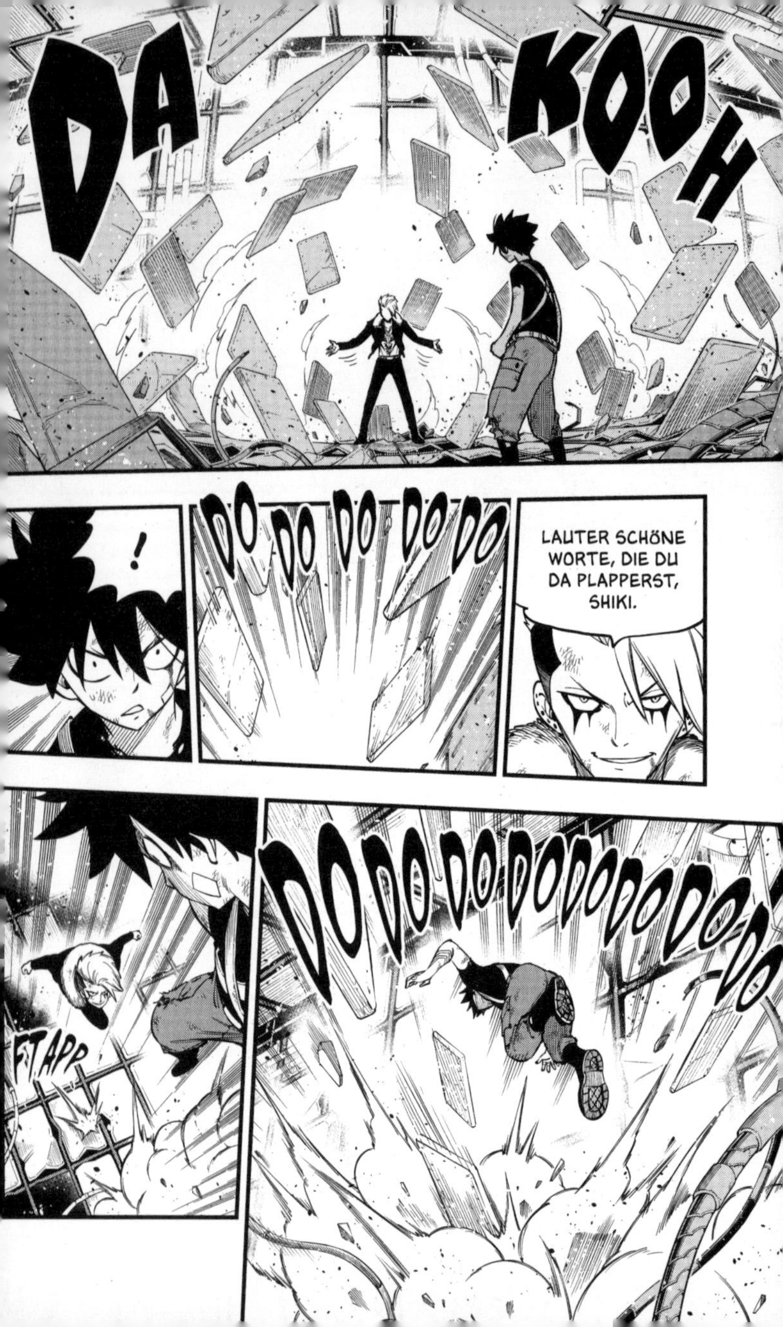
DA
KOOH
LAUTER SCHÖNE WORTE, DIE DU DA PLAPPERST, SHIKI.
DO DO DO DO DO
!
DO DO DO DODODODODODO
FTAPP

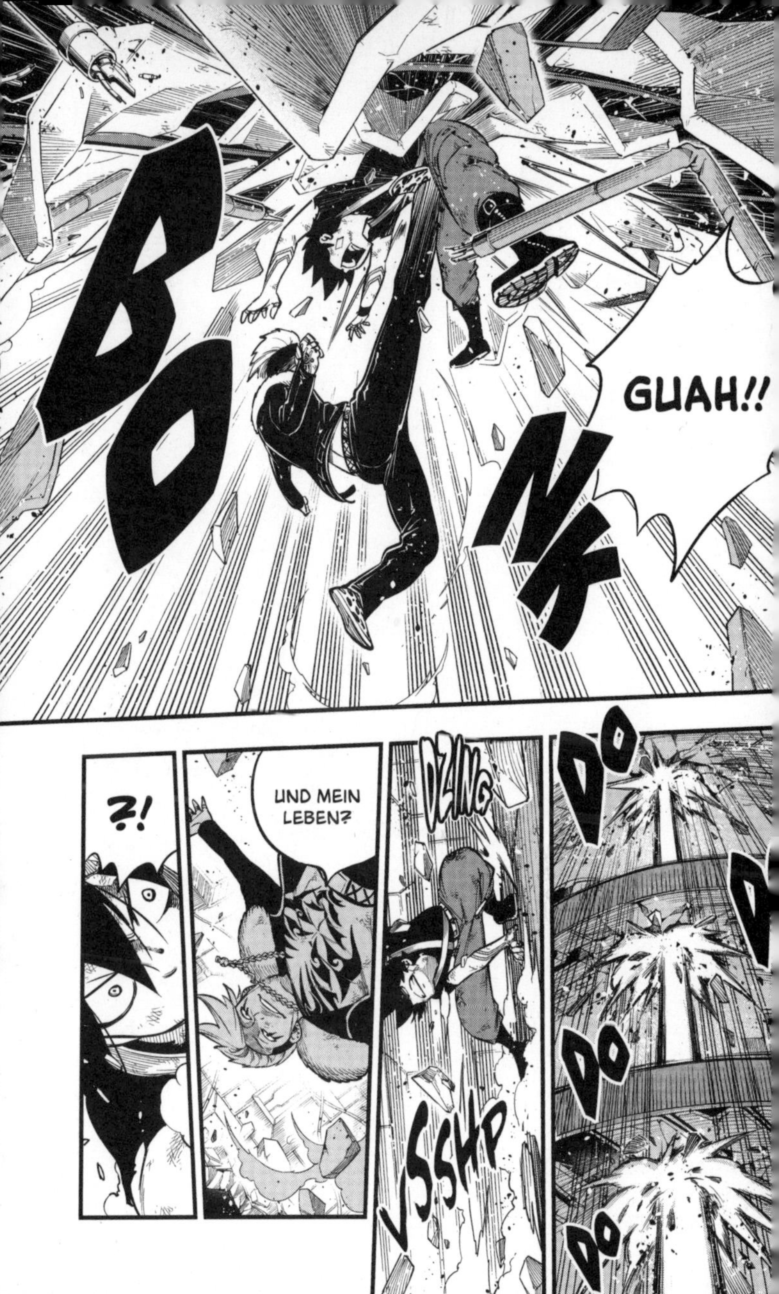
GUAH!!
BONK
DO DO DO DO
DZING
VSSHP
UND MEIN LEBEN?
?!

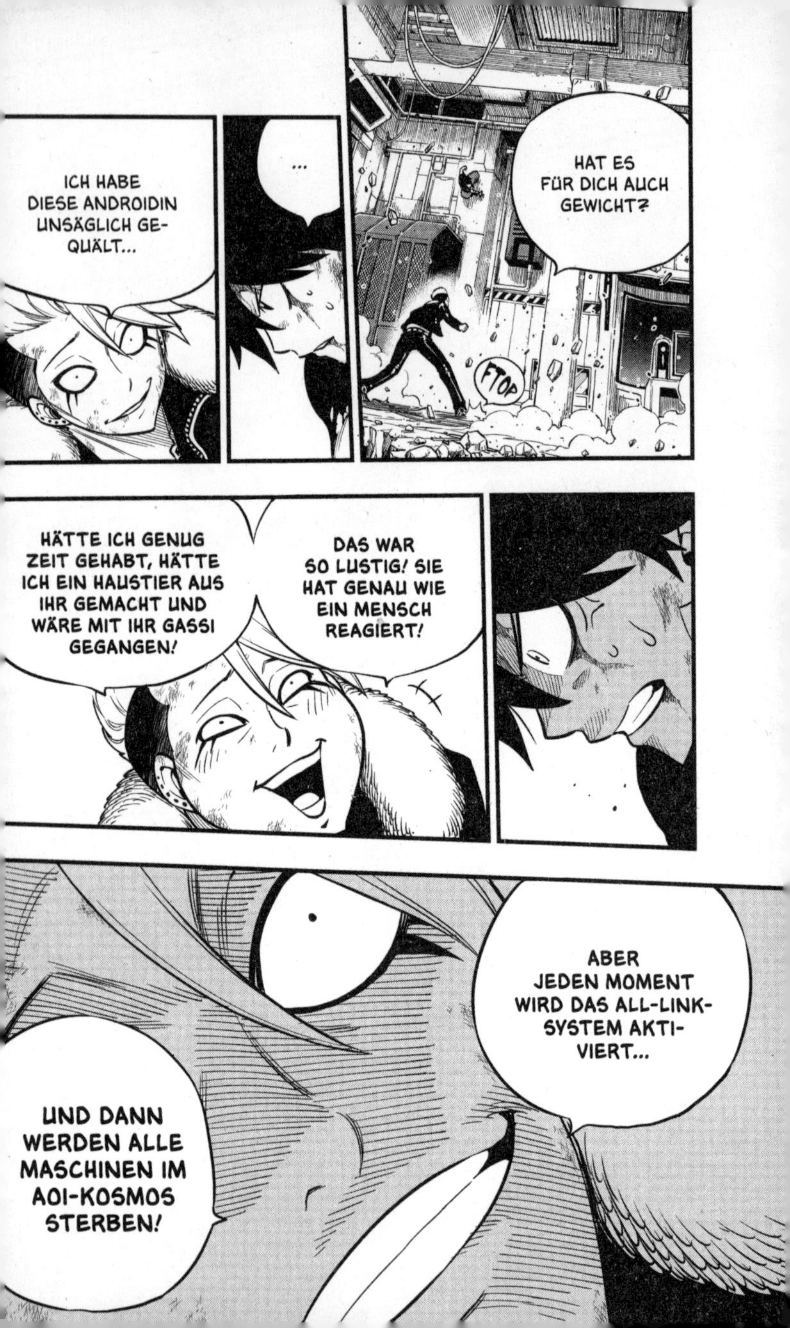
ICH HABE DIESE ANDROIDIN UNSÄGLICH GE-QUÄLT...
...
HAT ES FÜR DICH AUCH GEWICHT?
FTOP
HÄTTE ICH GENUG ZEIT GEHABT, HÄTTE ICH EIN HAUSTIER AUS IHR GEMACHT UND WÄRE MIT IHR GASSI GEGANGEN!
DAS WAR SO LUSTIG! SIE HAT GENAU WIE EIN MENSCH REAGIERT!
ABER JEDEN MOMENT WIRD DAS ALL-LINK-SYSTEM AKTI-VIERT...
UND DANN WERDEN ALLE MASCHINEN IM AOI-KOSMOS STERBEN!

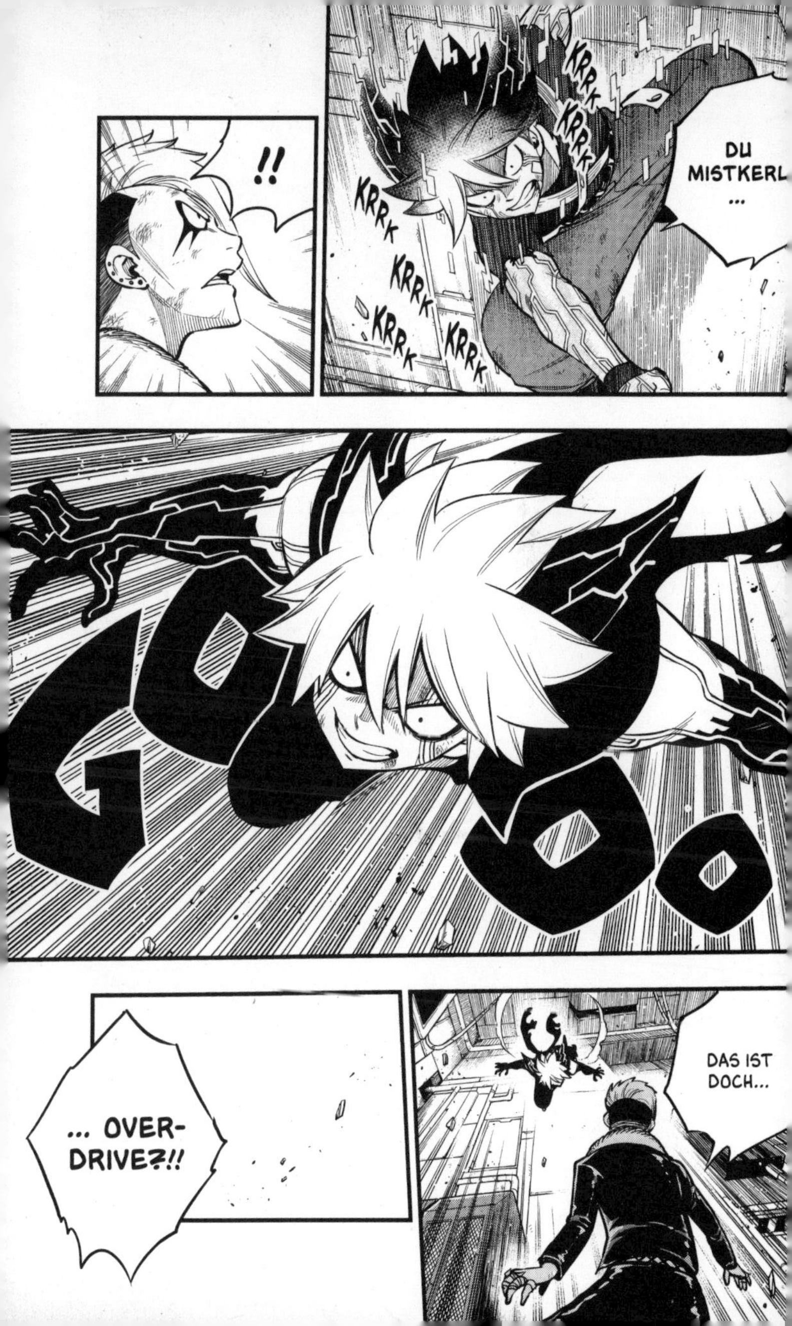
KRRK
KRRK
DU MISTKERL ...
KRRK
KRRK
KRRK
KRRK
!!
DAS IST DOCH...
... OVER-DRIVE?!!

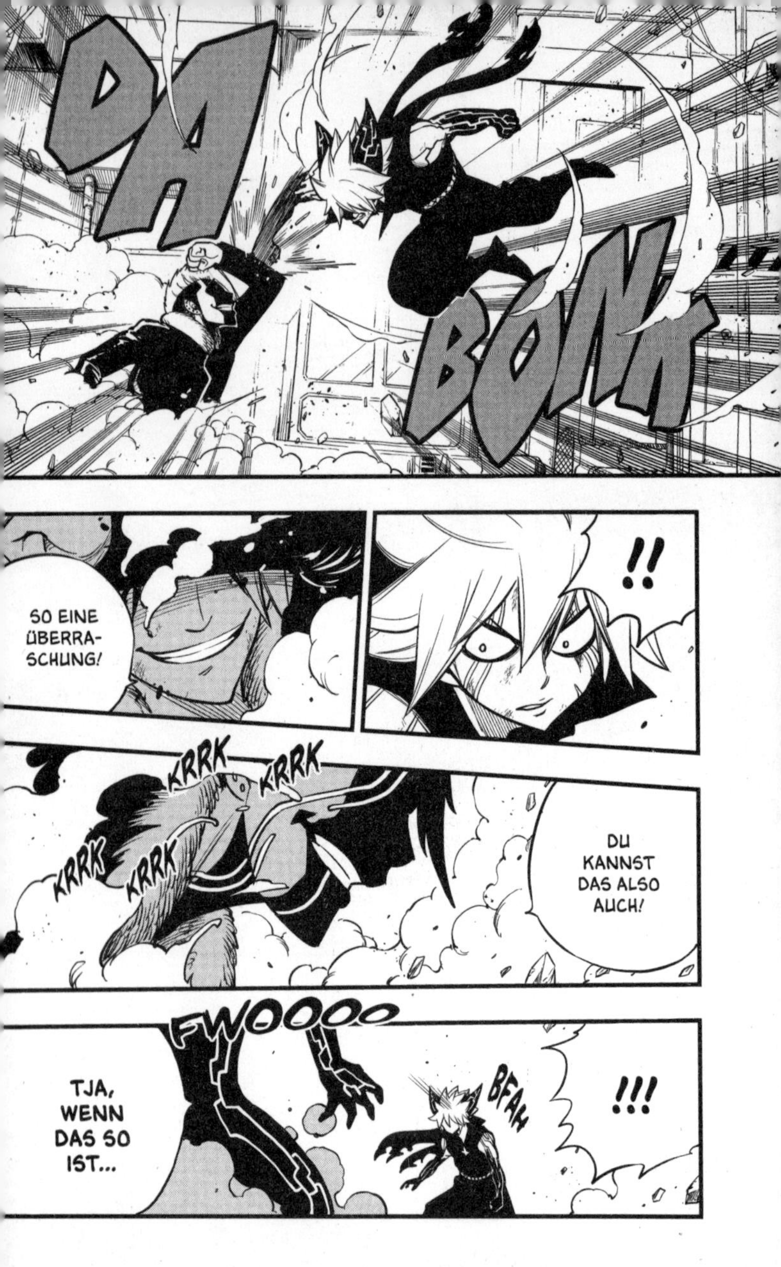
DA
BOM
!!
SO EINE ÜBERRA-SCHUNG!
DU KANNST DAS ALSO AUCH!
KRRK
KRRK
KRRK
KRRK
!!!
BFAH
FWOOOO
TJA, WENN DAS SO IST...

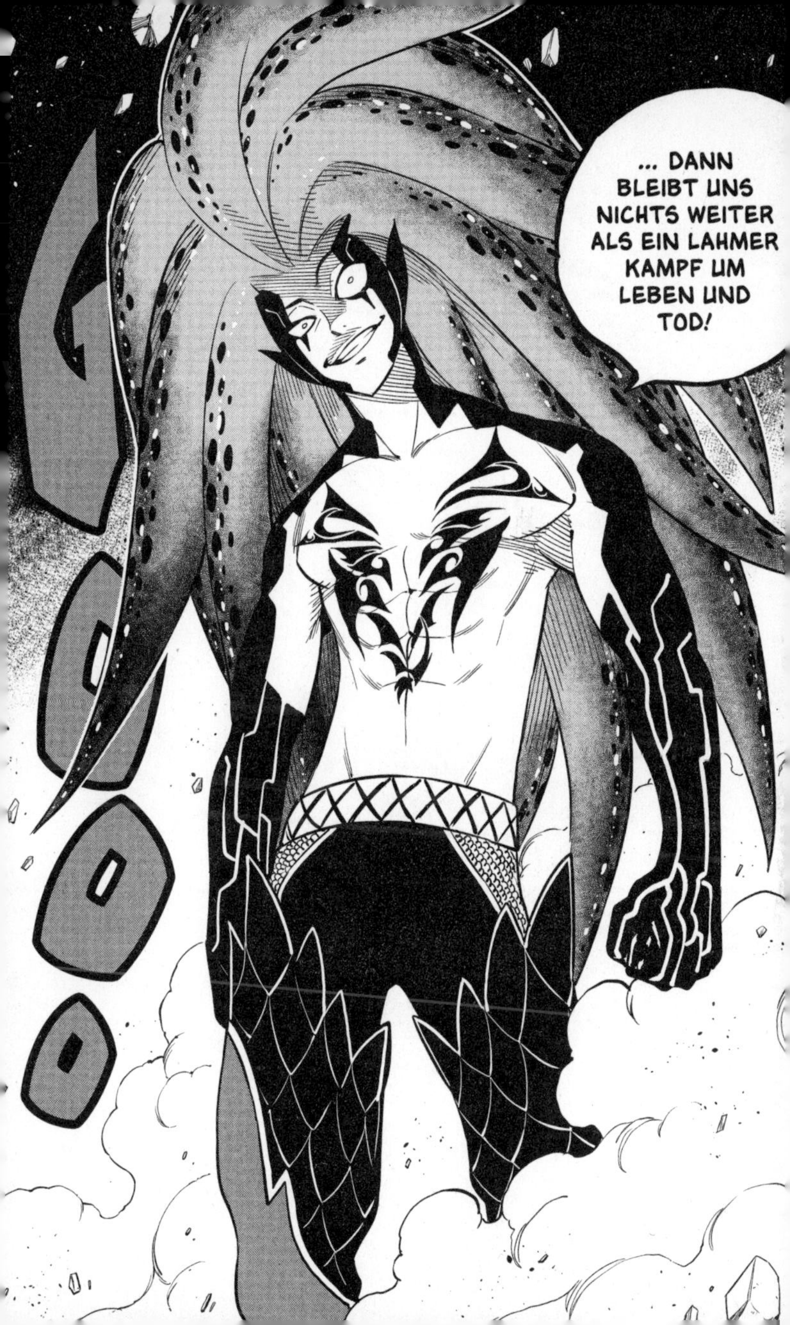
... DANN BLEIBT UNS NICHTS WEITER ALS EIN LAHMER KAMPF UM LEBEN UND TOD!

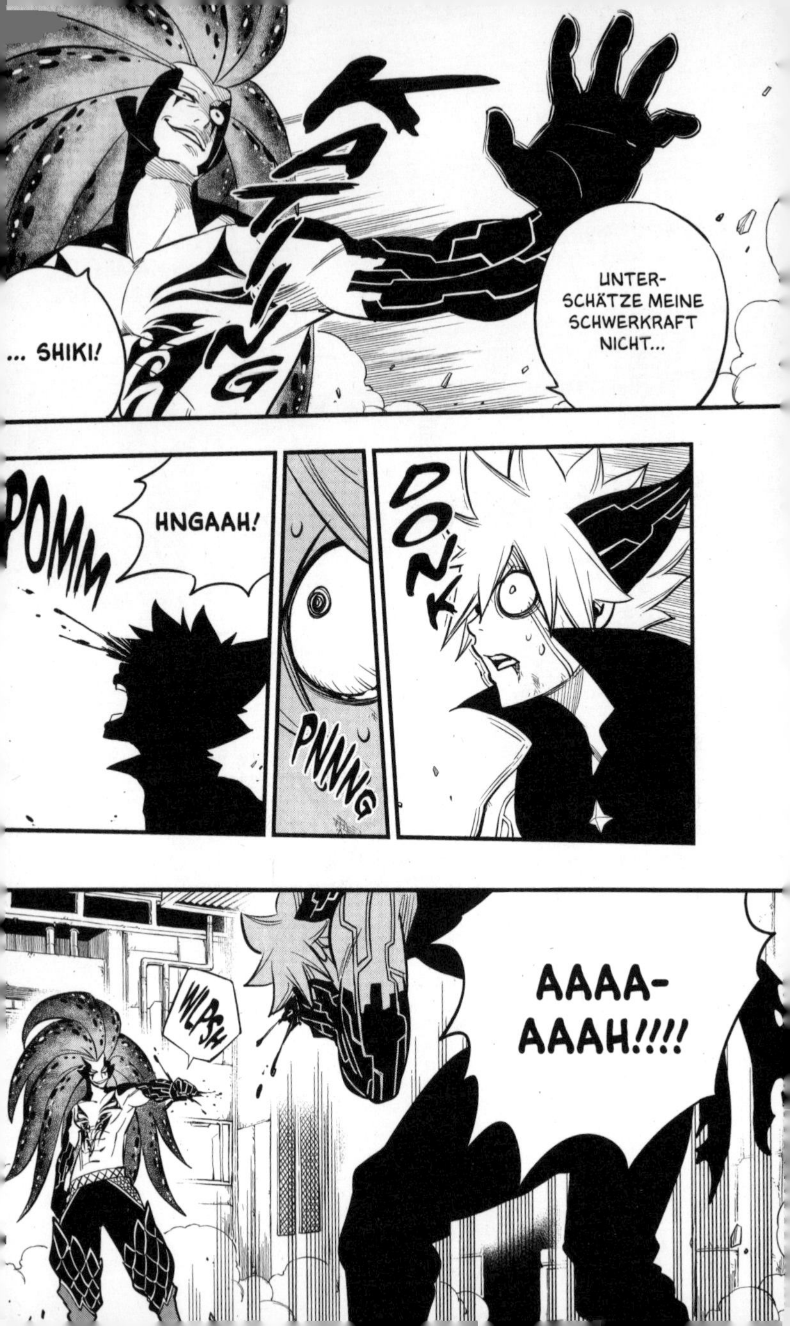

UNTER-
SCHÄTZE MEINE
SCHWERKRAFT
NICHT...
... SHIKI!
ZATING
DONK
PNNNG
HNGAAH!
POMM
AAAA-
AAAH!!!!
WLPSH

EDENS ZERO

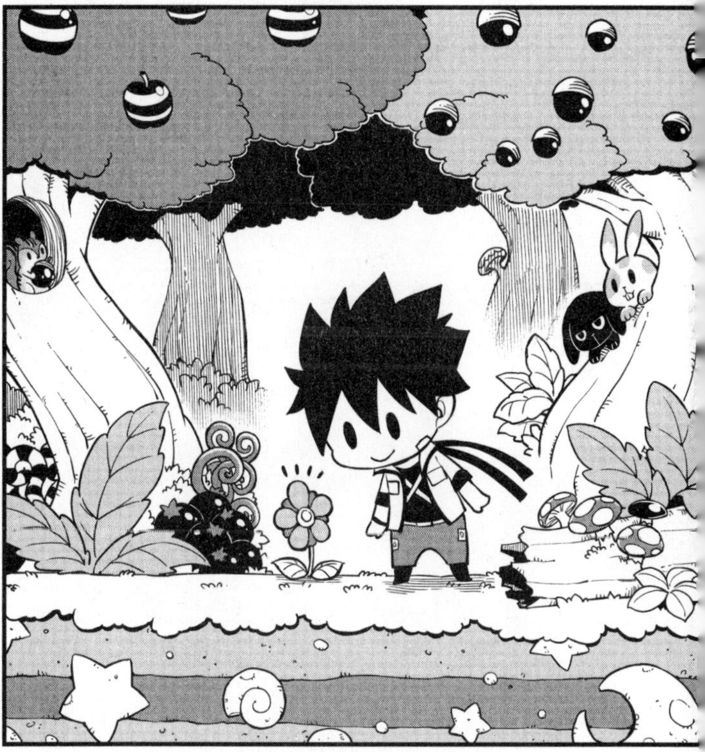

KAPITEL 163: WORMHOLE

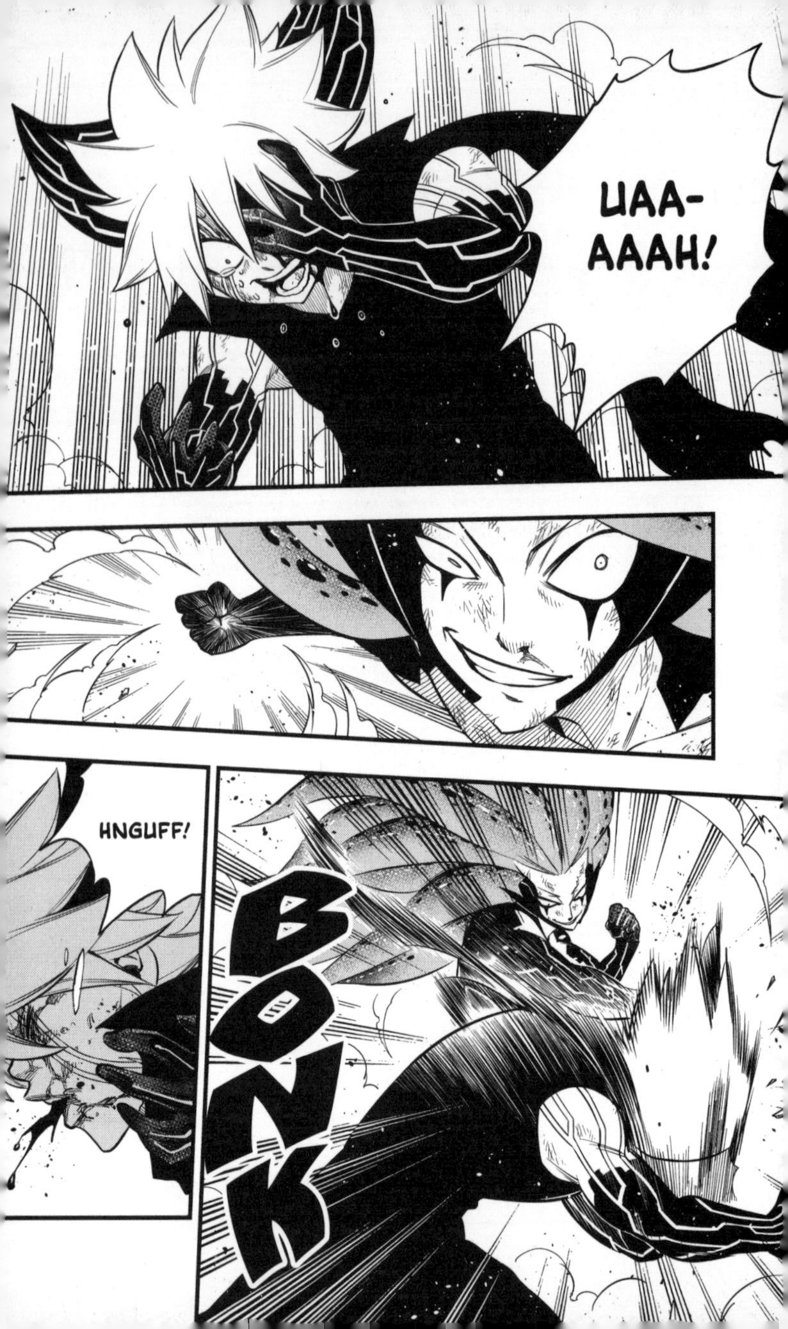
UAA-
AAAH!
BONK
HNGUFF!

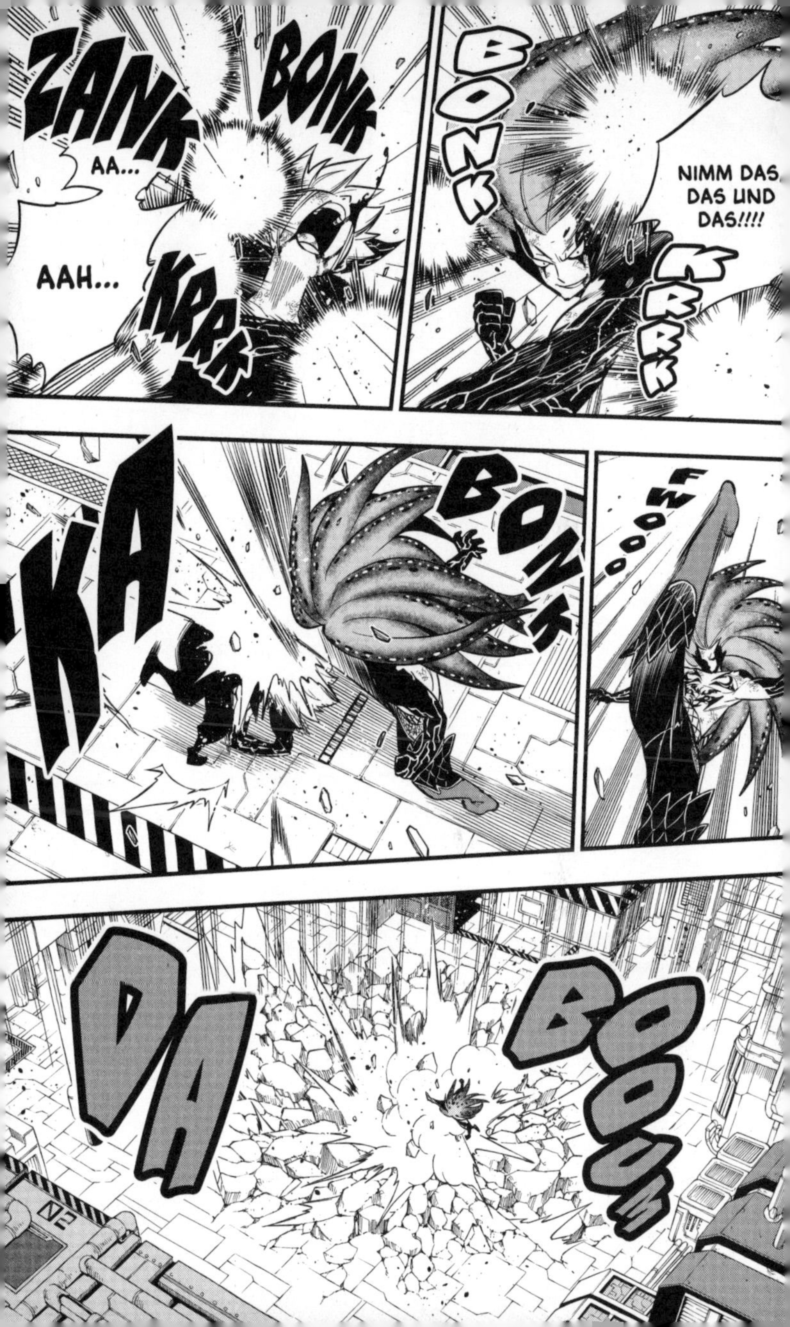

BONK
NIMM DAS, DAS UND DAS!!!!
KRRK
BONK
ZANK
AA...
AAH...
KRRK
FWOOOO...
BONK
KA
DA
BOOOM

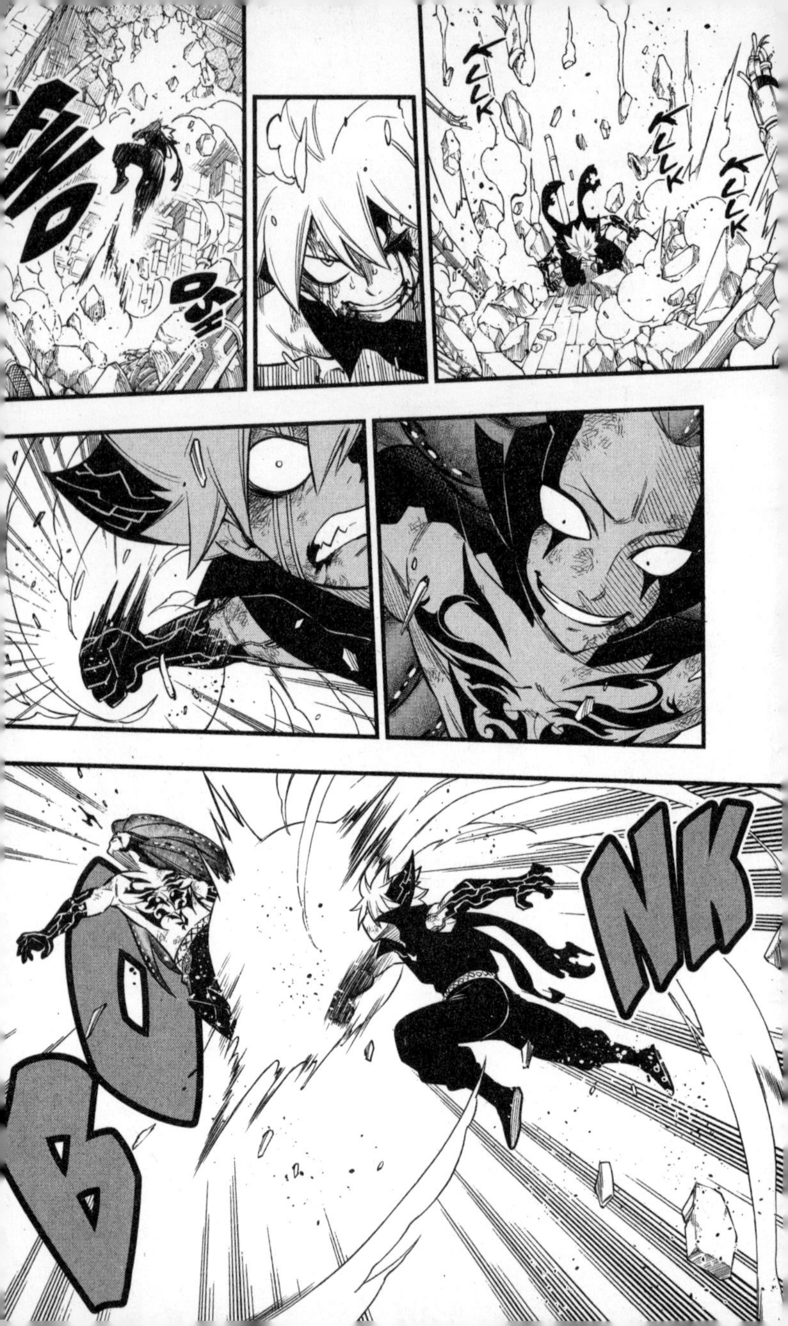
FWO
OSH
KLLK
KLLK
KLLK
BOO
NK

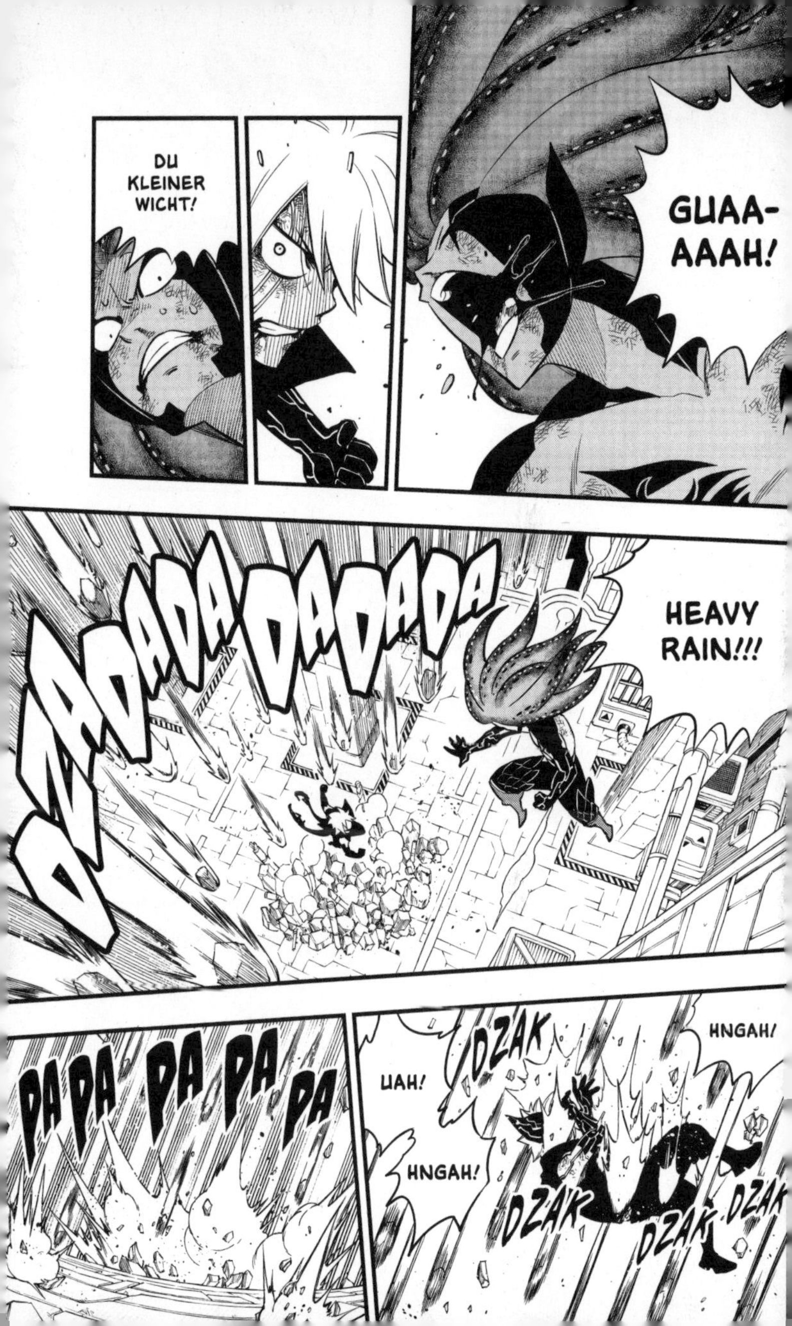
GUAA-
AAAH!
DU
KLEINER
WICHT!
HEAVY
RAIN!!!
DADADA DADADA
HNGAH!
DZAK
UAH!
HNGAH!
DZAK
DZAK
DZAK
PA PA PA PA PA PA

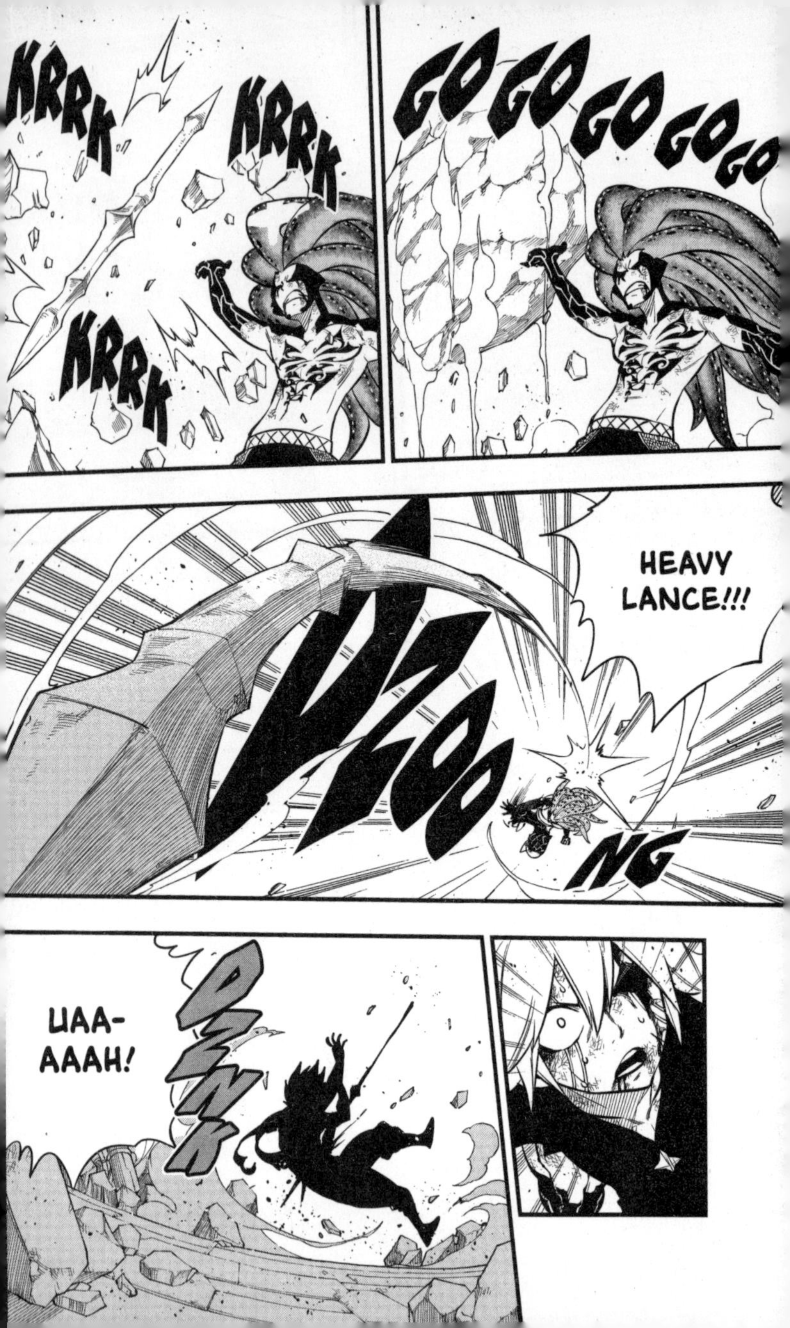
GO GO GO GO GO GO
KRRK
KRRK
KRRK
HEAVY LANCE!!!
UAA-AAAH!

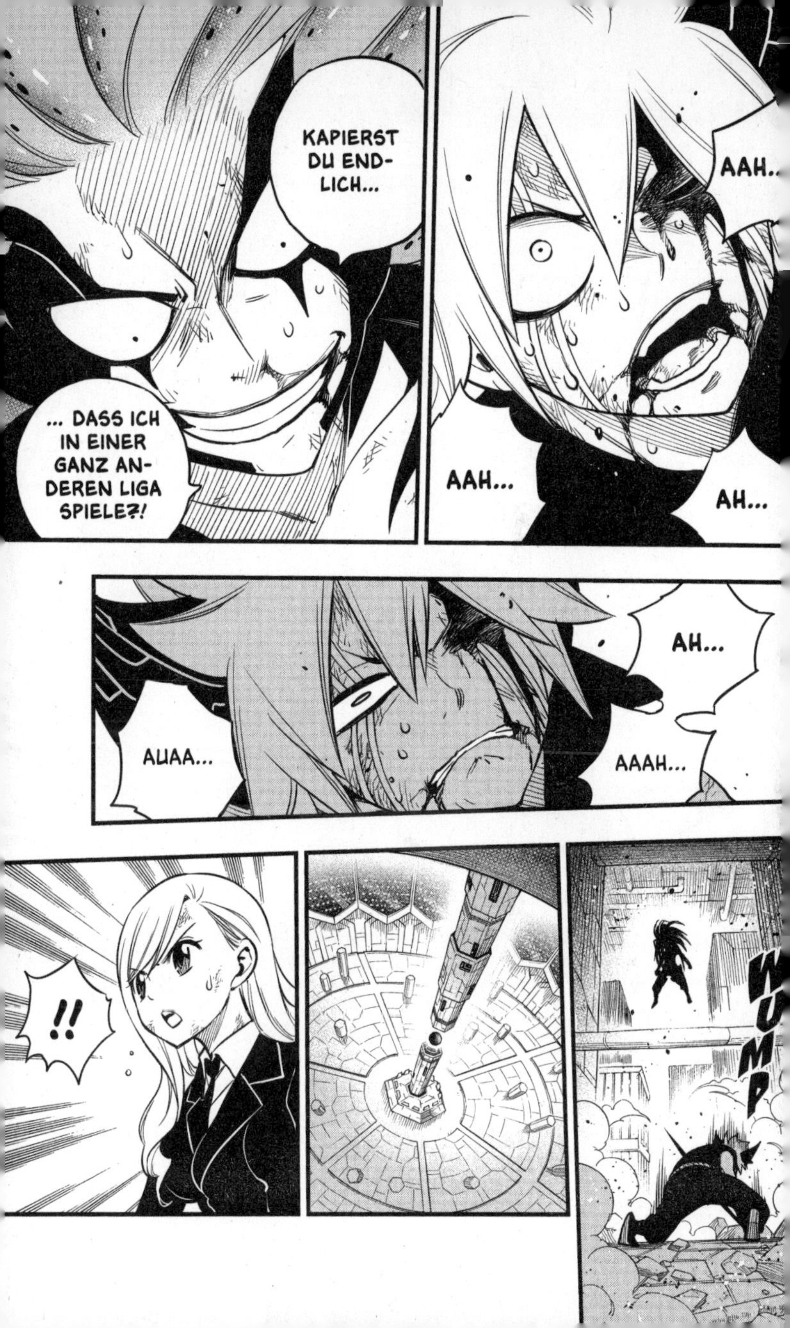

AAH...
AH...
AAH...
KAPIERST DU END-LICH...
... DASS ICH IN EINER GANZ AN-DEREN LIGA SPIELE?!
AH...
AAAH...
AUAA...
WUMP
!!

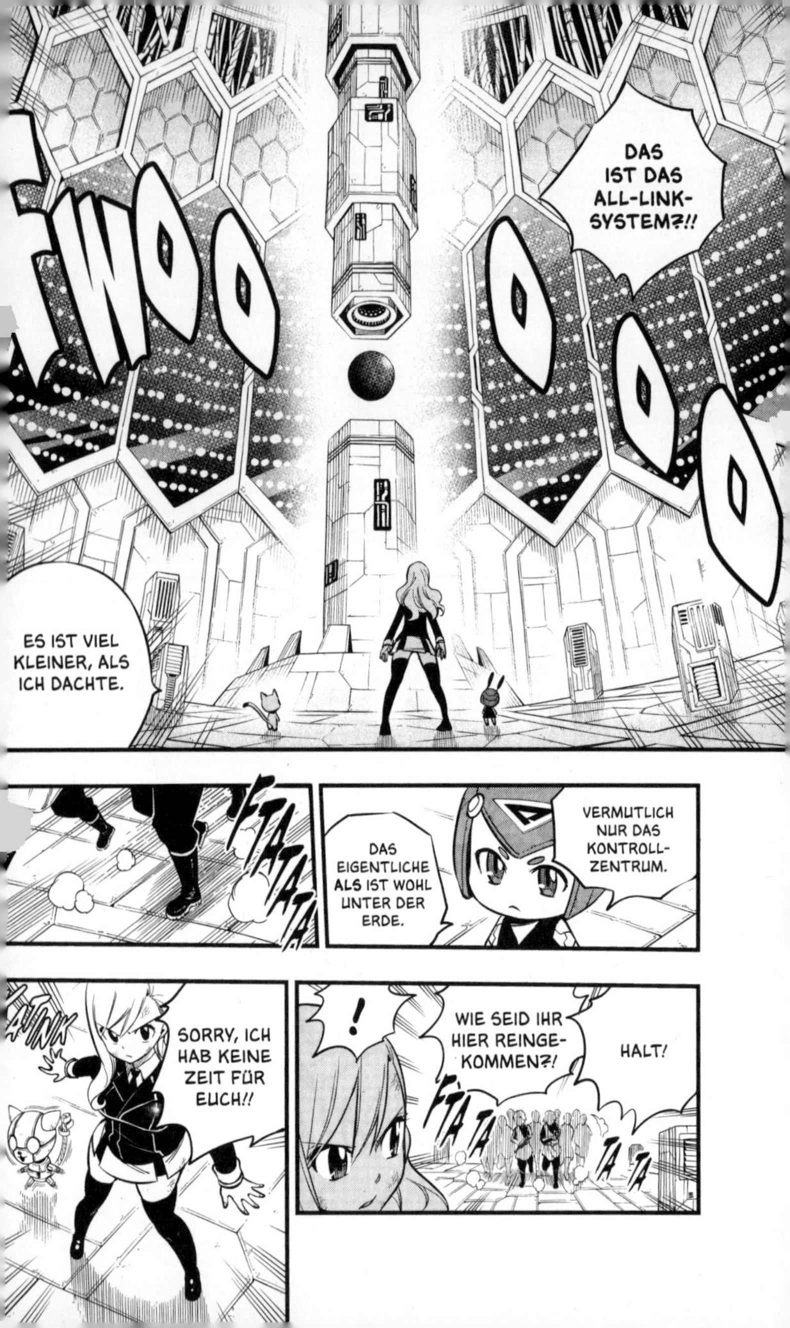
DAS IST DAS ALL-LINK-SYSTEM?!!
ES IST VIEL KLEINER, ALS ICH DACHTE.
VERMUTLICH NUR DAS KONTROLL-ZENTRUM.
DAS EIGENTLICHE ALS IST WOHL UNTER DER ERDE.
HALT!
WIE SEID IHR HIER REINGE-KOMMEN?!
!
SORRY, ICH HAB KEINE ZEIT FÜR EUCH!!

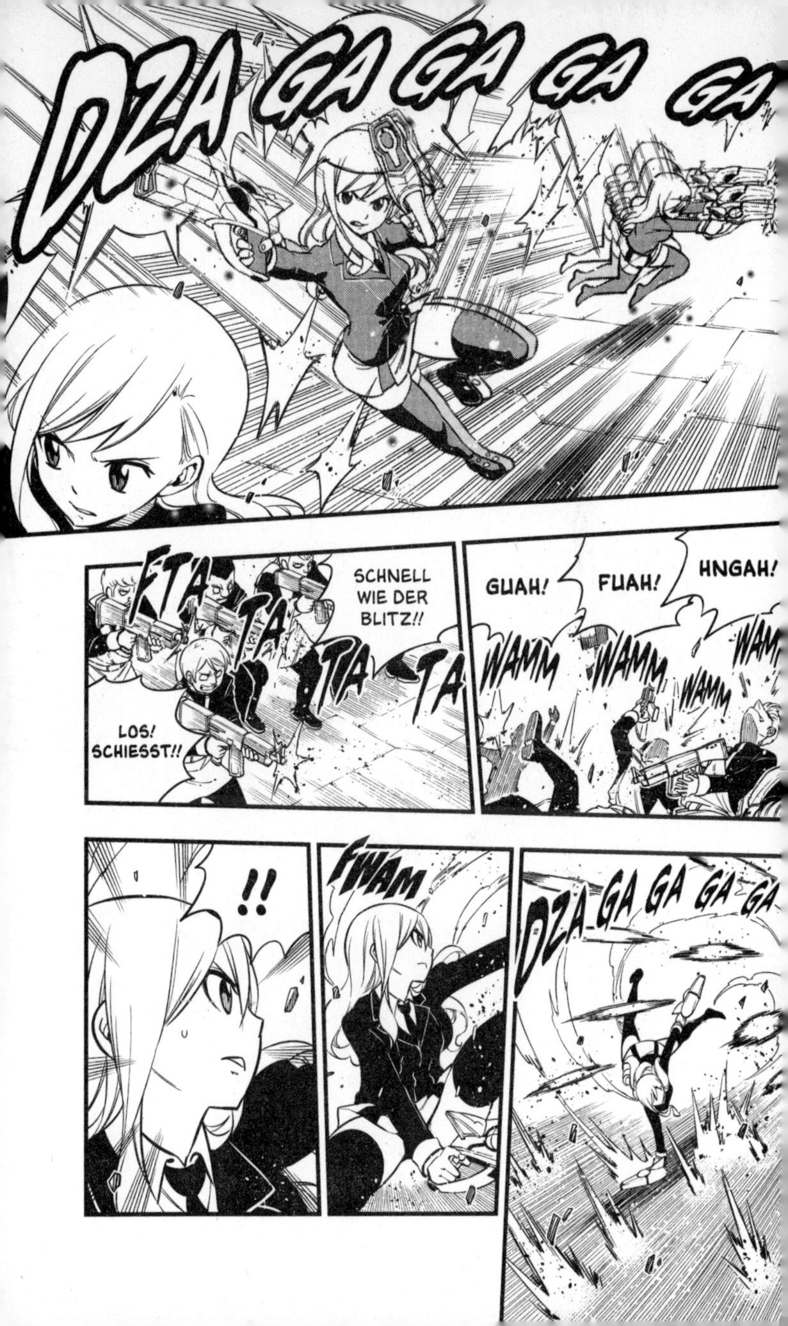

DZA GA GA GA GA
ETA TA TA TA
SCHNELL WIE DER BLITZ!!
LOS! SCHIESST!!
GUAH!
FUAH!
HNGAH!
WAMM WAMM WAMM WAMM
!!
FWAM
DZA GA GA GA GA

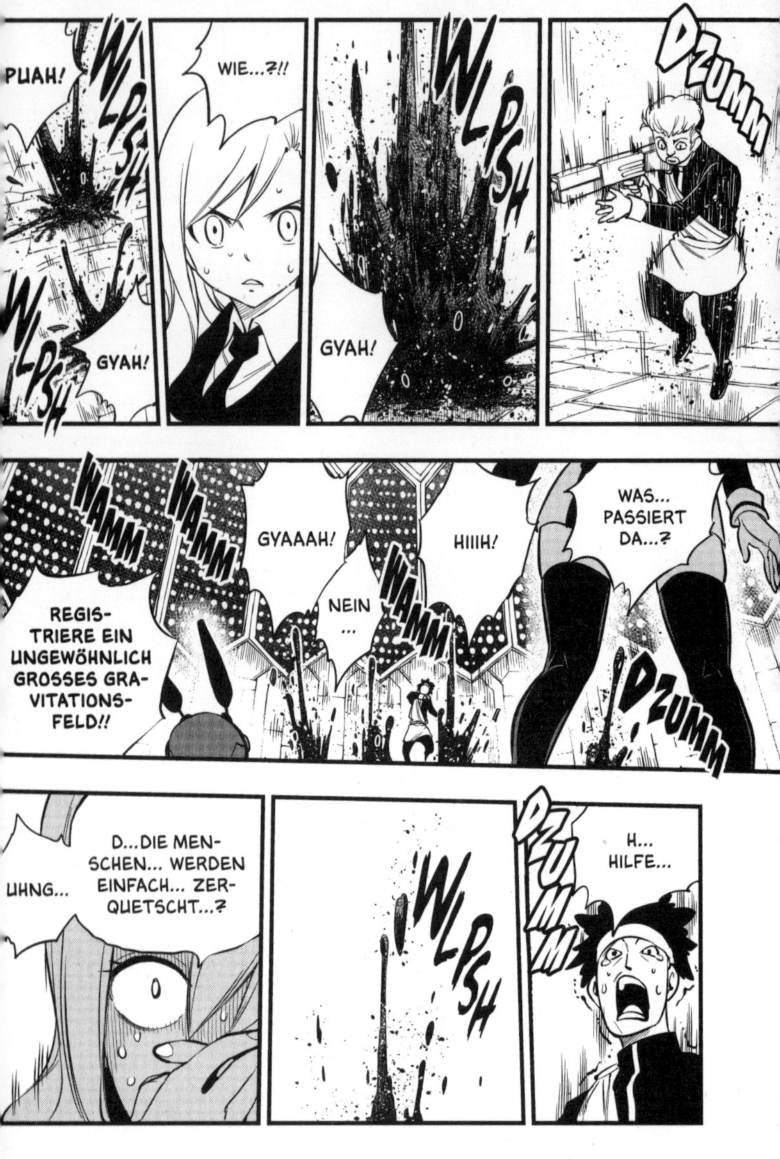
DZUMM
WLPSH
GYAH!
WIE...?!!
PUAH!
WLPSH
WLPSH
GYAH!
WAS... PASSIERT DA...?
DZUMM
HIIIH!
WAMM
NEIN ...
GYAAAH!
WAMM
WAMM
REGIS-TRIERE EIN UNGEWÖHNLICH GROSSES GRA-VITATIONS-FELD!!
H... HILFE...
DZUMM
WLPSH
D...DIE MEN-SCHEN... WERDEN EINFACH... ZER-QUETSCHT...?
UHNG...

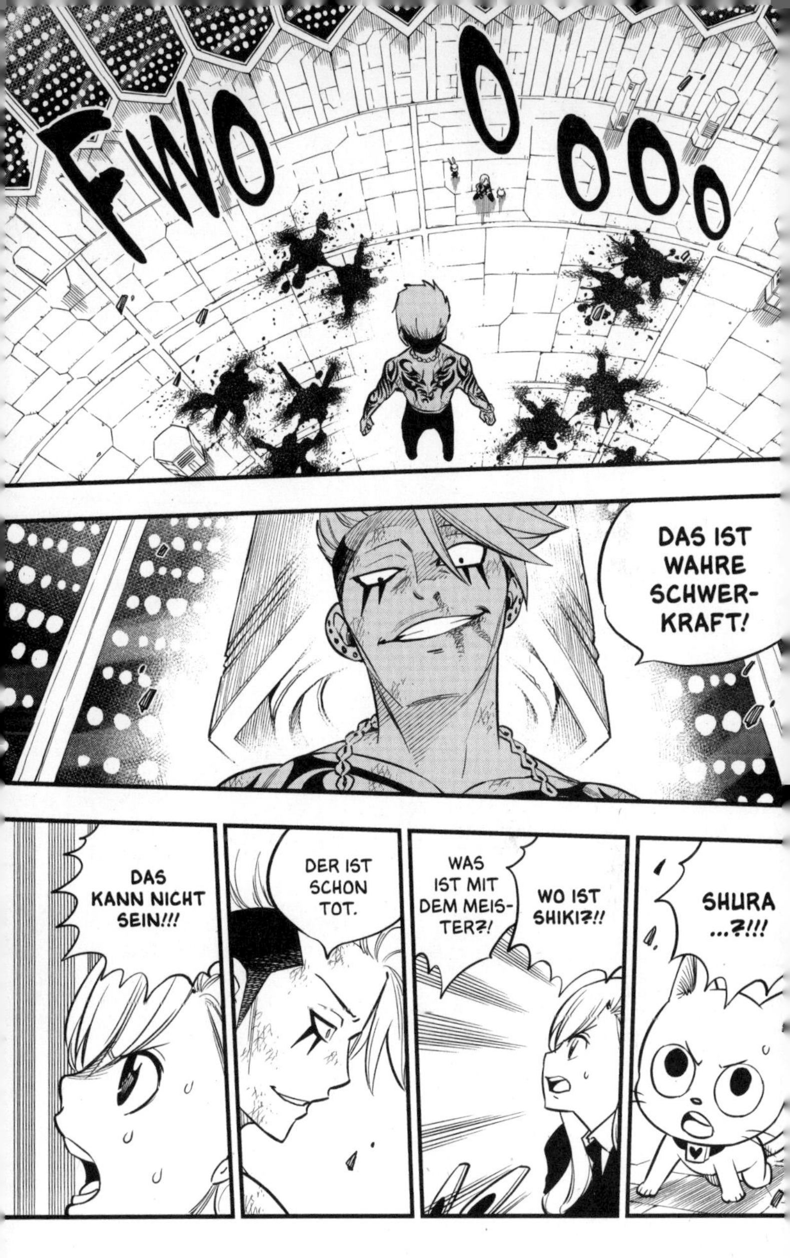
FWO O OOO
DAS IST WAHRE SCHWER-KRAFT!
DAS KANN NICHT SEIN!!!
DER IST SCHON TOT.
WAS IST MIT DEM MEIS-TER?!
WO IST SHIKI?!!
SHURA ...?!!!

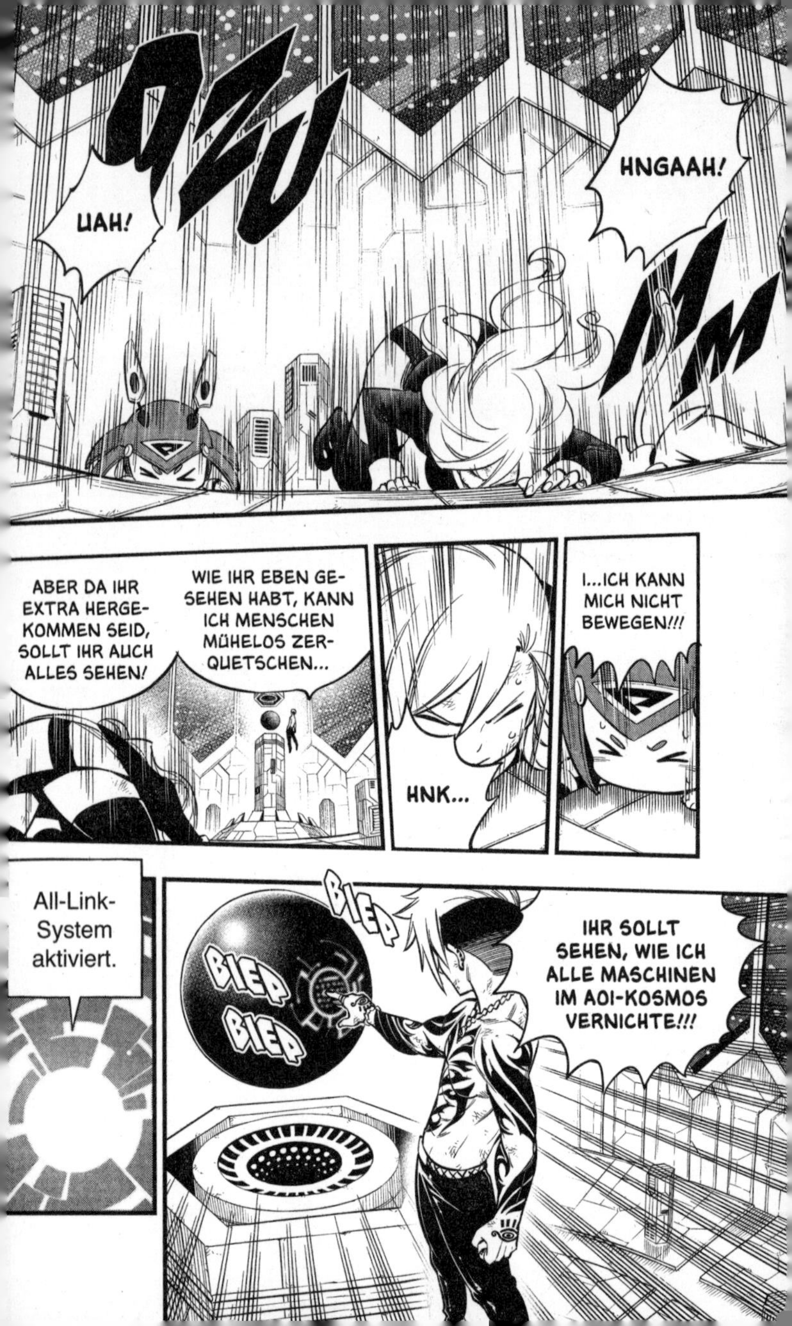

HNGAAH!
UAH!
I...ICH KANN MICH NICHT BEWEGEN!!!
HNK...
WIE IHR EBEN GESEHEN HABT, KANN ICH MENSCHEN MÜHELOS ZERQUETSCHEN...
ABER DA IHR EXTRA HERGEKOMMEN SEID, SOLLT IHR AUCH ALLES SEHEN!
BIEP
BIEP
BIEP
IHR SOLLT SEHEN, WIE ICH ALLE MASCHINEN IM AOI-KOSMOS VERNICHTE!!!
All-Link-System aktiviert.

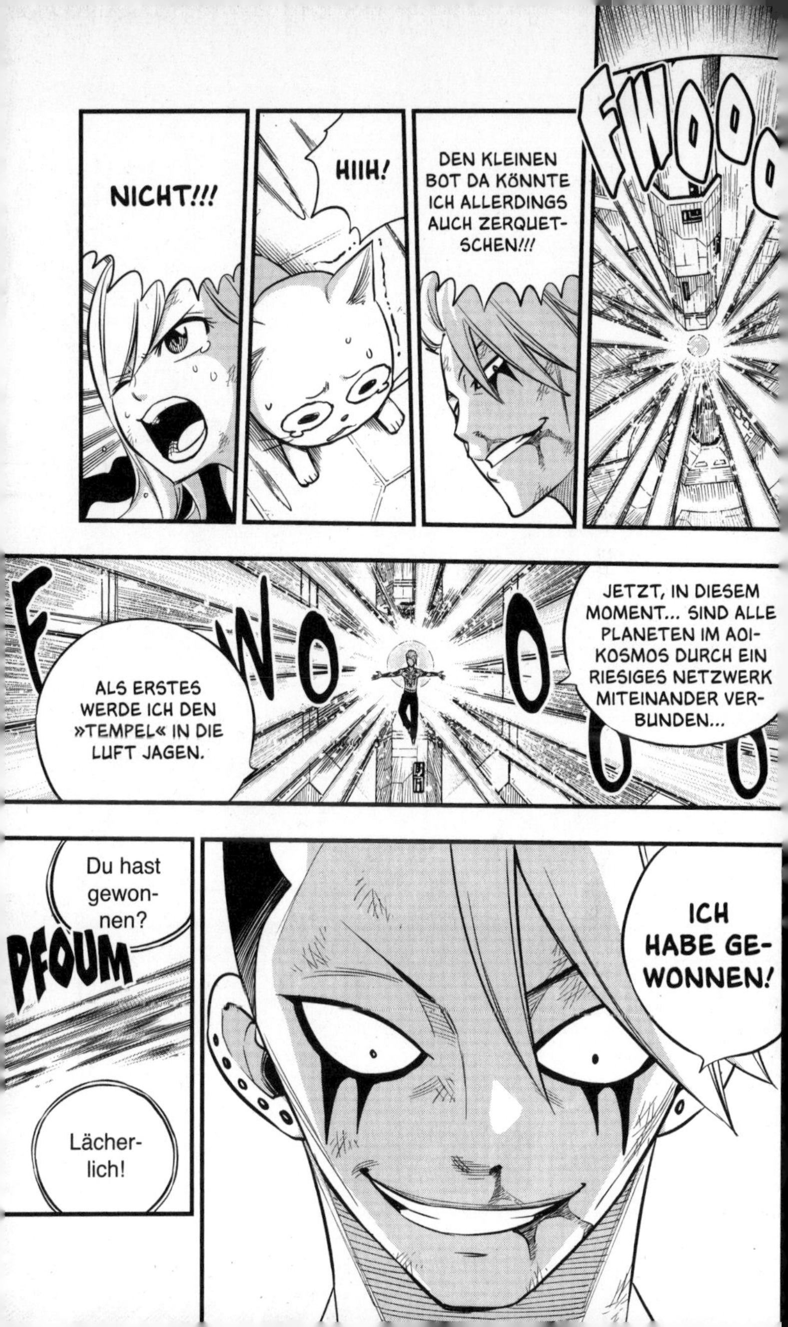
FWOOO
HIIIH!
DEN KLEINEN BOT DA KÖNNTE ICH ALLERDINGS AUCH ZERQUETSCHEN!!!
NICHT!!!
FWOOO
JETZT, IN DIESEM MOMENT... SIND ALLE PLANETEN IM AOI-KOSMOS DURCH EIN RIESIGES NETZWERK MITEINANDER VERBUNDEN...
ALS ERSTES WERDE ICH DEN »TEMPEL« IN DIE LUFT JAGEN.
ICH HABE GEWONNEN!
Du hast gewonnen?
PFOUM
Lächerlich!

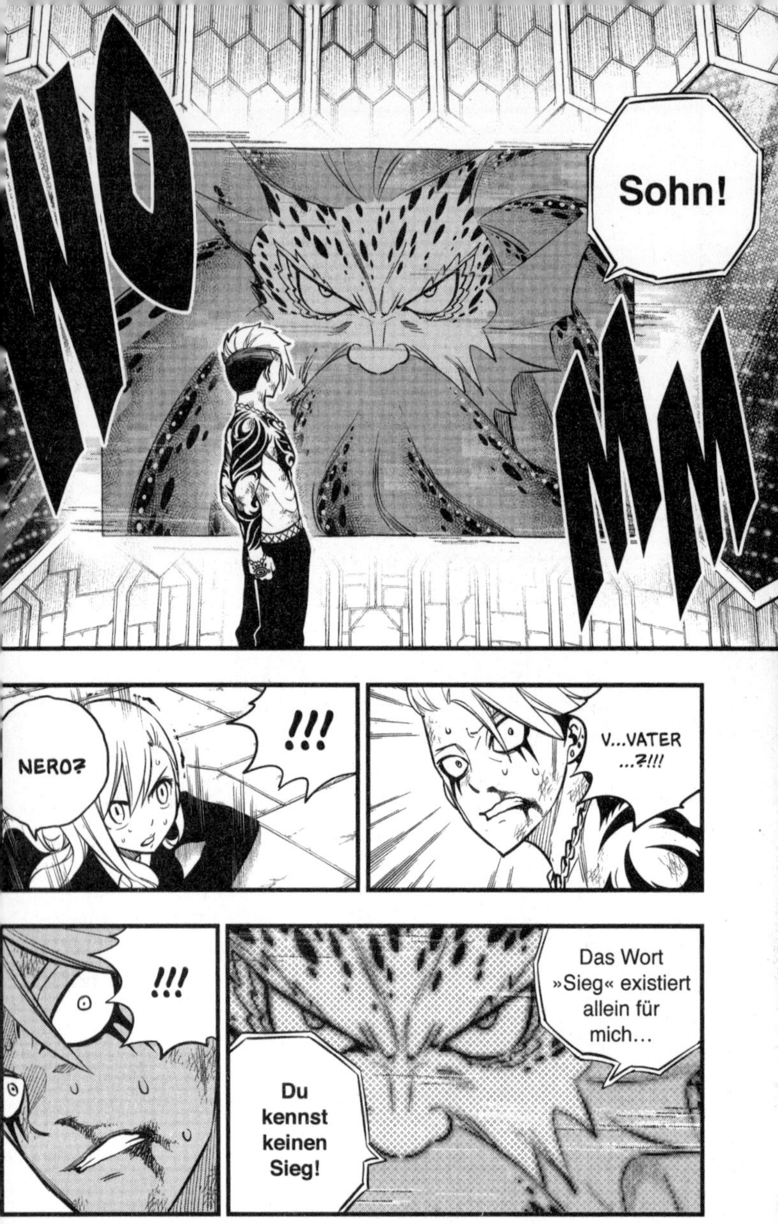
Sohn!
V…VATER …?!!!
!!!
NERO?
Das Wort »Sieg« existiert allein für mich…
Du kennst keinen Sieg!
!!!

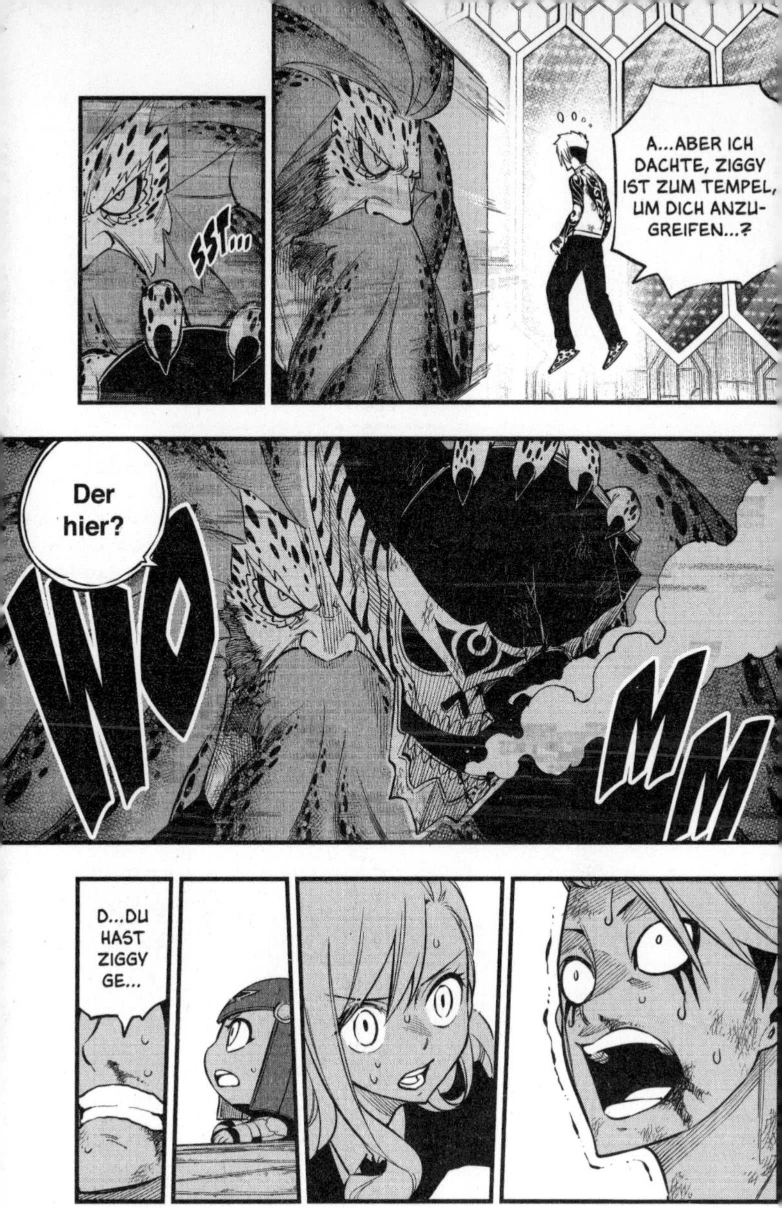
A...ABER ICH DACHTE, ZIGGY IST ZUM TEMPEL, UM DICH ANZU-GREIFEN...?
SST...
Der hier?
WOMM
D...DU HAST ZIGGY GE...

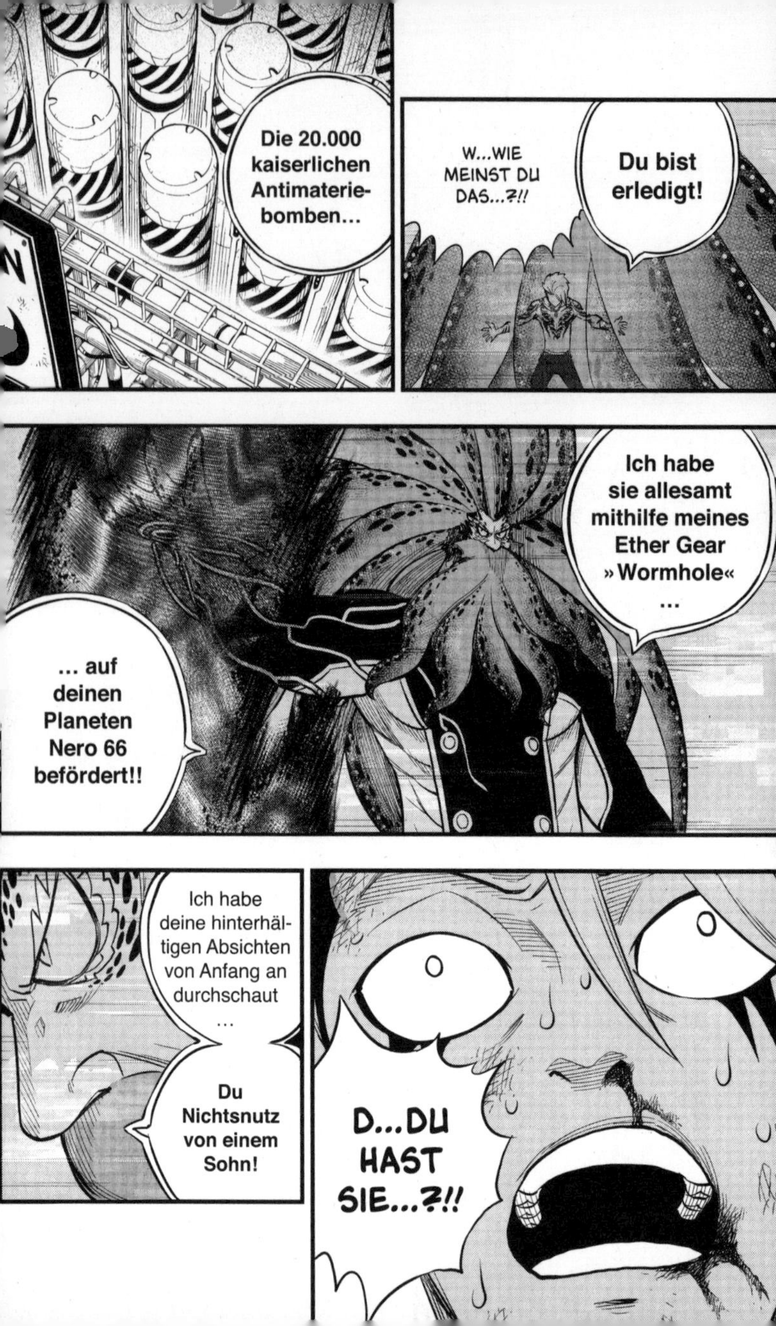
Die 20.000 kaiserlichen Antimaterie-bomben...
Du bist erledigt!
W...WIE MEINST DU DAS...?!!
Ich habe sie allesamt mithilfe meines Ether Gear »Wormhole« ...
... auf deinen Planeten Nero 66 befördert!!
Ich habe deine hinterhältigen Absichten von Anfang an durchschaut ...
Du Nichtsnutz von einem Sohn!
D...DU HAST SIE...?!!

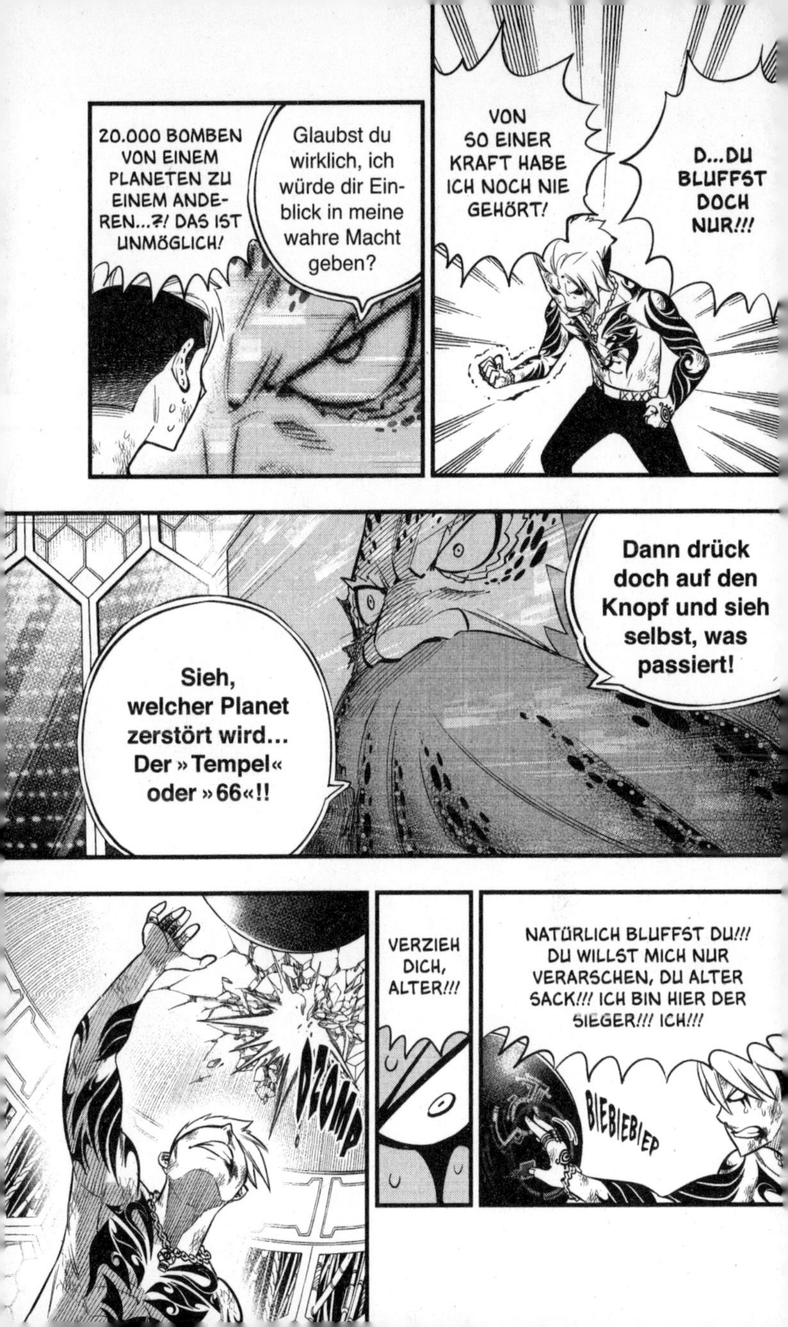
20.000 BOMBEN VON EINEM PLANETEN ZU EINEM ANDEREN...?! DAS IST UNMÖGLICH!
Glaubst du wirklich, ich würde dir Einblick in meine wahre Macht geben?
VON SO EINER KRAFT HABE ICH NOCH NIE GEHÖRT!
D...DU BLUFFST DOCH NUR!!!
Dann drück doch auf den Knopf und sieh selbst, was passiert!
Sieh, welcher Planet zerstört wird... Der »Tempel« oder »66«!!
DZOMP
VERZIEH DICH, ALTER!!!
NATÜRLICH BLUFFST DU!!! DU WILLST MICH NUR VERARSCHEN, DU ALTER SACK!!! ICH BIN HIER DER SIEGER!!! ICH!!!
BIEBIEBIEP

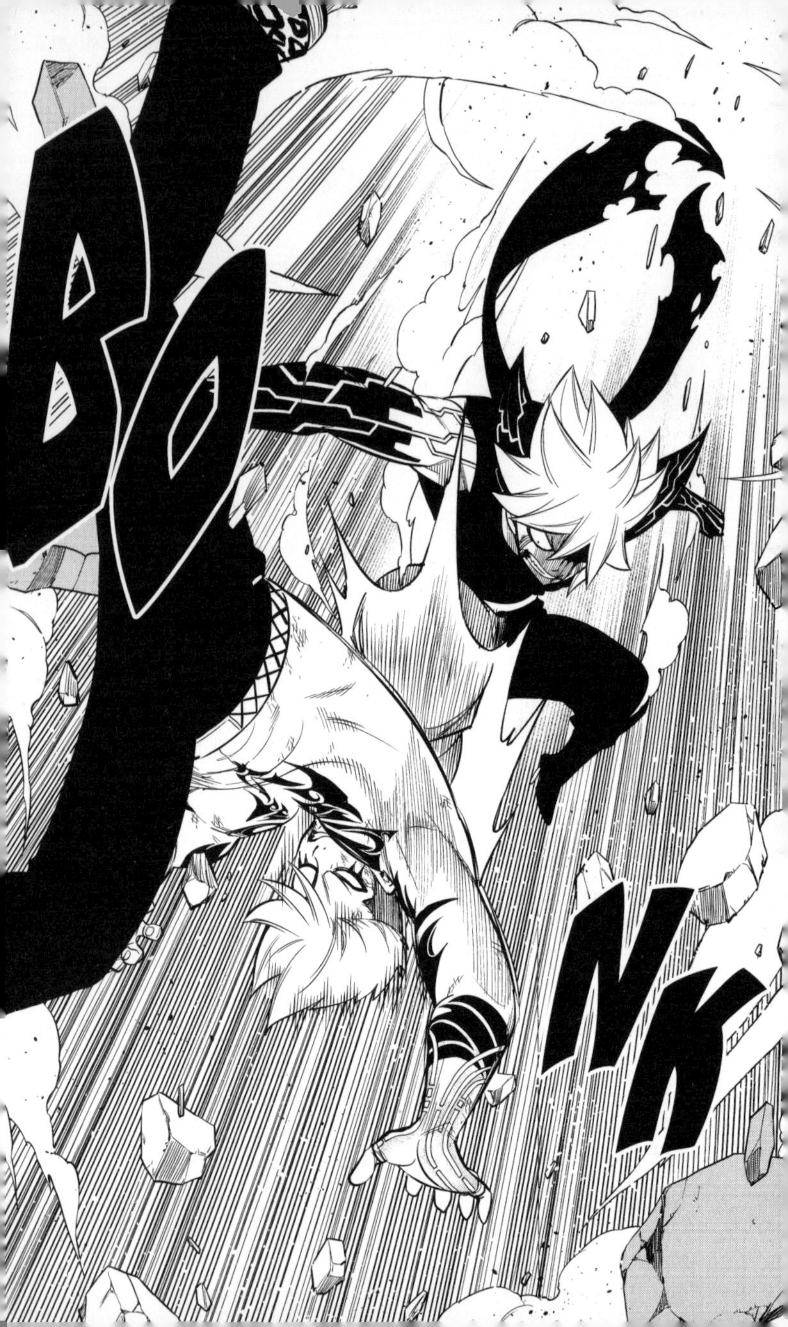
BONK

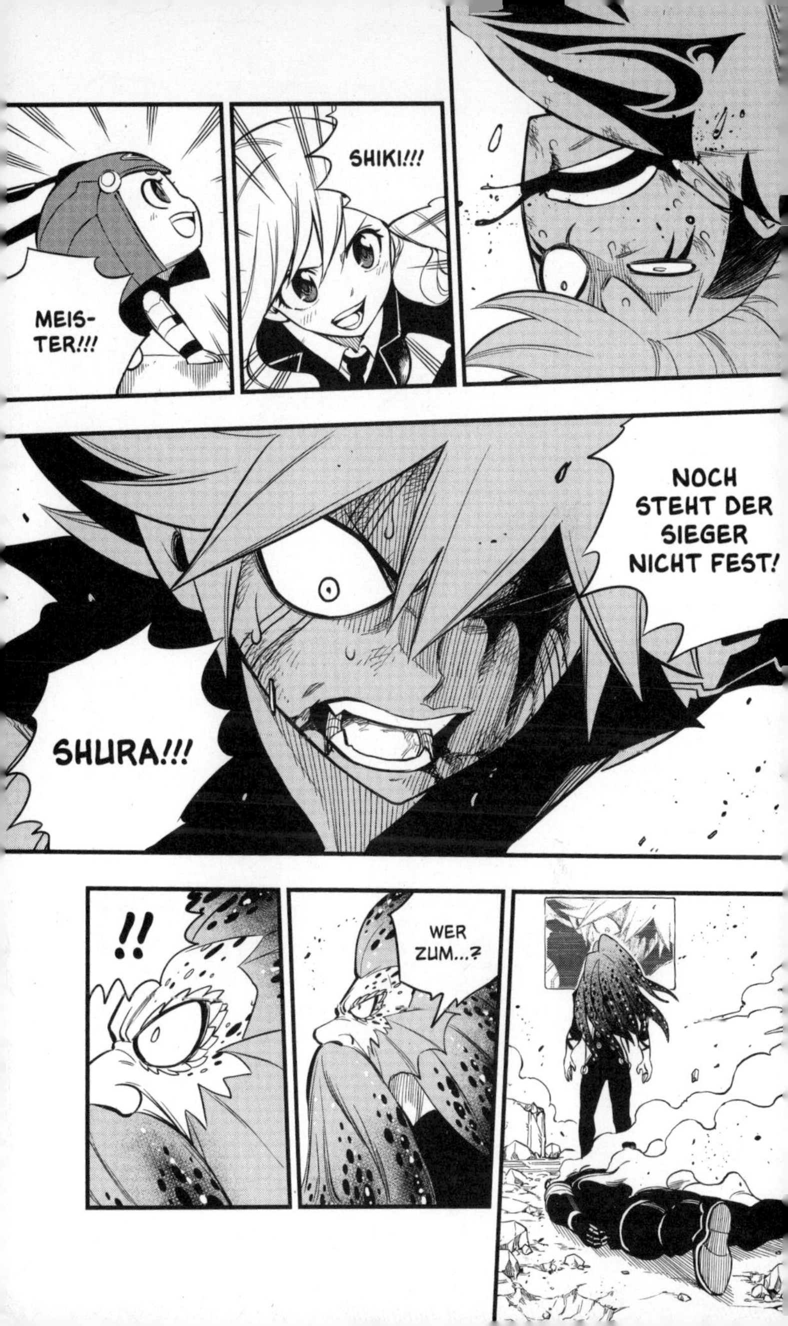

SHIKI!!!
MEIS-
TER!!!
NOCH STEHT DER SIEGER NICHT FEST!
SHURA!!!
WER ZUM...?
!!

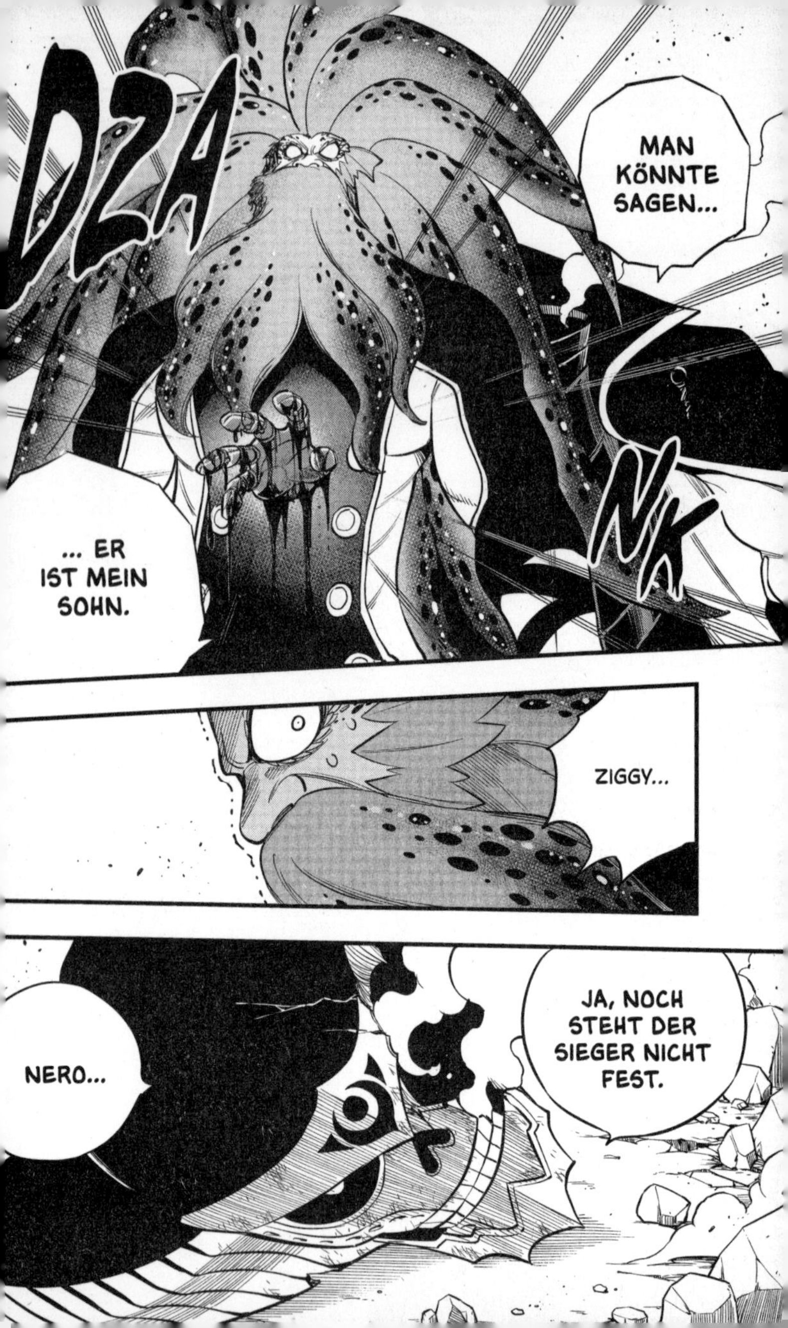
DZA
MAN KÖNNTE SAGEN...
NK
... ER IST MEIN SOHN.
ZIGGY...
JA, NOCH STEHT DER SIEGER NICHT FEST.
NERO...

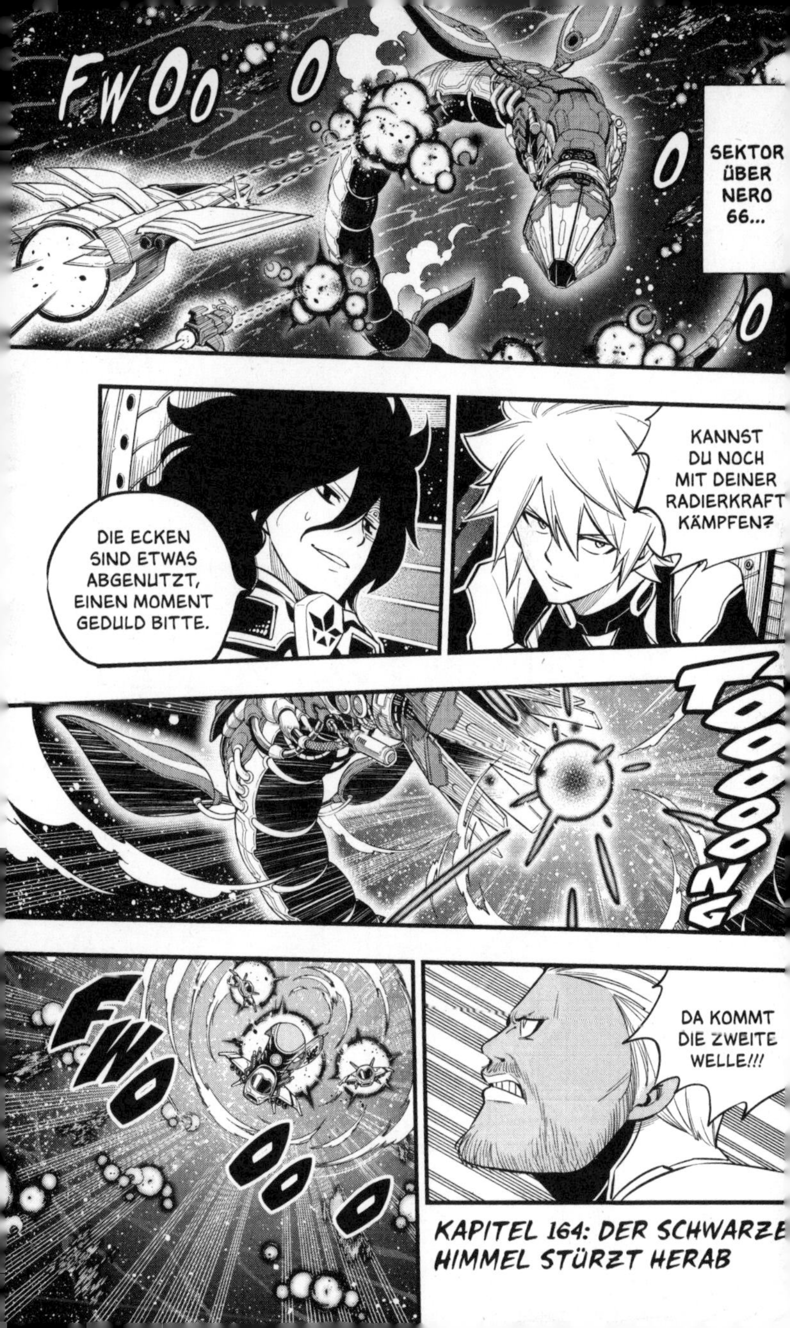

KAPITEL 164: DER SCHWARZE HIMMEL STÜRZT HERAB

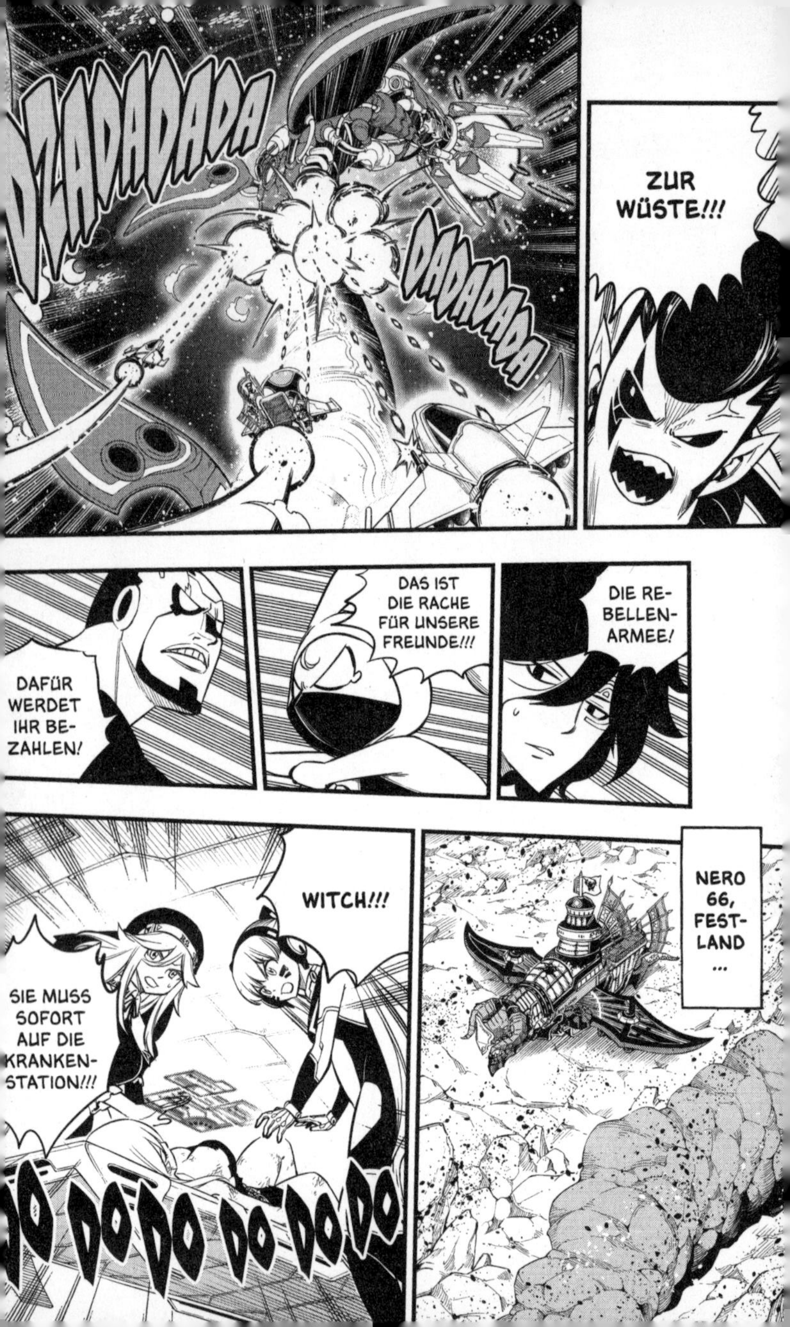
DADADADA
DADADADA
ZUR WÜSTE!!!
DAFÜR WERDET IHR BEZAHLEN!
DAS IST DIE RACHE FÜR UNSERE FREUNDE!!!
DIE REBELLENARMEE!
WITCH!!!
SIE MUSS SOFORT AUF DIE KRANKENSTATION!!!
DO DO DO DO DO DO
NERO 66, FESTLAND ...

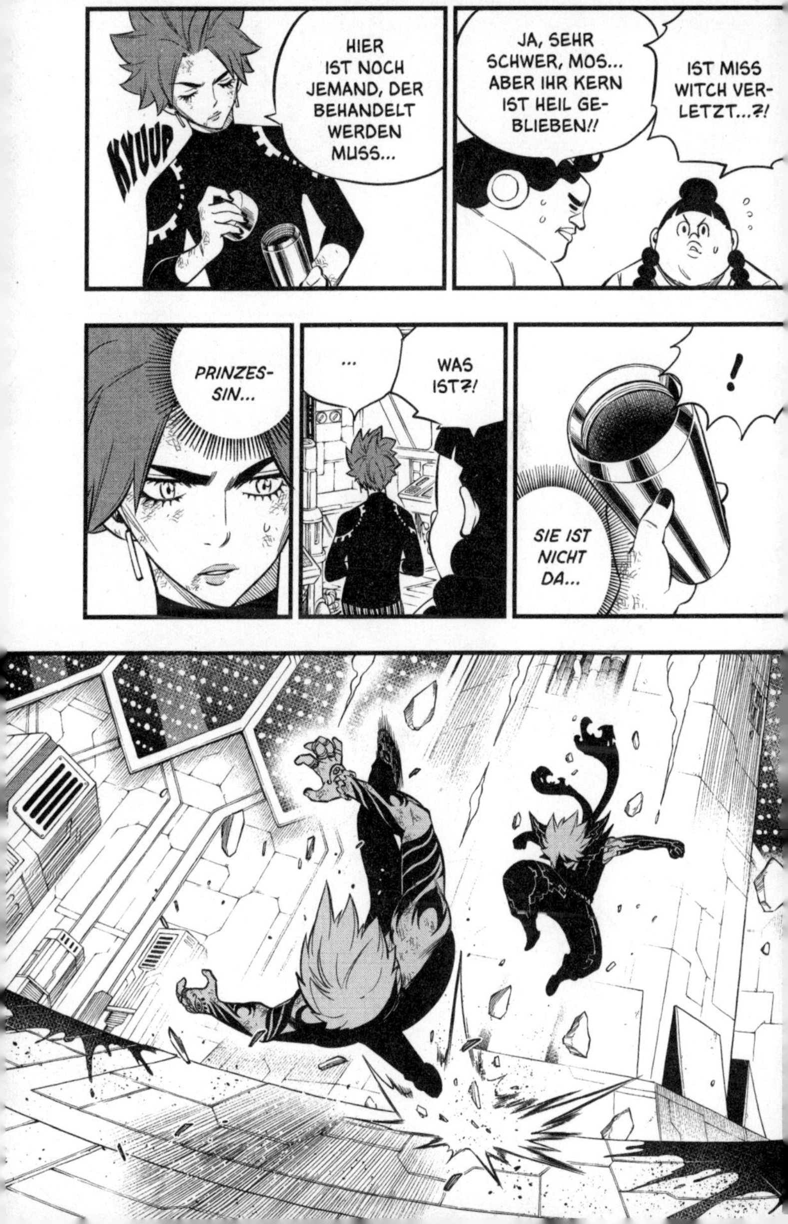

IST MISS WITCH VERLETZT...?!
JA, SEHR SCHWER, MOS... ABER IHR KERN IST HEIL GEBLIEBEN!!
HIER IST NOCH JEMAND, DER BEHANDELT WERDEN MUSS...
KYUUP
!
SIE IST NICHT DA...
WAS IST?!
...
PRINZESSIN...

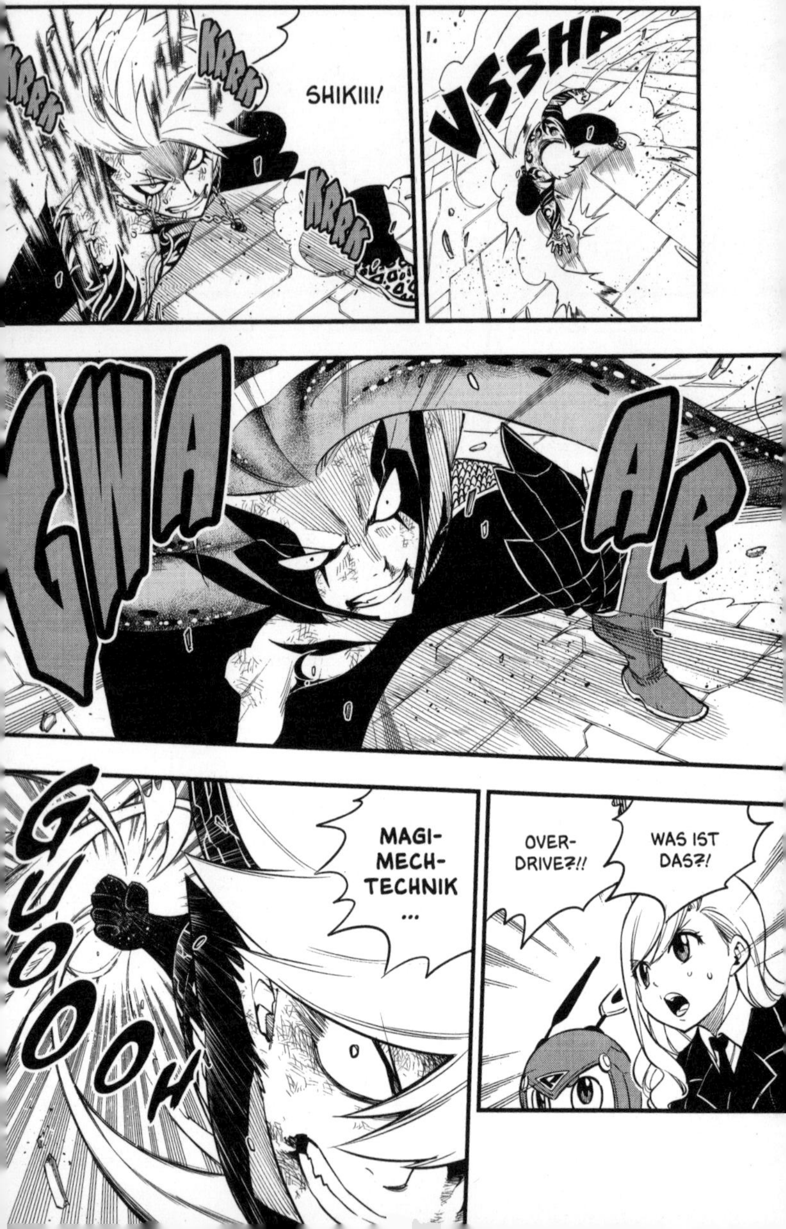

VSSHP
KRRK
KRRK
KRRK
SHIKIII!
GWA
AR
WAS IST DAS?!
OVER-DRIVE?!!
MAGI-MECH-TECHNIK ...
GUOOOOOH

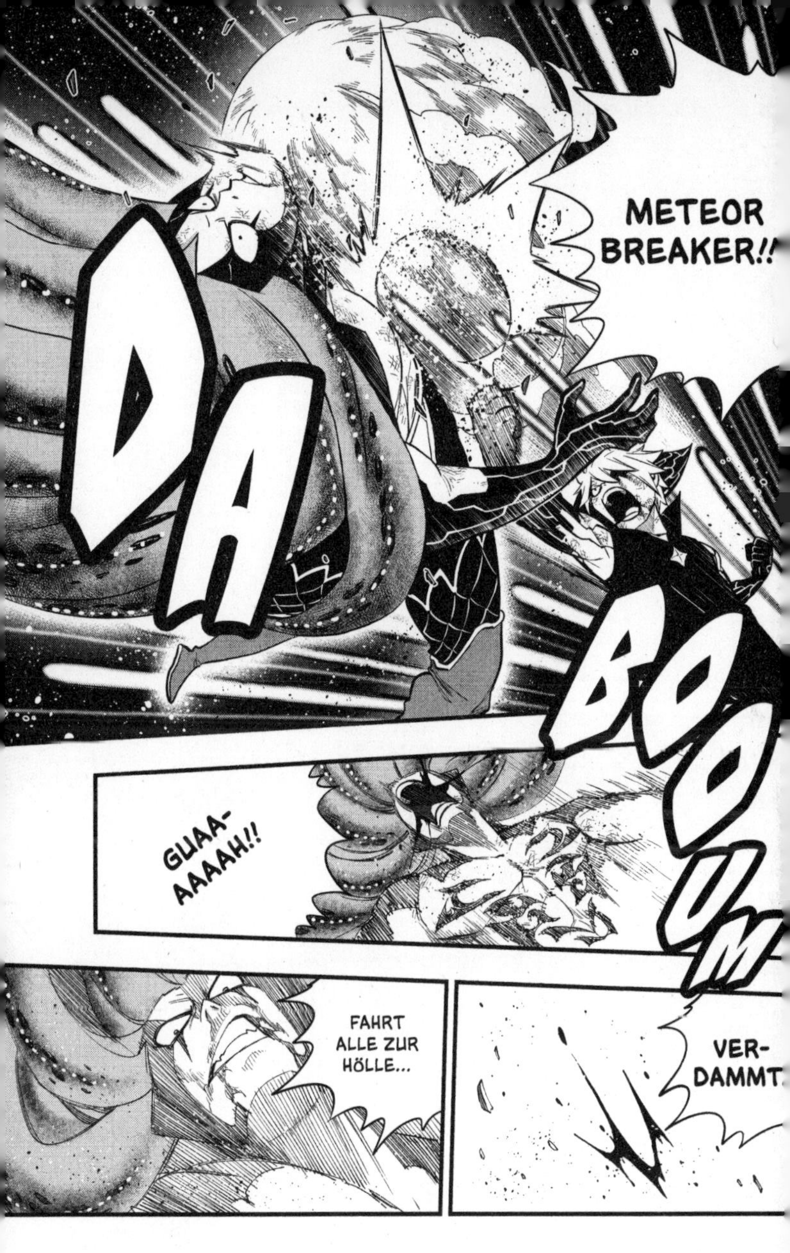
METEOR BREAKER!!
DA
BOOOUM
GUAA-AAAAH!!
FAHRT ALLE ZUR HÖLLE...
VER-DAMMT.

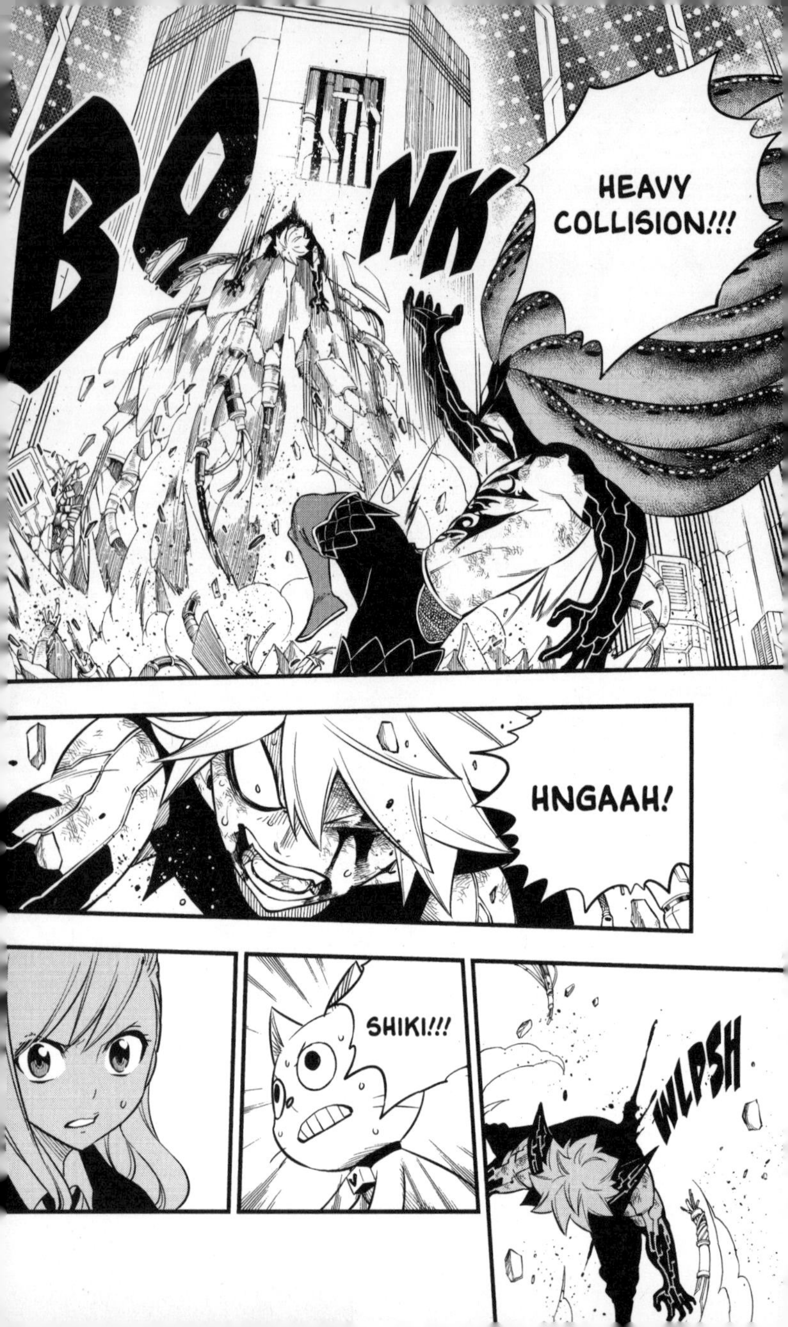
BONK
HEAVY COLLISION!!!
HNGAAH!
SHIKI!!!
WLPSH

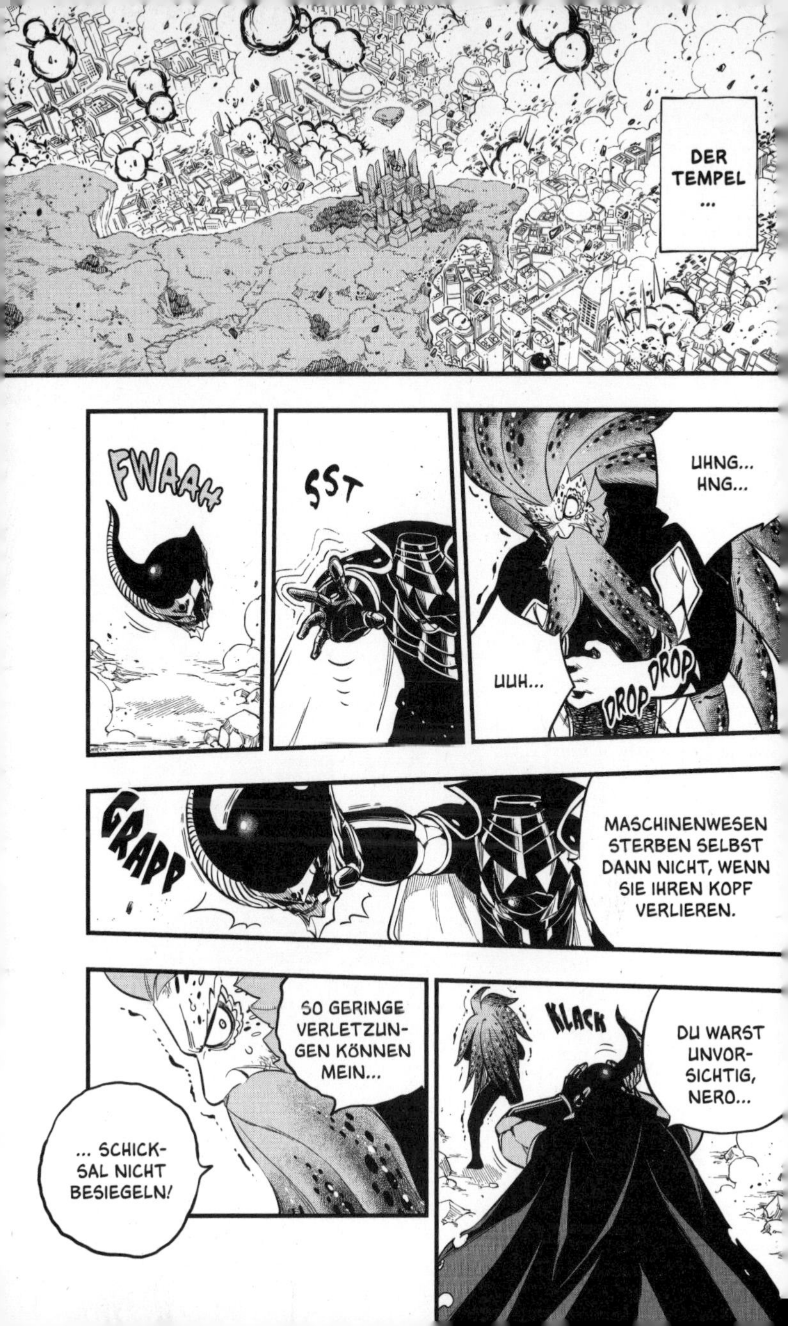
DER TEMPEL ...
UHNG... HNG...
UUH...
DROP DROP
SST
FWAAH
MASCHINENWESEN STERBEN SELBST DANN NICHT, WENN SIE IHREN KOPF VERLIEREN.
GRAPP
DU WARST UNVOR-SICHTIG, NERO...
KLACK
SO GERINGE VERLETZUN-GEN KÖNNEN MEIN...
... SCHICK-SAL NICHT BESIEGELN!

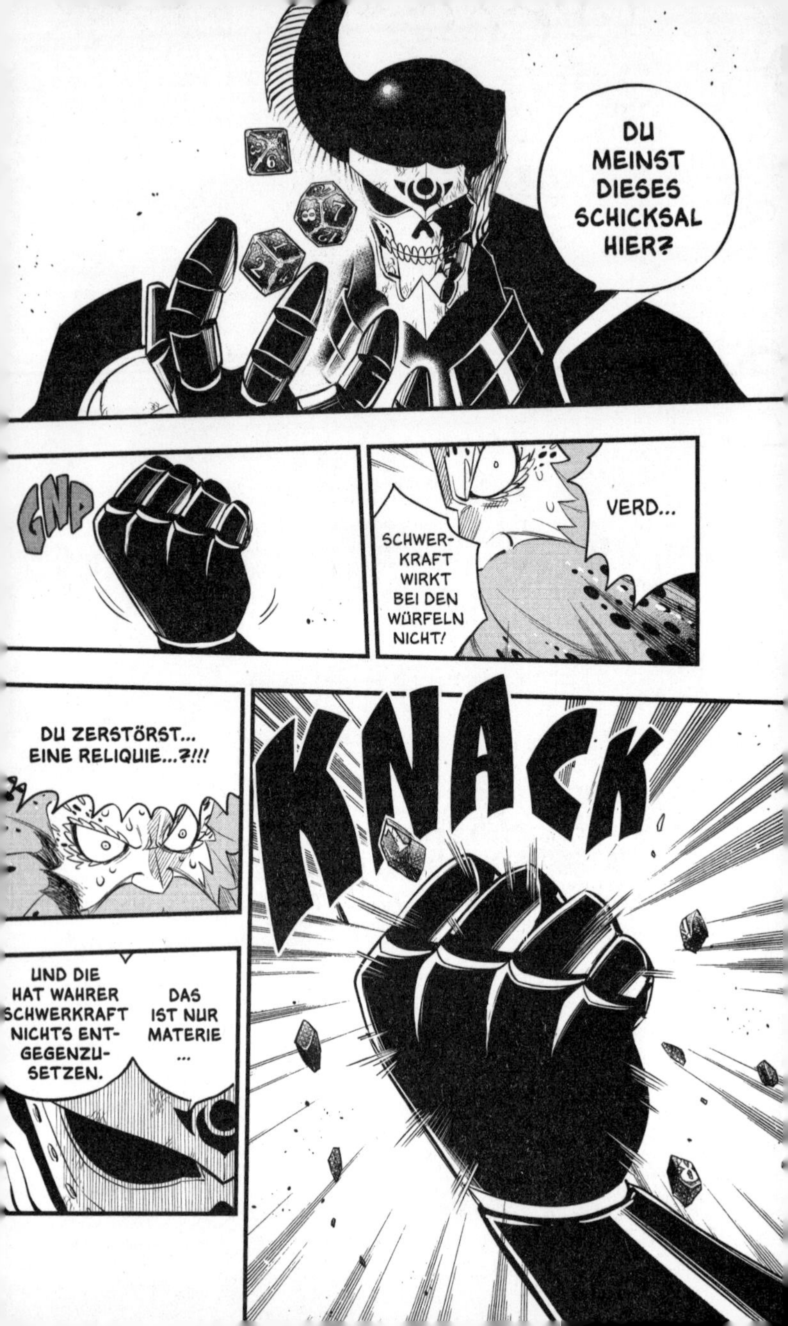
DU MEINST DIESES SCHICKSAL HIER?
GNP
VERD...
SCHWERKRAFT WIRKT BEI DEN WÜRFELN NICHT!
KNACK
DU ZERSTÖRST... EINE RELIQUIE...?!!!
DAS IST NUR MATERIE ...
UND DIE HAT WAHRER SCHWERKRAFT NICHTS ENTGEGENZUSETZEN.

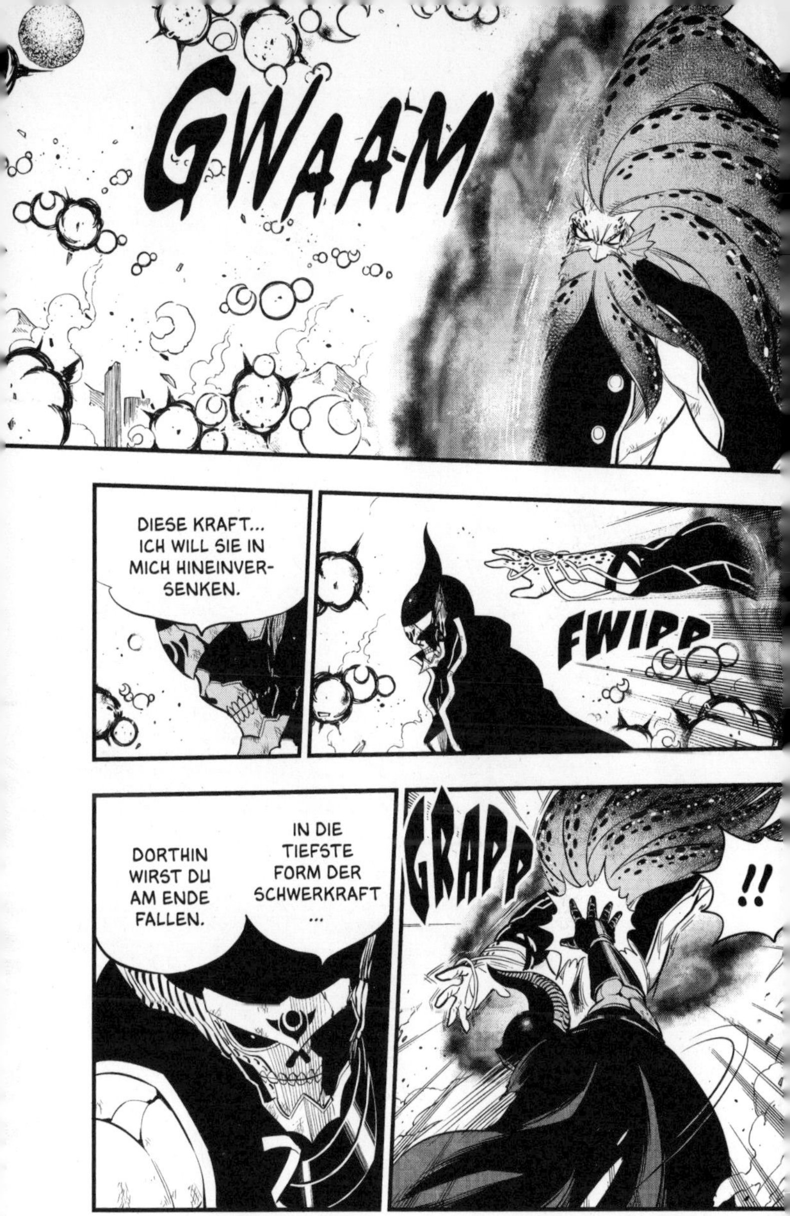
GWAAM
DIESE KRAFT... ICH WILL SIE IN MICH HINEINVERSENKEN.
FWIPP
IN DIE TIEFSTE FORM DER SCHWERKRAFT ...
DORTHIN WIRST DU AM ENDE FALLEN.
GRAPP
!!

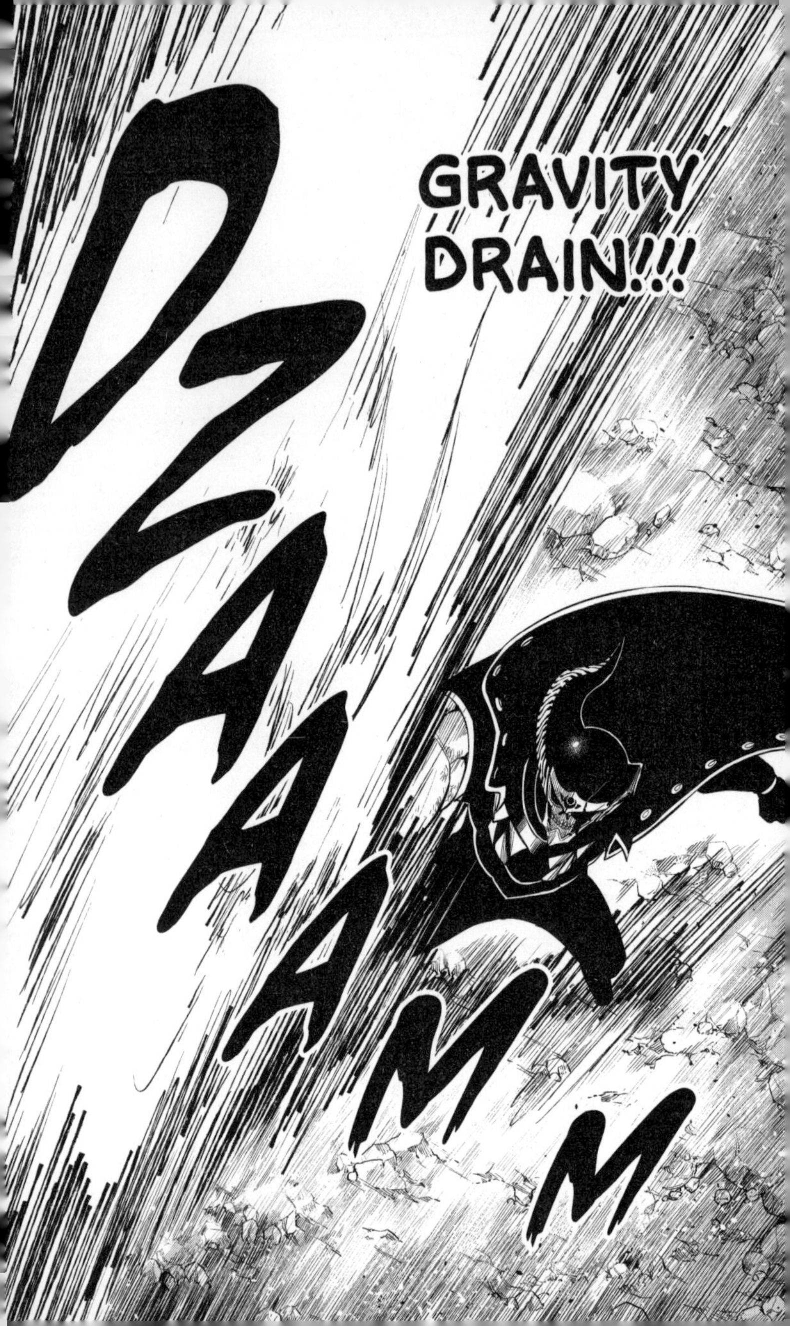
GRAVITY DRAIN!!!

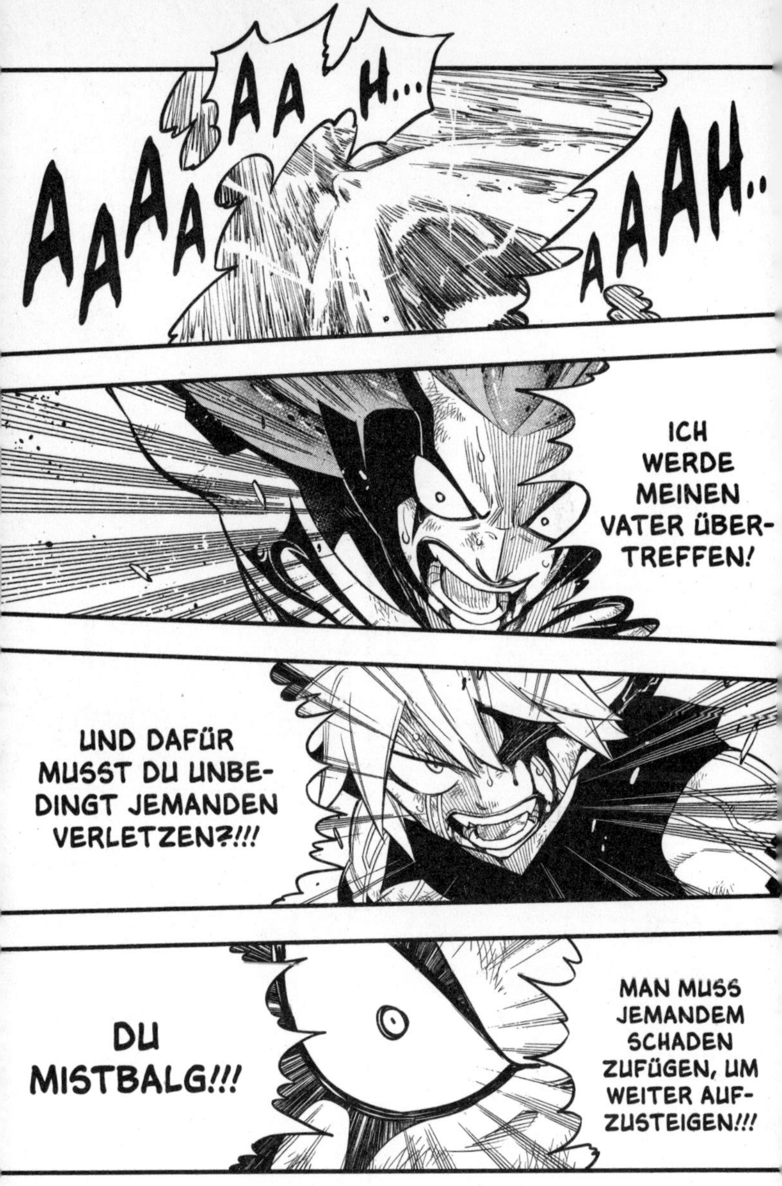
AAAAAAAH...
AAAAH..
ICH WERDE MEINEN VATER ÜBER-TREFFEN!
UND DAFÜR MUSST DU UNBE-DINGT JEMANDEN VERLETZEN?!!!
MAN MUSS JEMANDEM SCHADEN ZUFÜGEN, UM WEITER AUF-ZUSTEIGEN!!!
DU MISTBALG!!!

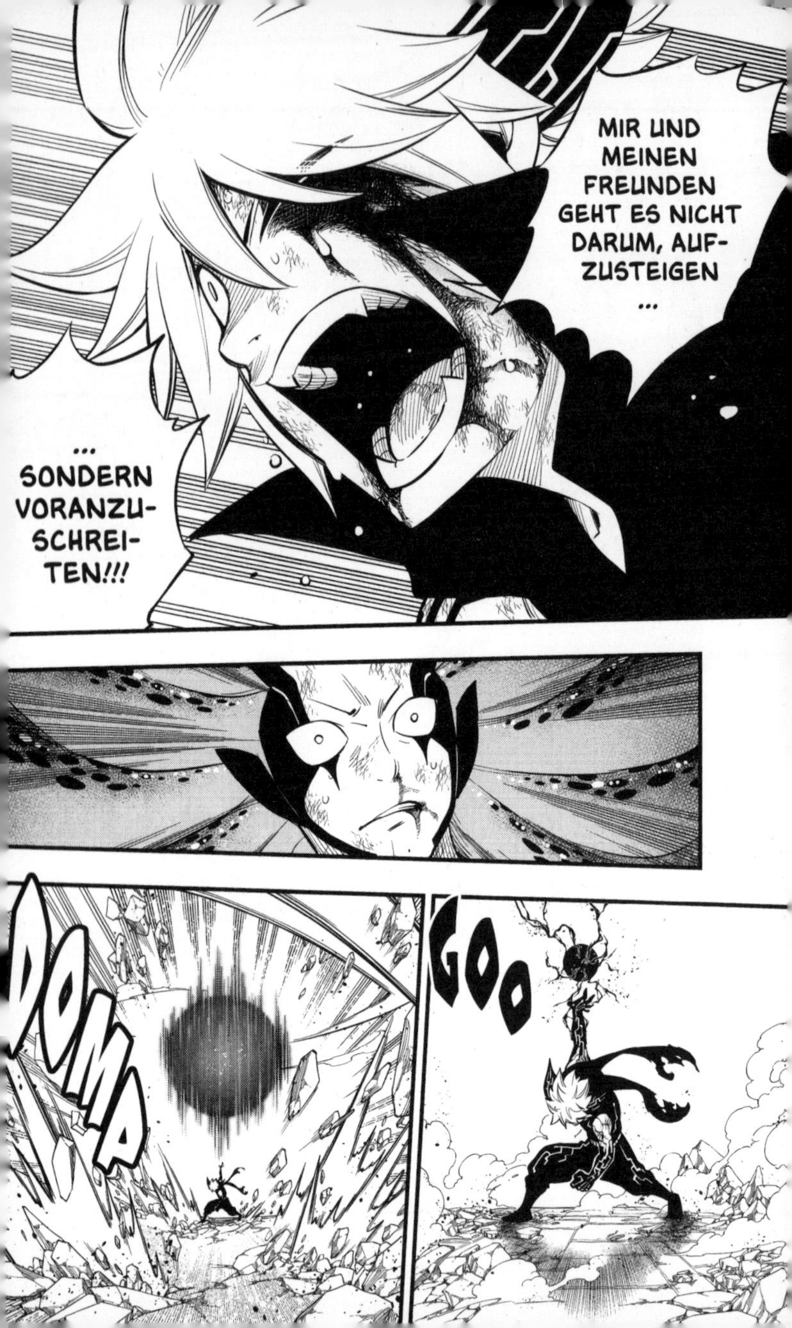
MIR UND MEINEN FREUNDEN GEHT ES NICHT DARUM, AUF-ZUSTEIGEN ...
... SONDERN VORANZU-SCHREI-TEN!!!
DOMMP
GOO

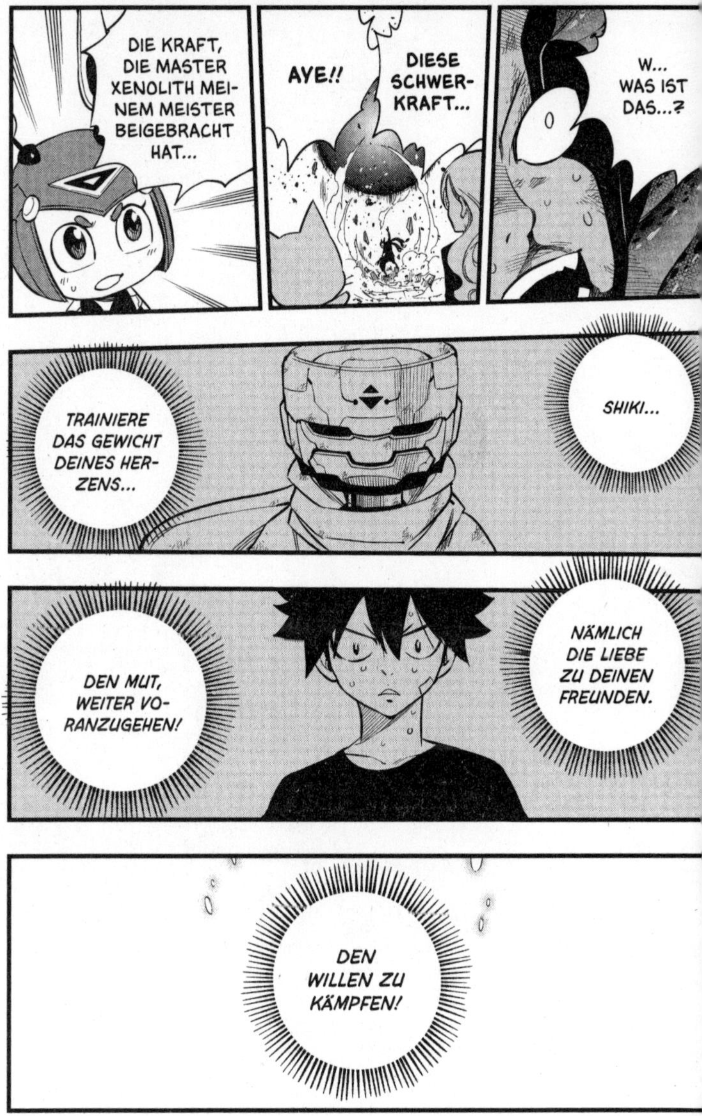
W... WAS IST DAS...?
DIESE SCHWER-KRAFT...
AYE!!
DIE KRAFT, DIE MASTER XENOLITH MEI-NEM MEISTER BEIGEBRACHT HAT...
SHIKI...
TRAINIERE DAS GEWICHT DEINES HER-ZENS...
NÄMLICH DIE LIEBE ZU DEINEN FREUNDEN.
DEN MUT, WEITER VO-RANZUGEHEN!
DEN WILLEN ZU KÄMPFEN!

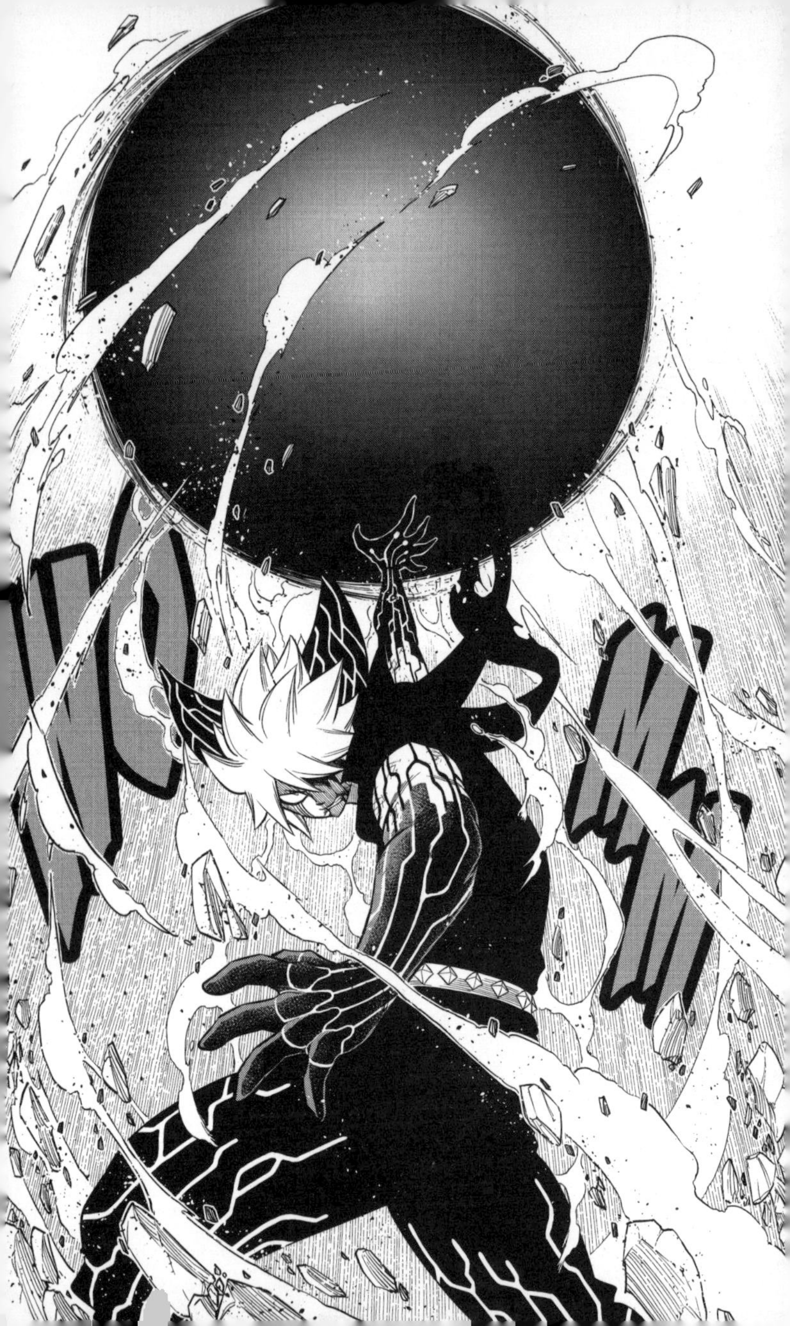

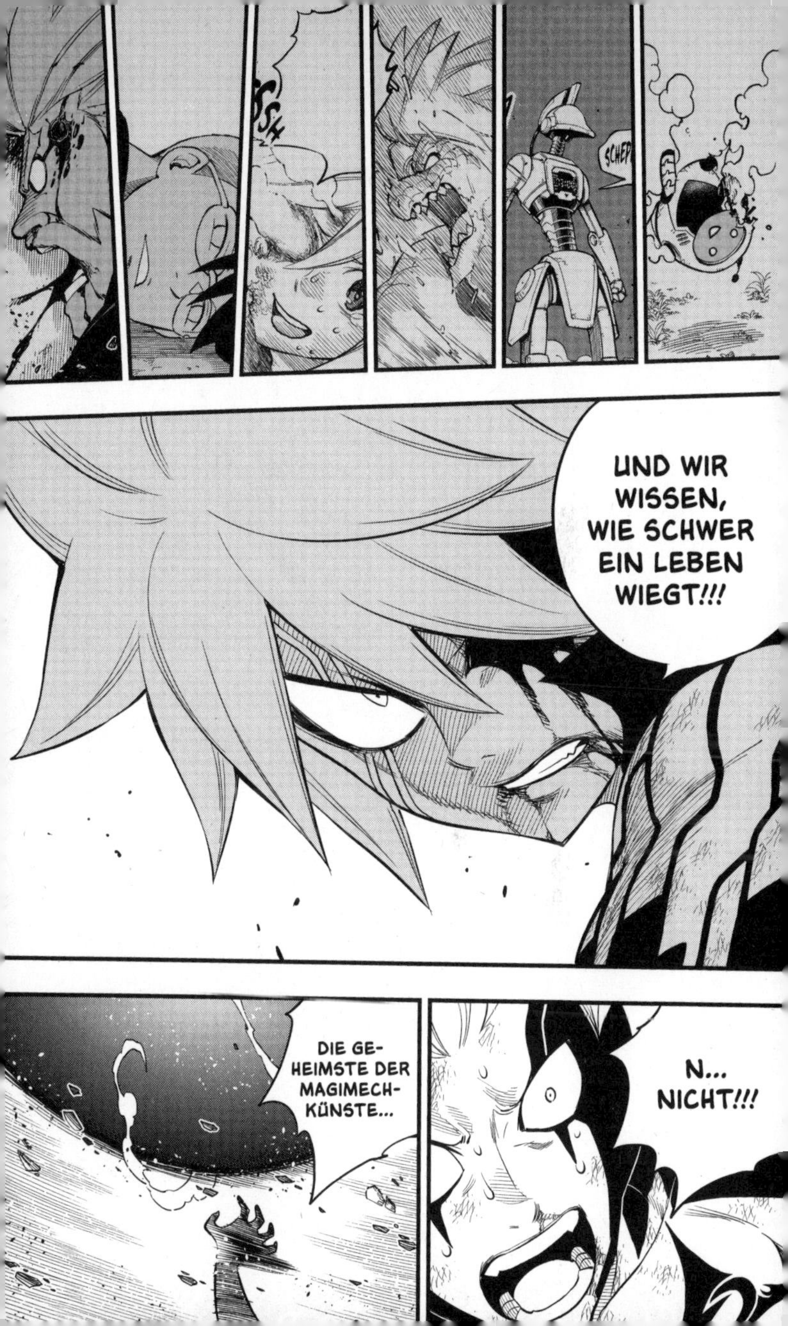
SCHEP
UND WIR WISSEN, WIE SCHWER EIN LEBEN WIEGT!!!
N... NICHT!!!
DIE GEHEIMSTE DER MAGIMECH-KÜNSTE...

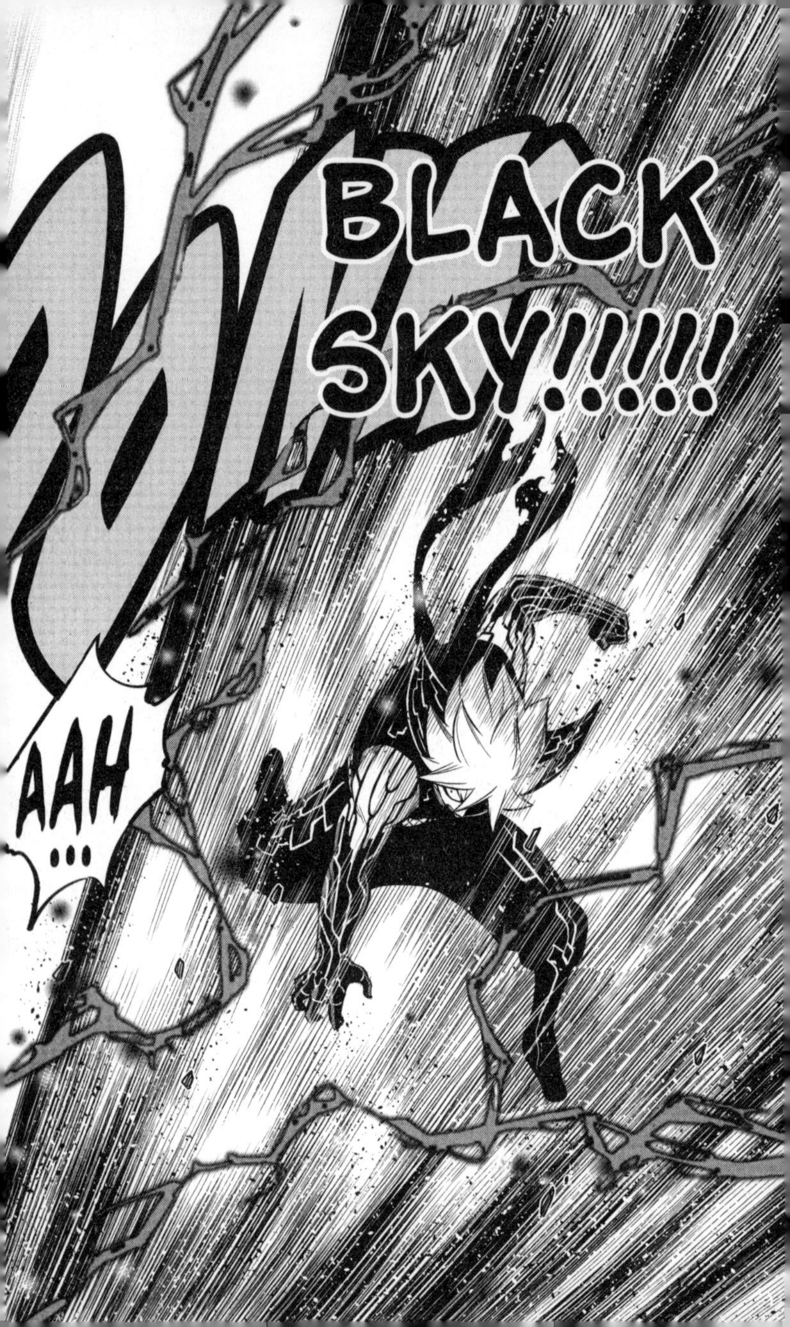

BLACK SKY!!!!!
AAH ...

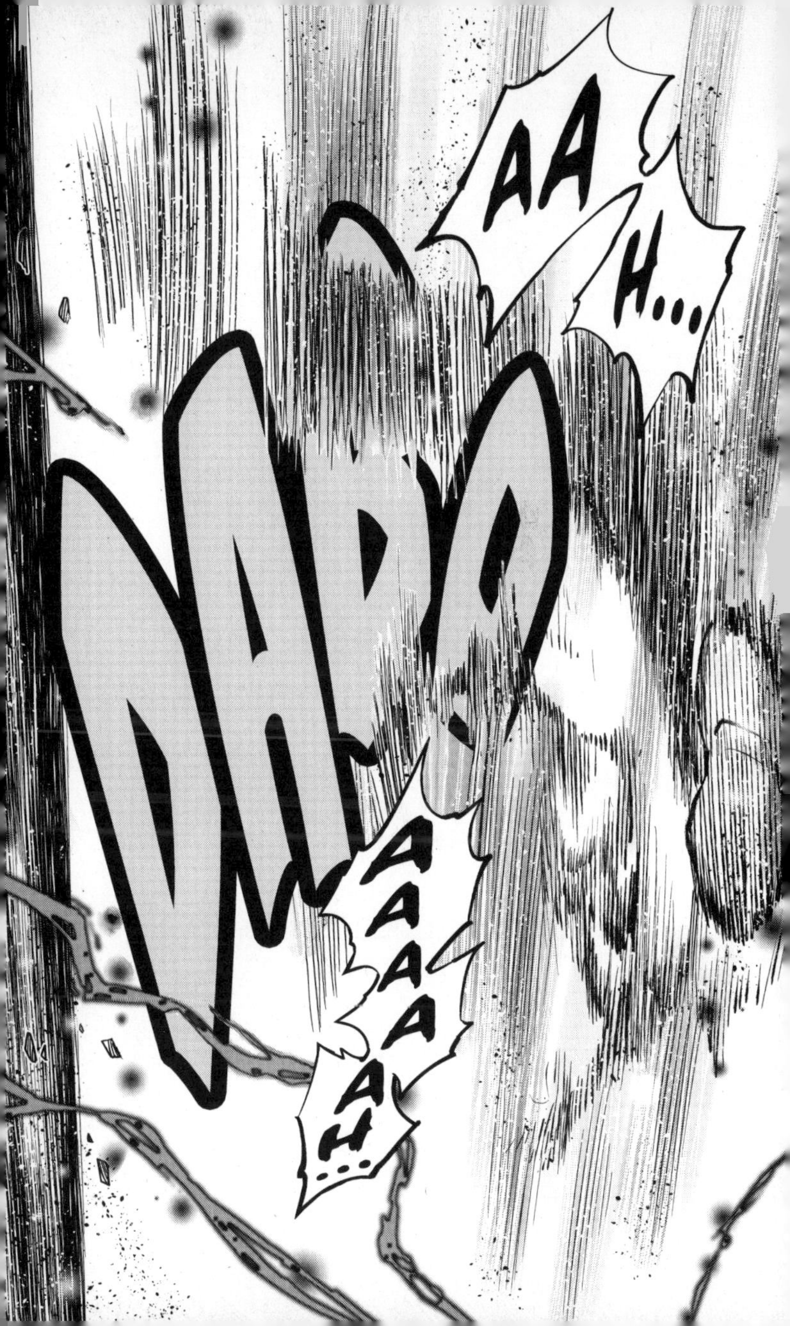
AAH...
AAAAAH...

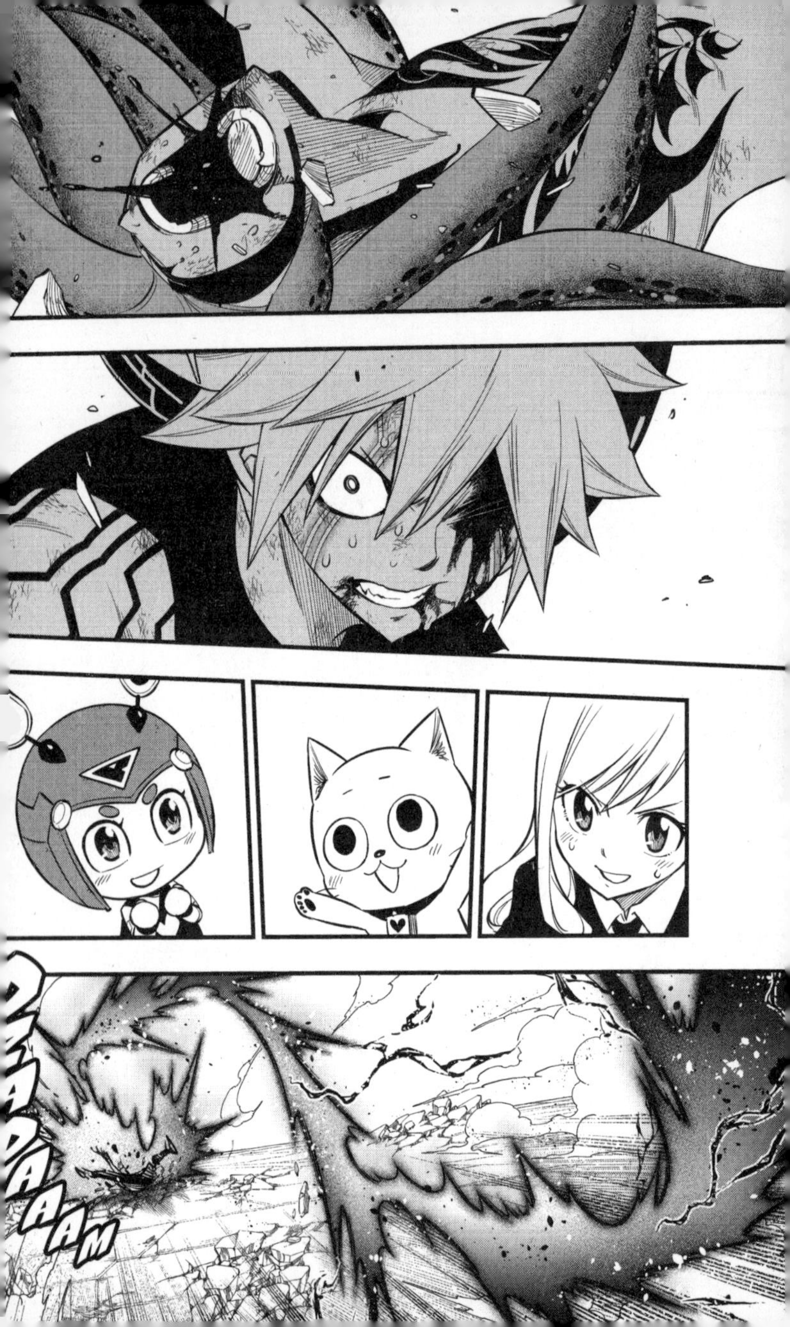

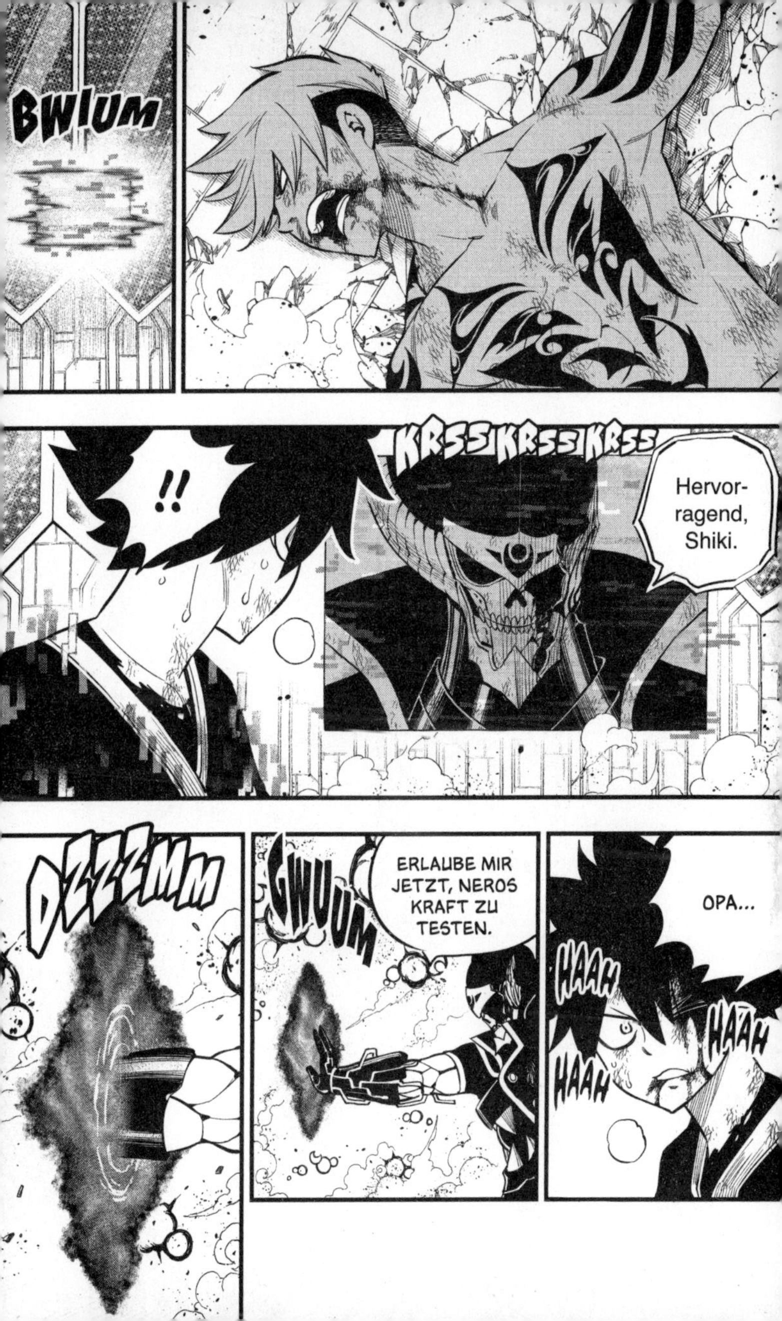
BWIUM
!!
KRSS KRSS KRSS
Hervor-
ragend,
Shiki.
DZZZMM
GWUUM
ERLAUBE MIR
JETZT, NEROS
KRAFT ZU
TESTEN.
OPA...
HAAH
HAAH
HAAH

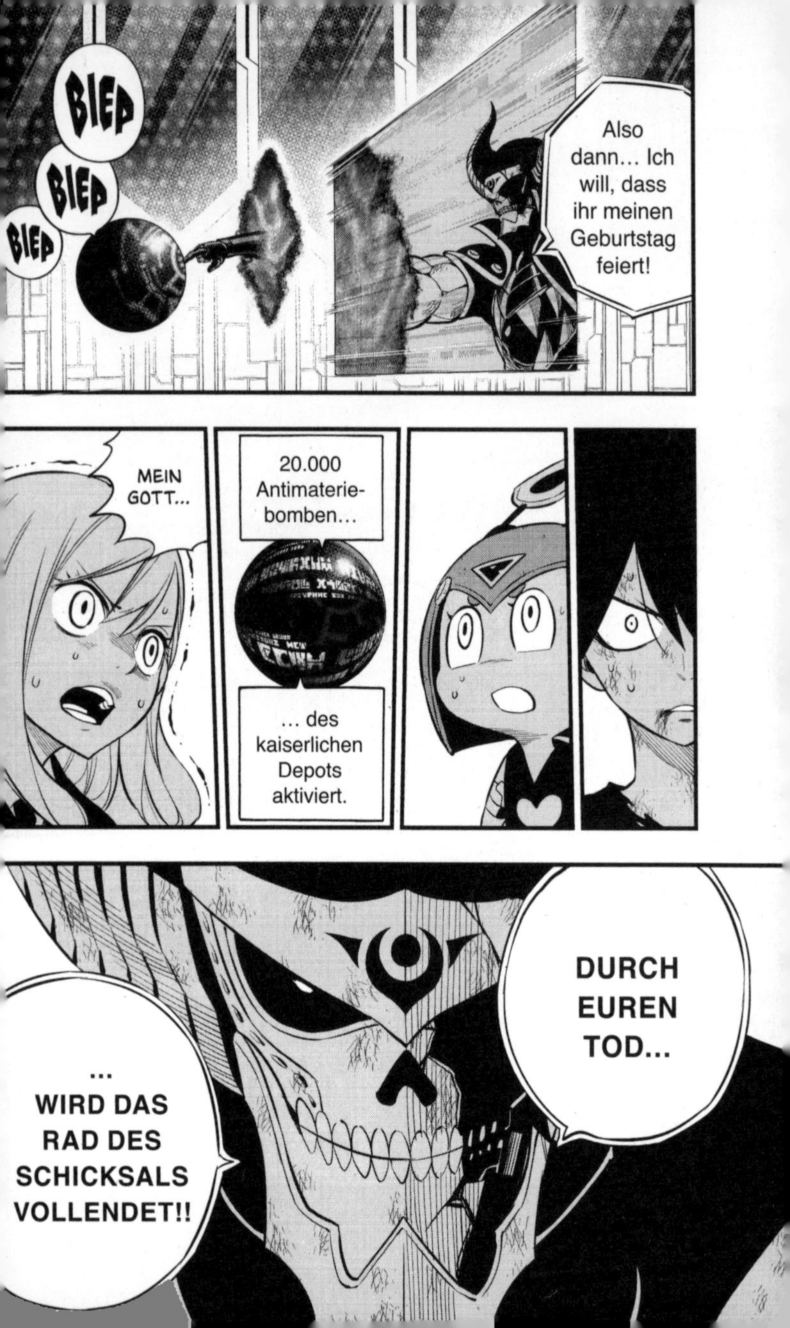
BIEP
BIEP
BIEP
Also dann… Ich will, dass ihr meinen Geburtstag feiert!
MEIN GOTT…
20.000 Antimateriebomben…
… des kaiserlichen Depots aktiviert.
DURCH EUREN TOD…
… WIRD DAS RAD DES SCHICKSALS VOLLENDET!!

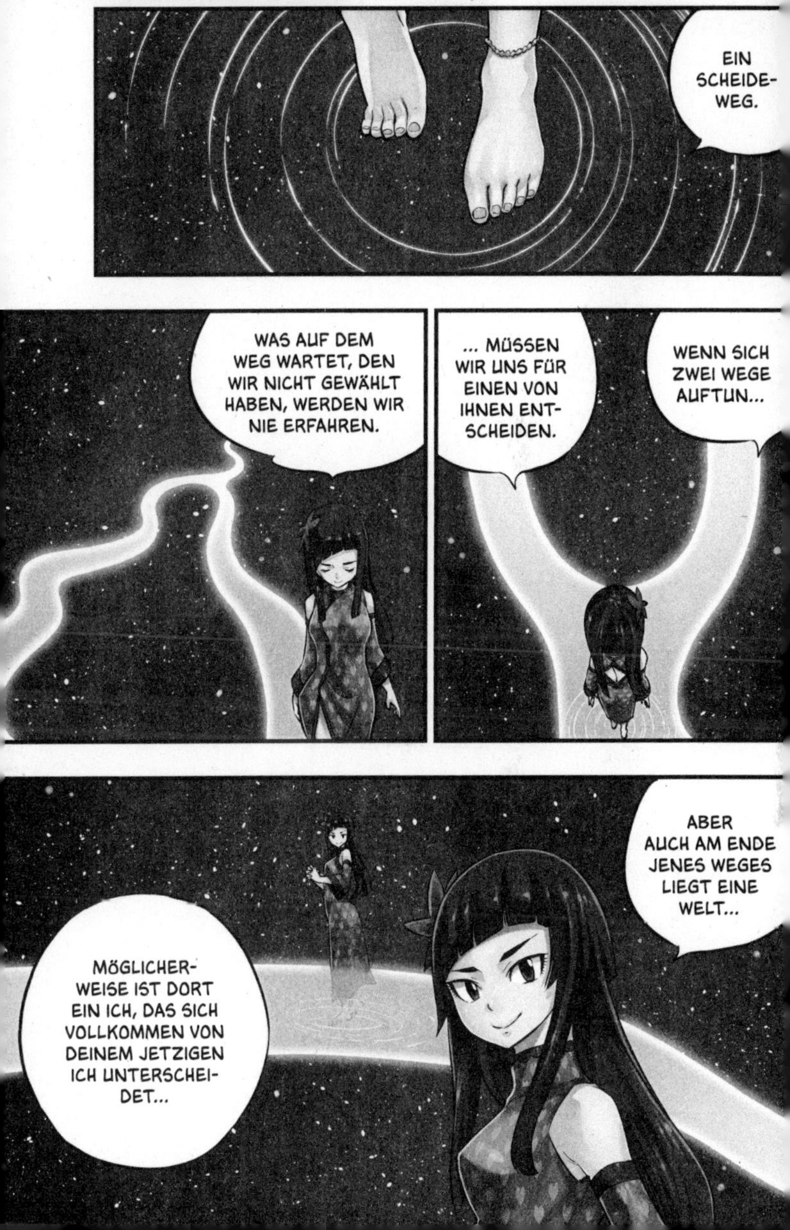
EIN SCHEIDE-WEG.
WENN SICH ZWEI WEGE AUFTUN...
... MÜSSEN WIR UNS FÜR EINEN VON IHNEN ENT-SCHEIDEN.
WAS AUF DEM WEG WARTET, DEN WIR NICHT GEWÄHLT HABEN, WERDEN WIR NIE ERFAHREN.
ABER AUCH AM ENDE JENES WEGES LIEGT EINE WELT...
MÖGLICHER-WEISE IST DORT EIN ICH, DAS SICH VOLLKOMMEN VON DEINEM JETZIGEN ICH UNTERSCHEI-DET...

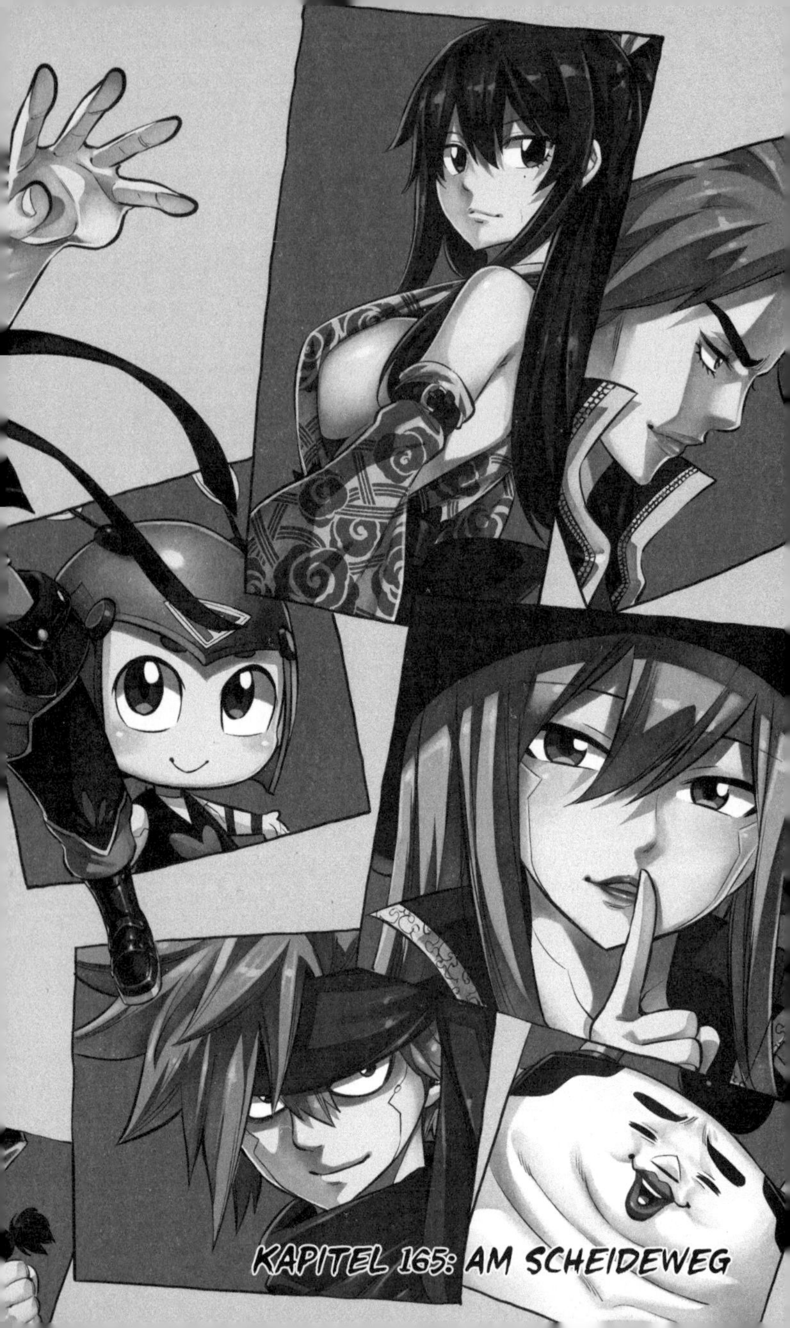
KAPITEL 165: AM SCHEIDEWEG

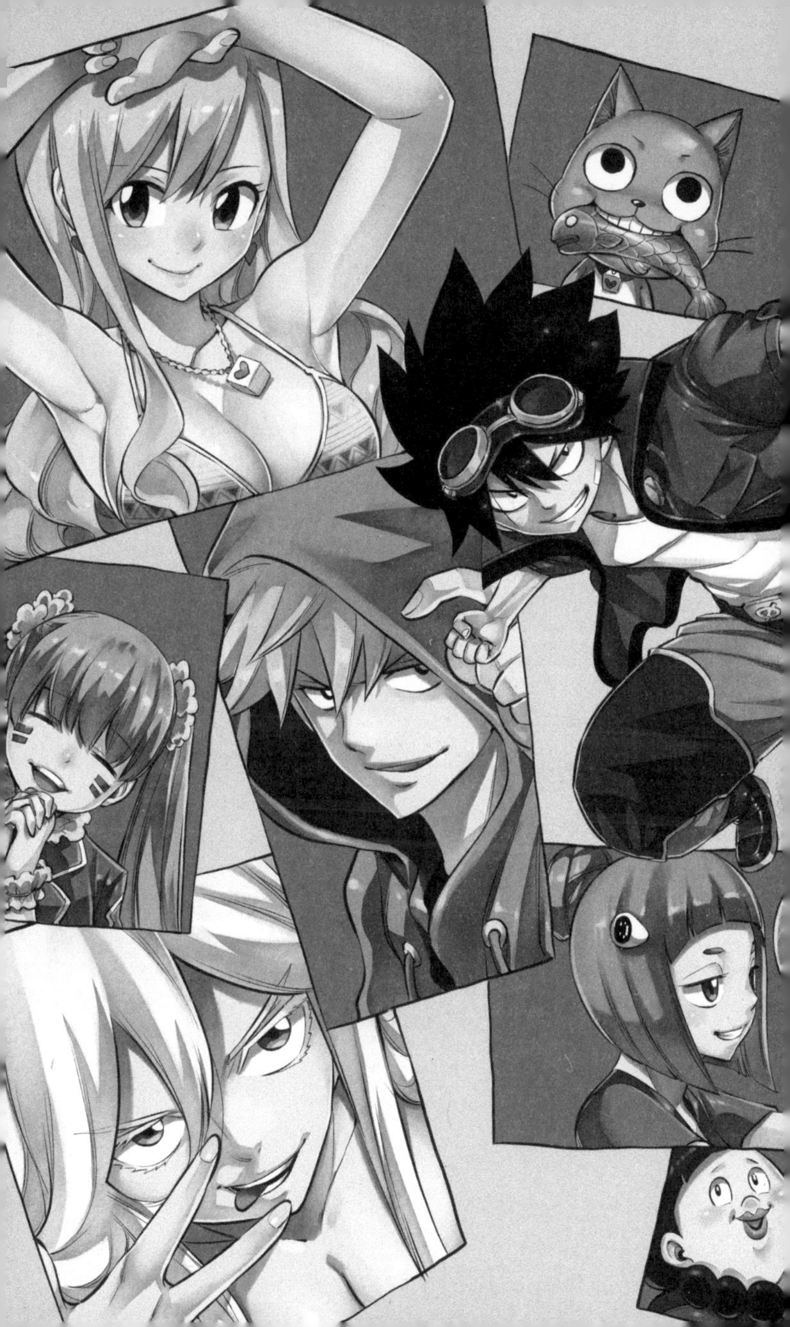

EDENSZERO

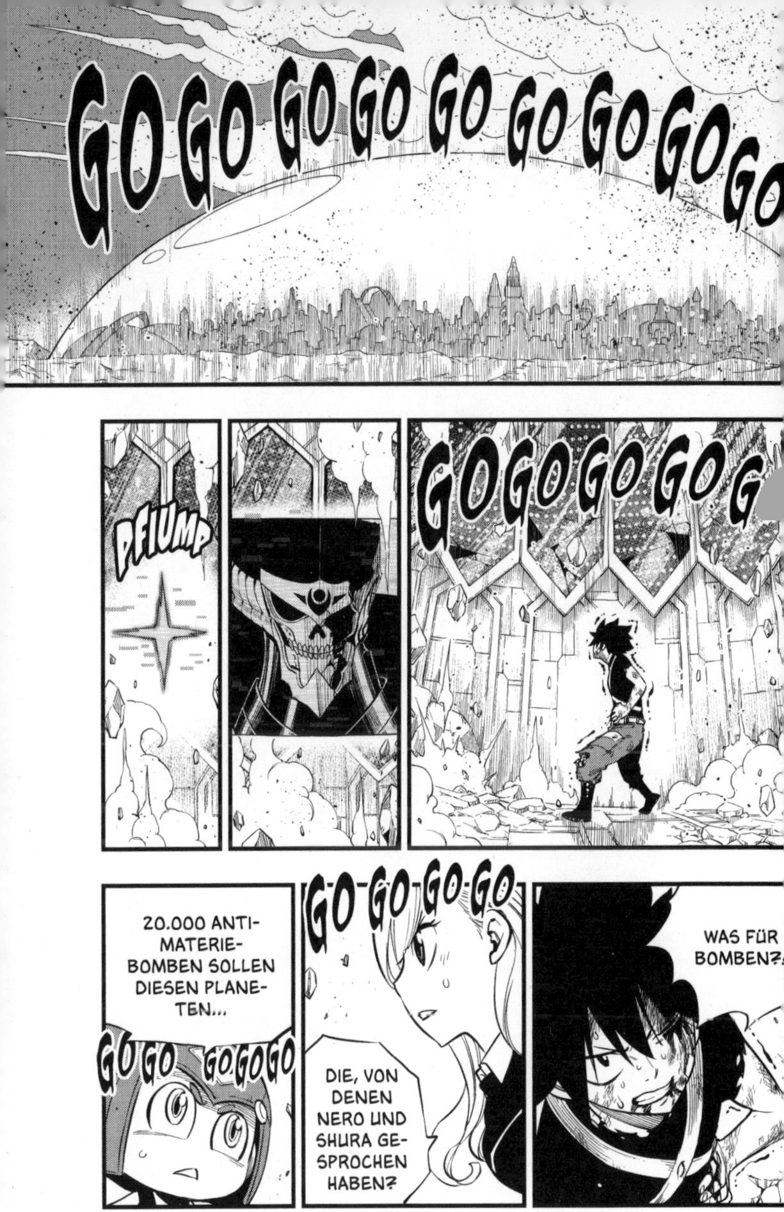
GO GO GO GO GO GO GO GO GO
GO GO GO GO G
PFIUMP
WAS FÜR BOMBEN?
GO GO GO GO
DIE, VON DENEN NERO UND SHURA GESPROCHEN HABEN?
20.000 ANTIMATERIE-BOMBEN SOLLEN DIESEN PLANETEN...
GOGO GOGOGO

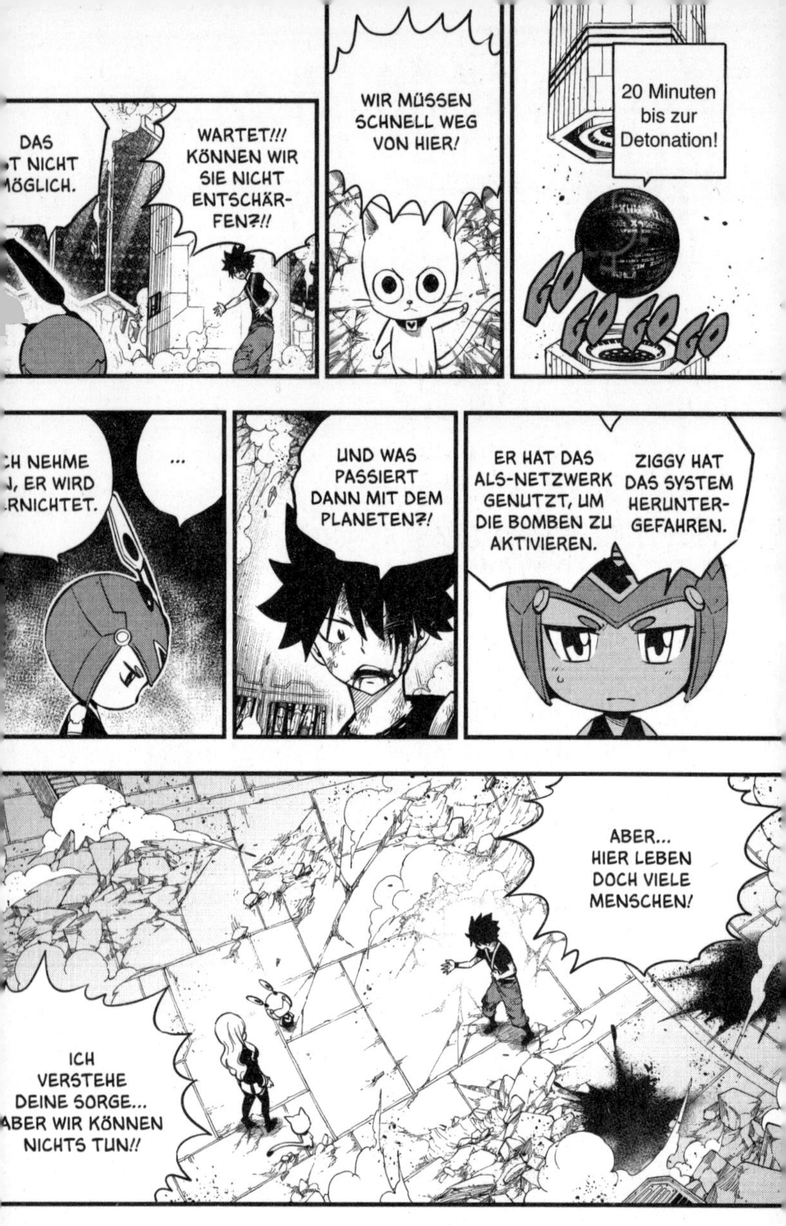
20 Minuten bis zur Detonation!
GO GO GO GO GO
WIR MÜSSEN SCHNELL WEG VON HIER!
WARTET!!! KÖNNEN WIR SIE NICHT ENTSCHÄR- FEN?!!
DAS T NICHT ÖGLICH.
ZIGGY HAT DAS SYSTEM HERUNTER- GEFAHREN.
ER HAT DAS ALS-NETZWERK GENUTZT, UM DIE BOMBEN ZU AKTIVIEREN.
UND WAS PASSIERT DANN MIT DEM PLANETEN?!
...
CH NEHME N, ER WIRD RNICHTET.
ABER... HIER LEBEN DOCH VIELE MENSCHEN!
ICH VERSTEHE DEINE SORGE... BER WIR KÖNNEN NICHTS TUN!!

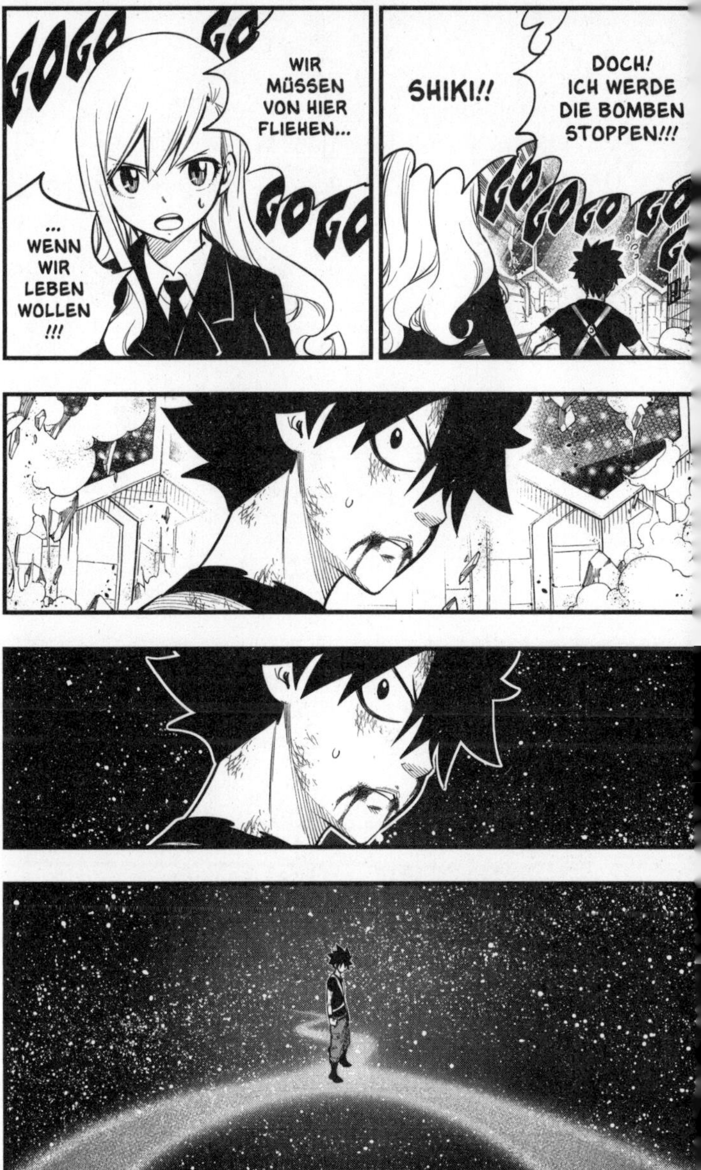

DOCH! ICH WERDE DIE BOMBEN STOPPEN!!!
SHIKI!!
GOGOGOGOGO
WIR MÜSSEN VON HIER FLIEHEN...
... WENN WIR LEBEN WOLLEN!!!
GOGO GO GOGO

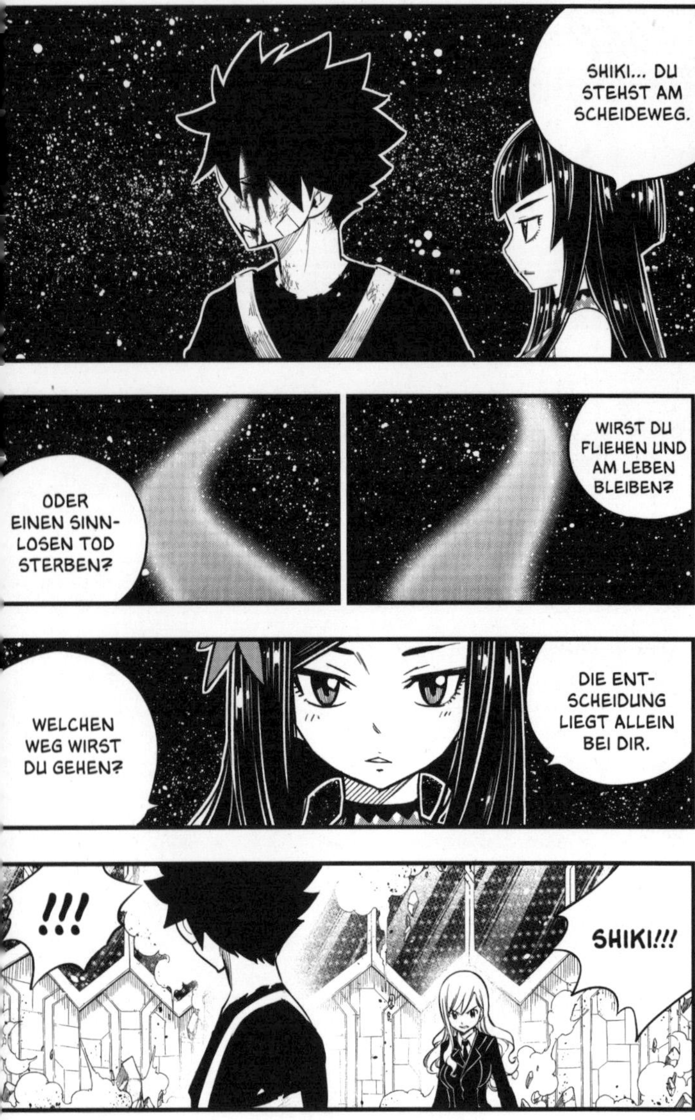

SHIKI... DU STEHST AM SCHEIDEWEG.
WIRST DU FLIEHEN UND AM LEBEN BLEIBEN?
ODER EINEN SINNLOSEN TOD STERBEN?
DIE ENTSCHEIDUNG LIEGT ALLEIN BEI DIR.
WELCHEN WEG WIRST DU GEHEN?
SHIKI!!!
!!!

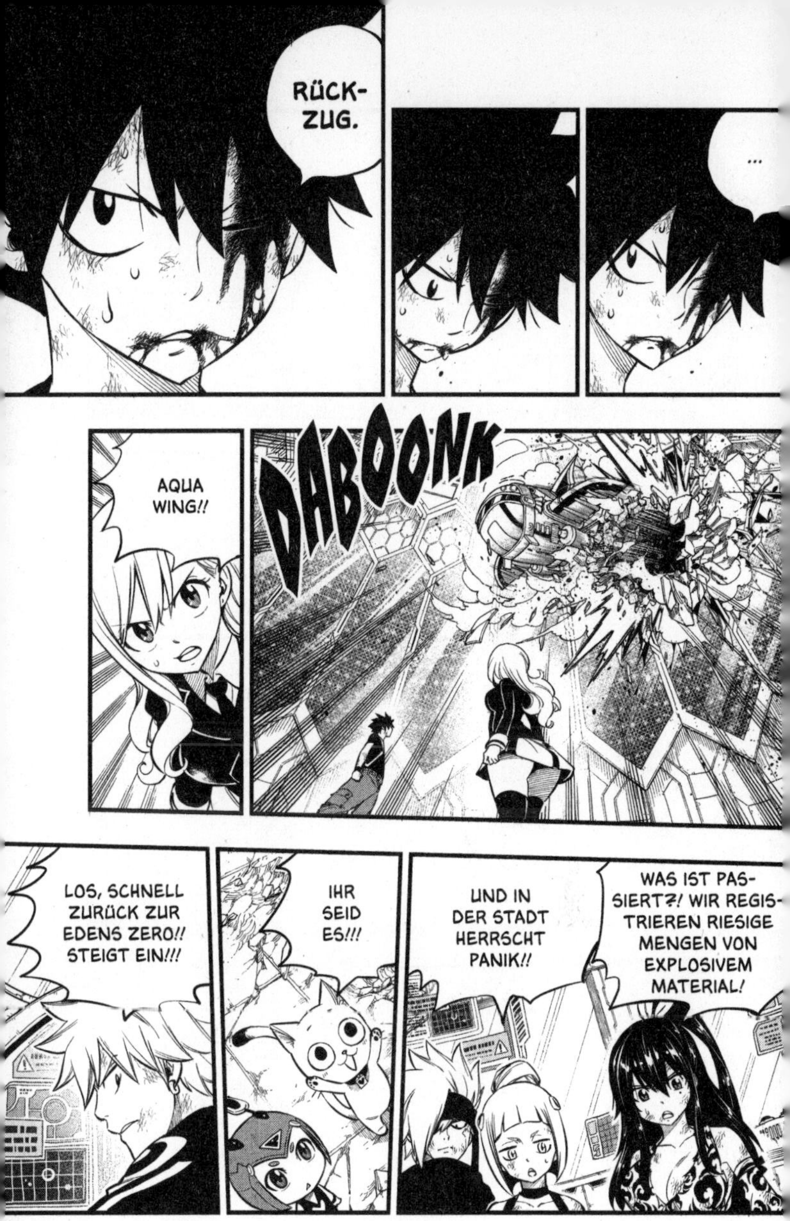
...
RÜCK-
ZUG.
DABOONK
AQUA
WING!!
WAS IST PAS-
SIERT?! WIR REGIS-
TRIEREN RIESIGE
MENGEN VON
EXPLOSIVEM
MATERIAL!
UND IN
DER STADT
HERRSCHT
PANIK!!
IHR
SEID
ES!!!
LOS, SCHNELL
ZURÜCK ZUR
EDENS ZERO!!
STEIGT EIN!!!

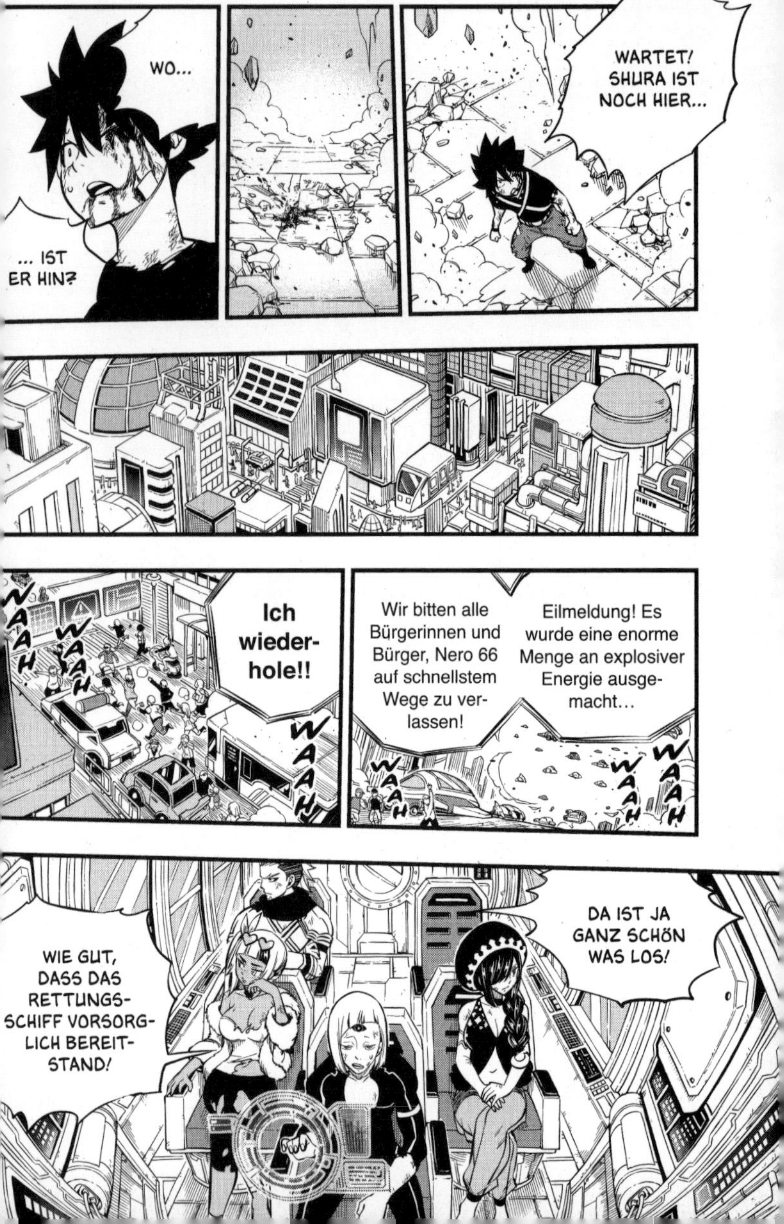
WARTET! SHURA IST NOCH HIER...
WO...
... IST ER HIN?
Eilmeldung! Es wurde eine enorme Menge an explosiver Energie ausgemacht…
Wir bitten alle Bürgerinnen und Bürger, Nero 66 auf schnellstem Wege zu verlassen!
WAAAH
WAAAH
WAAAH
Ich wiederhole!!
WAAAH
WAAAH
WAAAH
DA IST JA GANZ SCHÖN WAS LOS!
WIE GUT, DASS DAS RETTUNGSSCHIFF VORSORGLICH BEREITSTAND!

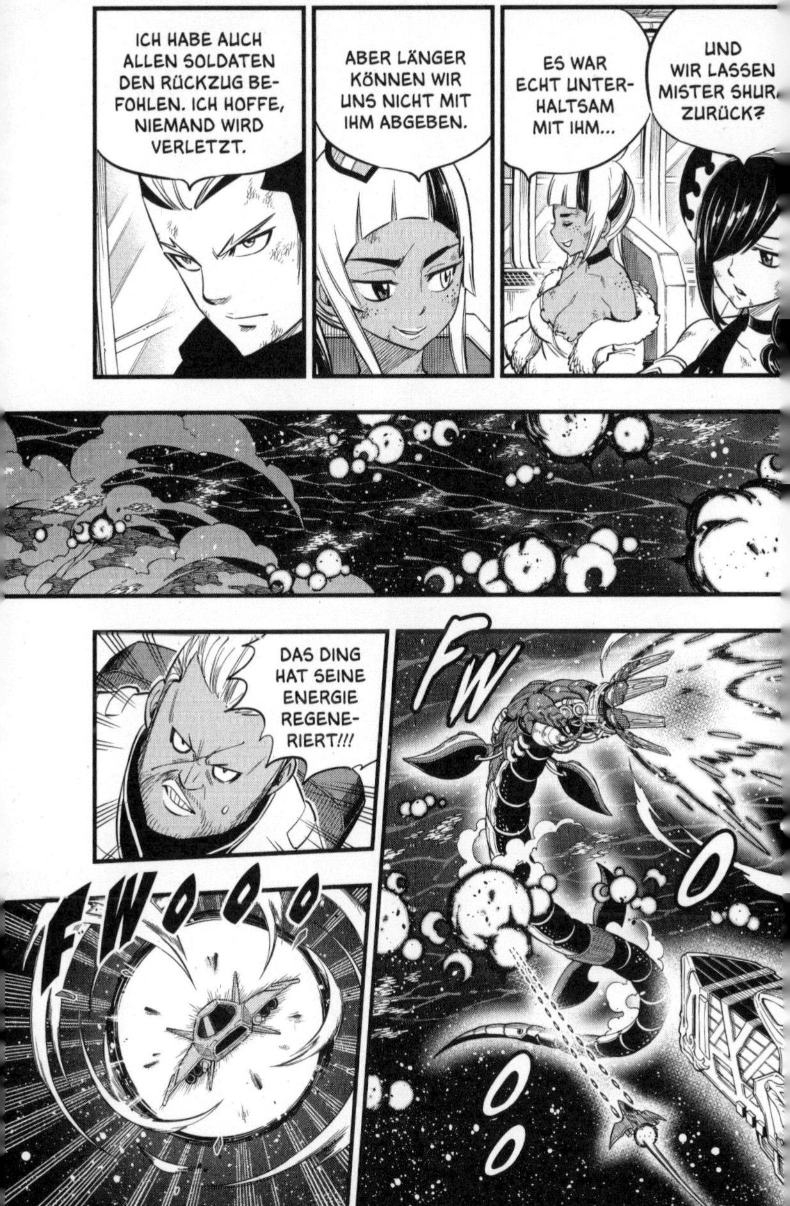
UND WIR LASSEN MISTER SHUR. ZURÜCK?
ES WAR ECHT UNTERHALTSAM MIT IHM...
ABER LÄNGER KÖNNEN WIR UNS NICHT MIT IHM ABGEBEN.
ICH HABE AUCH ALLEN SOLDATEN DEN RÜCKZUG BEFOHLEN. ICH HOFFE, NIEMAND WIRD VERLETZT.
FWOOO
DAS DING HAT SEINE ENERGIE REGENERIERT!!!
FWOOO

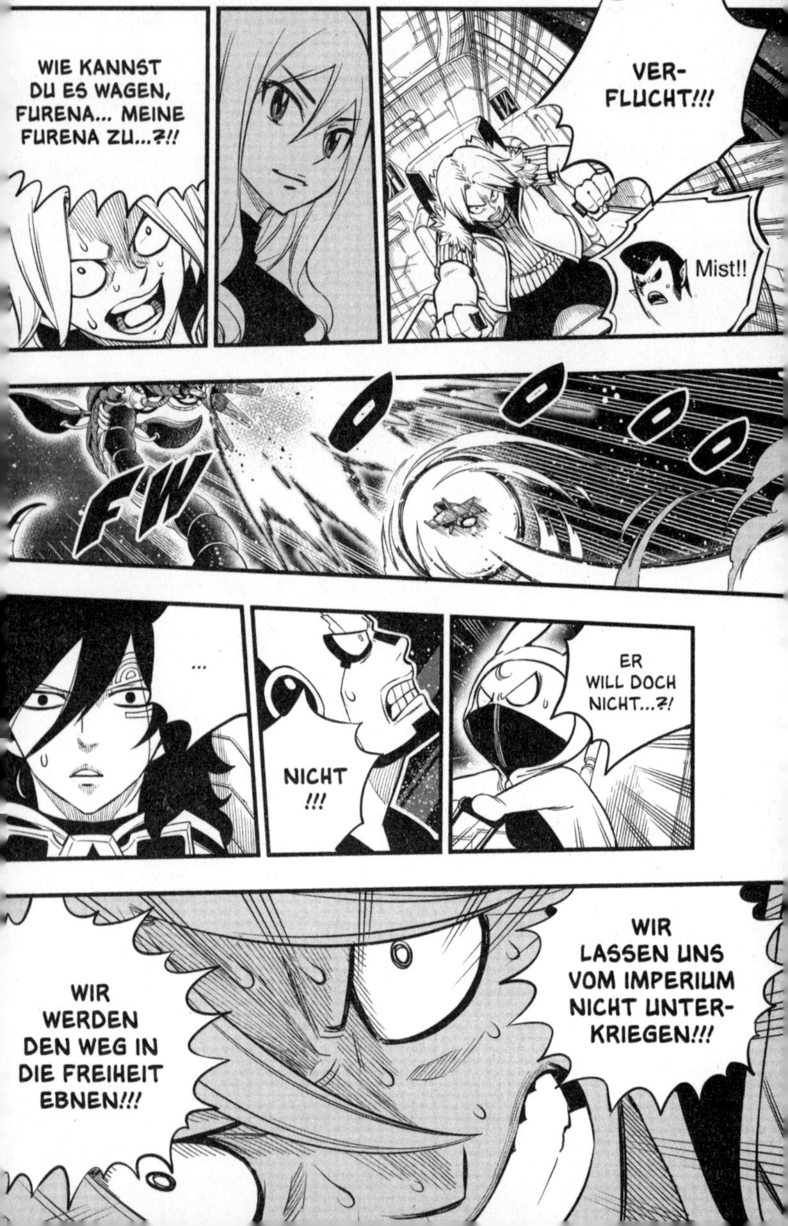
WIE KANNST DU ES WAGEN, FURENA... MEINE FURENA ZU...?!!
VER-FLUCHT!!!
Mist!!
FW
...
NICHT !!!
ER WILL DOCH NICHT...?!
WIR LASSEN UNS VOM IMPERIUM NICHT UNTER-KRIEGEN!!!
WIR WERDEN DEN WEG IN DIE FREIHEIT EBNEN!!!

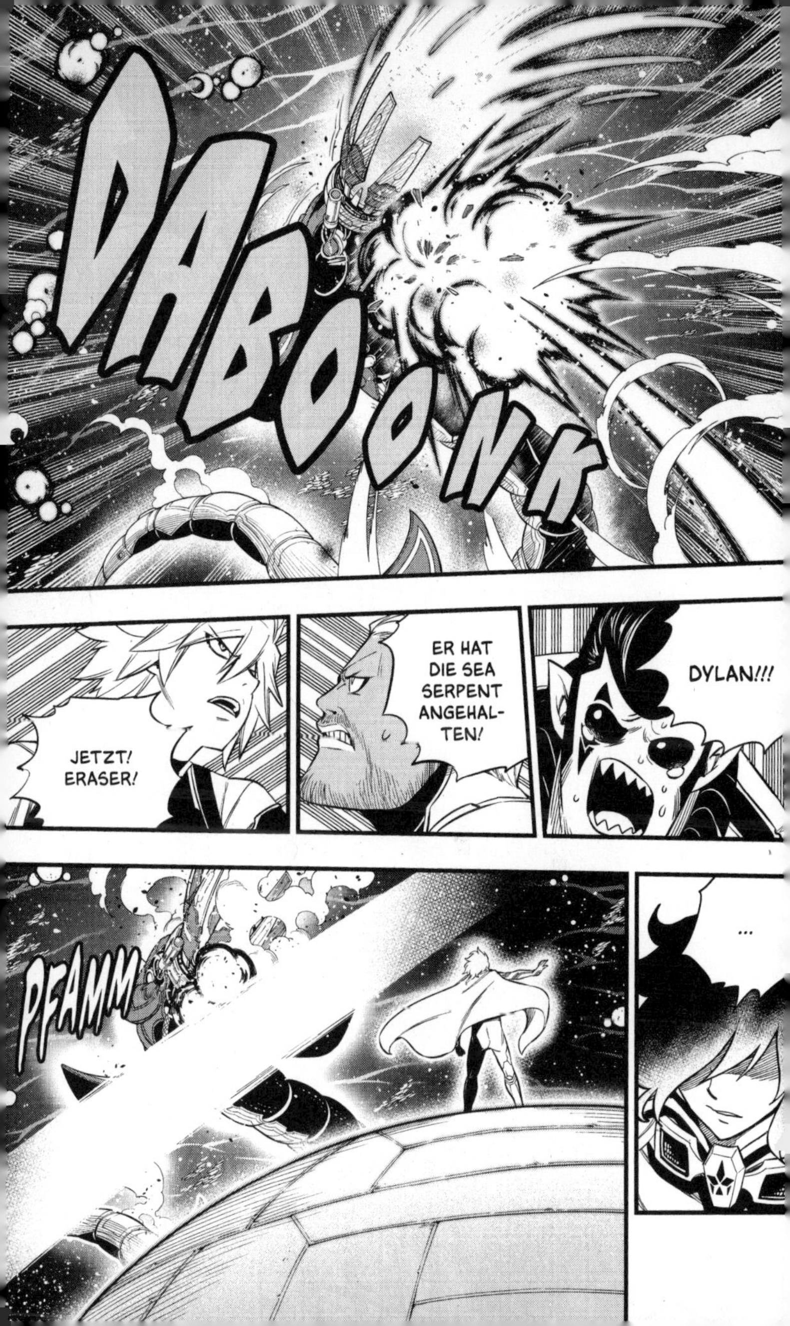
DABOONK
JETZT! ERASER!
ER HAT DIE SEA SERPENT ANGEHALTEN!
DYLAN!!!
PFAMM
...

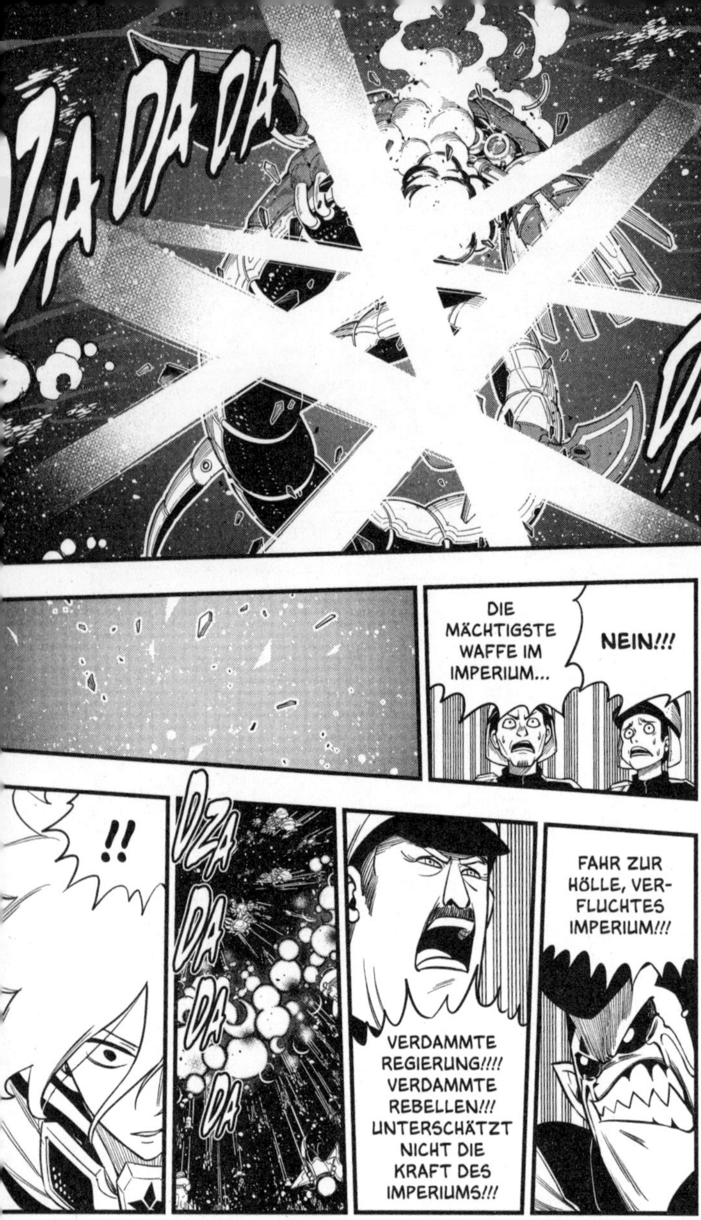
ZA DA DA
DA DA.
NEIN!!!
DIE MÄCHTIGSTE WAFFE IM IMPERIUM...
FAHR ZUR HÖLLE, VERFLUCHTES IMPERIUM!!!
VERDAMMTE REGIERUNG!!!! VERDAMMTE REBELLEN!!! UNTERSCHÄTZT NICHT DIE KRAFT DES IMPERIUMS!!!
DZA DA DA DA
!!

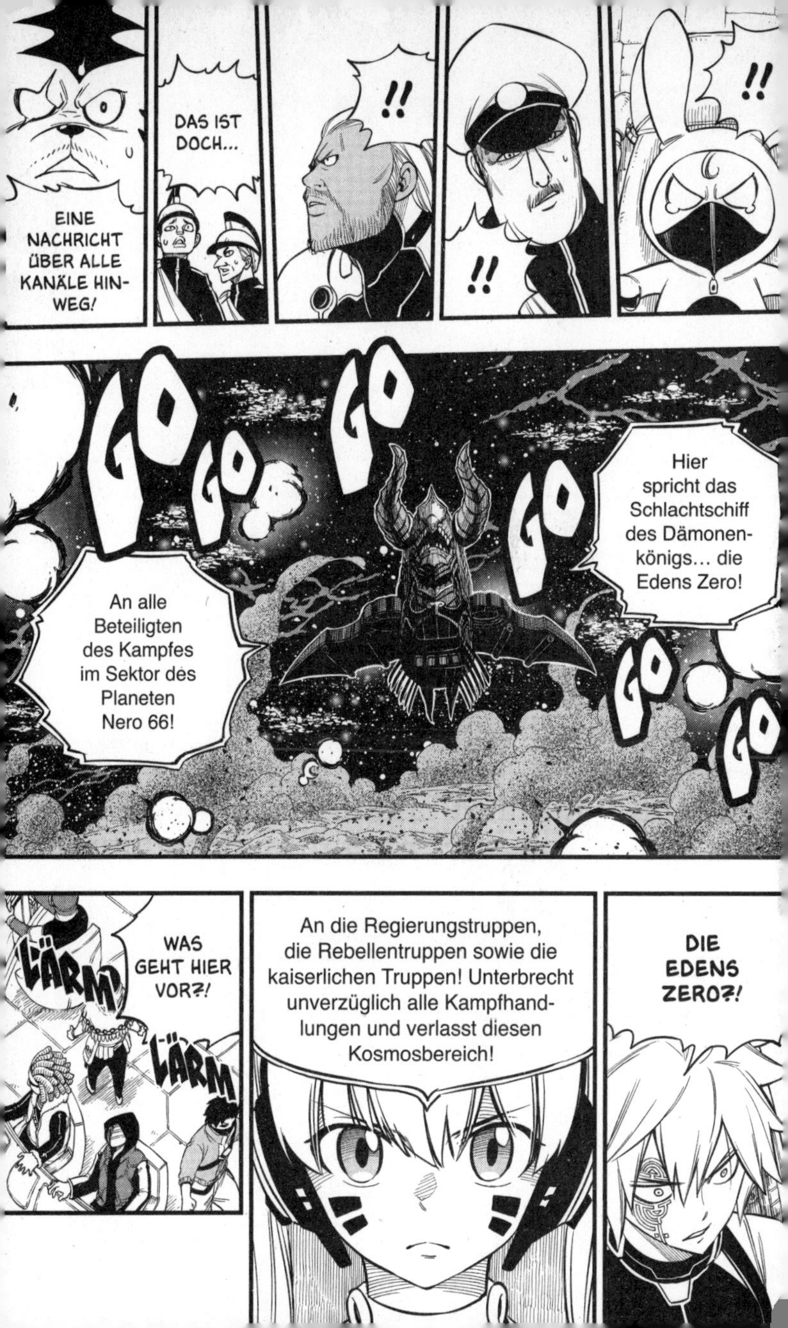

!!
!!
!!
DAS IST DOCH...
EINE NACHRICHT ÜBER ALLE KANÄLE HINWEG!
GO GO GO GO GO GO GO
Hier spricht das Schlachtschiff des Dämonenkönigs… die Edens Zero!
An alle Beteiligten des Kampfes im Sektor des Planeten Nero 66!
DIE EDENS ZERO?!
An die Regierungstruppen, die Rebellentruppen sowie die kaiserlichen Truppen! Unterbrecht unverzüglich alle Kampfhandlungen und verlasst diesen Kosmosbereich!
WAS GEHT HIER VOR?!
LÄRM
LÄRM

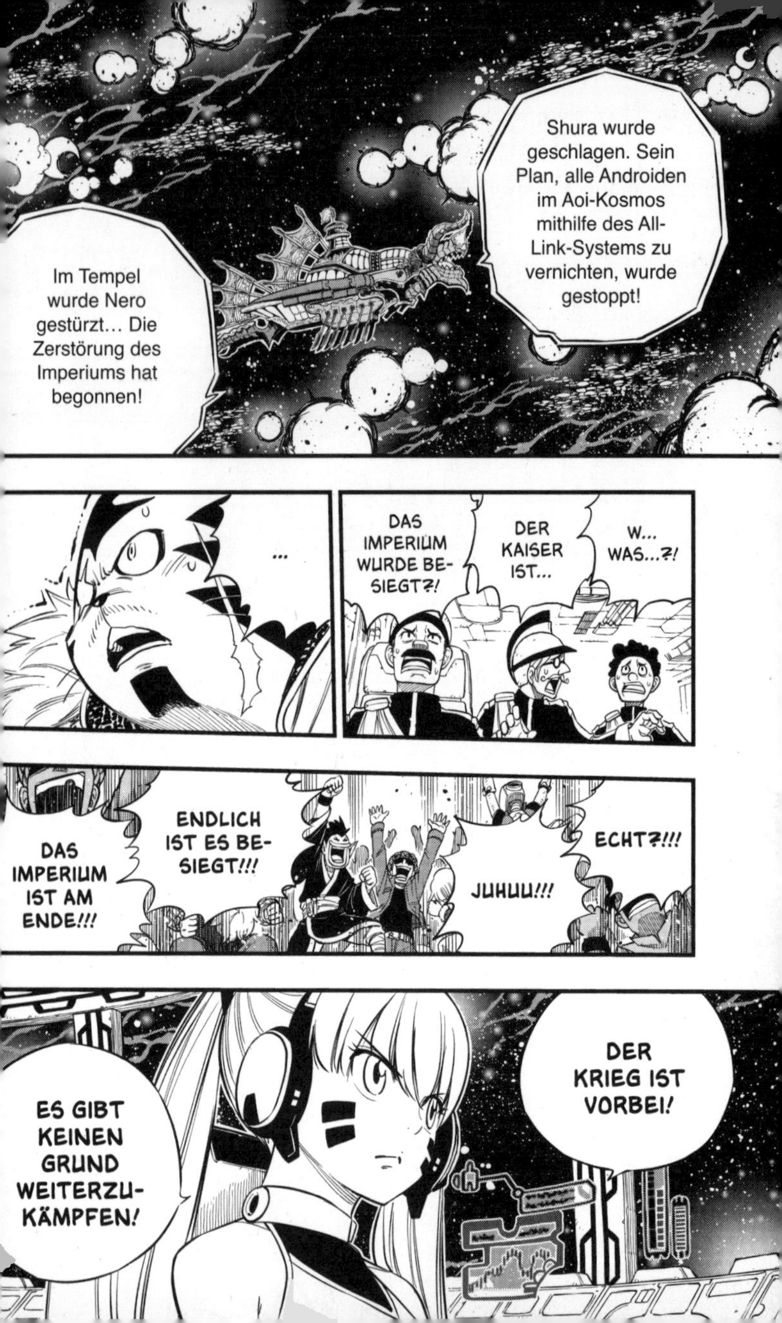
Shura wurde geschlagen. Sein Plan, alle Androiden im Aoi-Kosmos mithilfe des All-Link-Systems zu vernichten, wurde gestoppt!
Im Tempel wurde Nero gestürzt… Die Zerstörung des Imperiums hat begonnen!
W… WAS…?!
DER KAISER IST…
DAS IMPERIUM WURDE BESIEGT?!
…
ECHT?!!!
JUHUU!!!
ENDLICH IST ES BESIEGT!!!
DAS IMPERIUM IST AM ENDE!!!
DER KRIEG IST VORBEI!
ES GIBT KEINEN GRUND WEITERZUKÄMPFEN!

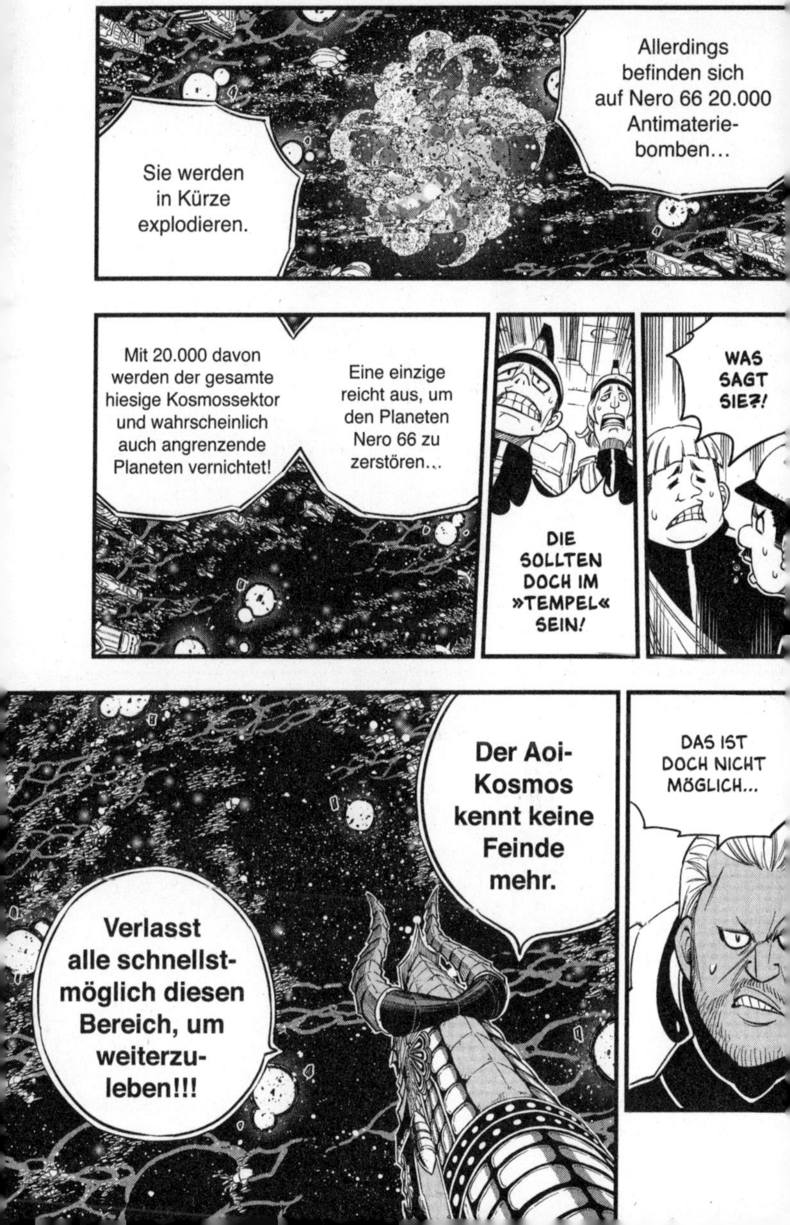
Allerdings befinden sich auf Nero 66 20.000 Antimaterie-bomben…
Sie werden in Kürze explodieren.
WAS SAGT SIE?!
DIE SOLLTEN DOCH IM »TEMPEL« SEIN!
Eine einzige reicht aus, um den Planeten Nero 66 zu zerstören…
Mit 20.000 davon werden der gesamte hiesige Kosmossektor und wahrscheinlich auch angrenzende Planeten vernichtet!
DAS IST DOCH NICHT MÖGLICH…
Der Aoi-Kosmos kennt keine Feinde mehr.
Verlasst alle schnellst-möglich diesen Bereich, um weiterzu-leben!!!

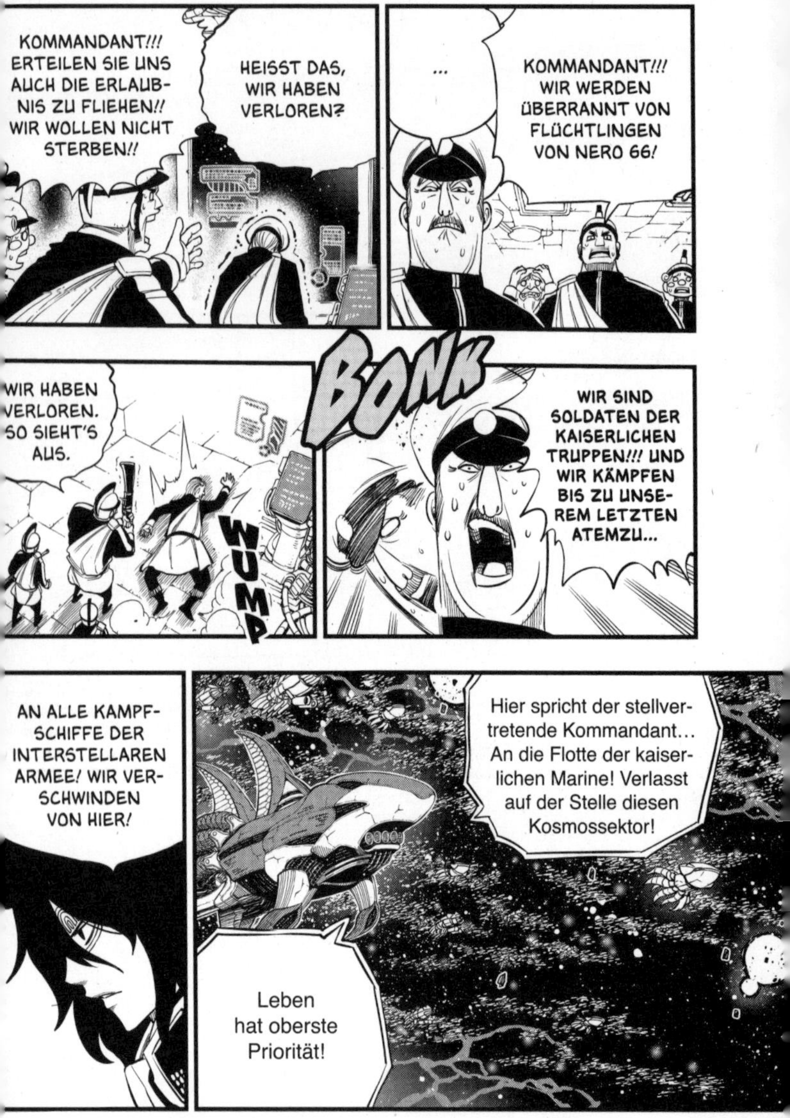
KOMMANDANT!!! WIR WERDEN ÜBERRANNT VON FLÜCHTLINGEN VON NERO 66!
...
HEISST DAS, WIR HABEN VERLOREN?
KOMMANDANT!!! ERTEILEN SIE UNS AUCH DIE ERLAUB-NIS ZU FLIEHEN!! WIR WOLLEN NICHT STERBEN!!
WIR SIND SOLDATEN DER KAISERLICHEN TRUPPEN!!! UND WIR KÄMPFEN BIS ZU UNSE-REM LETZTEN ATEMZU...
BONK
WIR HABEN VERLOREN. SO SIEHT'S AUS.
WUMP
Hier spricht der stellver-tretende Kommandant… An die Flotte der kaiser-lichen Marine! Verlasst auf der Stelle diesen Kosmossektor!
Leben hat oberste Priorität!
AN ALLE KAMPF-SCHIFFE DER INTERSTELLAREN ARMEE! WIR VER-SCHWINDEN VON HIER!

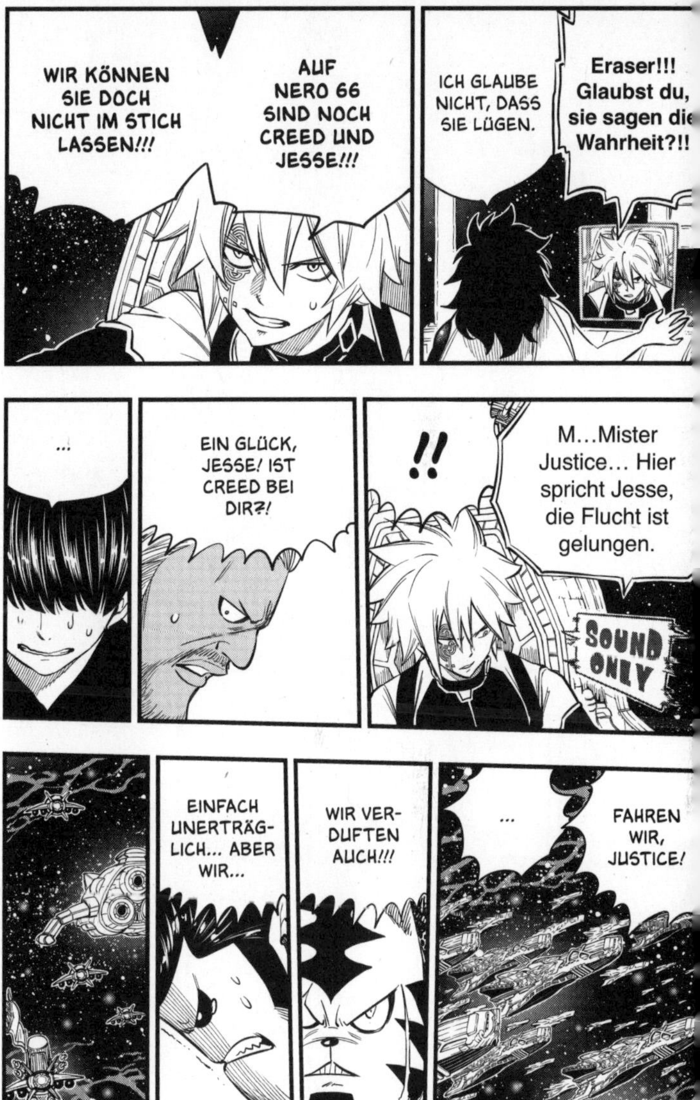
Eraser!!! Glaubst du, sie sagen di
Wahrheit?!!
ICH GLAUBE NICHT, DASS SIE LÜGEN.
AUF NERO 66 SIND NOCH CREED UND JESSE!!!
WIR KÖNNEN SIE DOCH NICHT IM STICH LASSEN!!!
M…Mister Justice… Hier spricht Jesse, die Flucht ist gelungen.
!!
SOUND ONLY
EIN GLÜCK, JESSE! IST CREED BEI DIR?!
...
FAHREN WIR, JUSTICE!
...
WIR VERDUFTEN AUCH!!!
EINFACH UNERTRÄGLICH... ABER WIR...

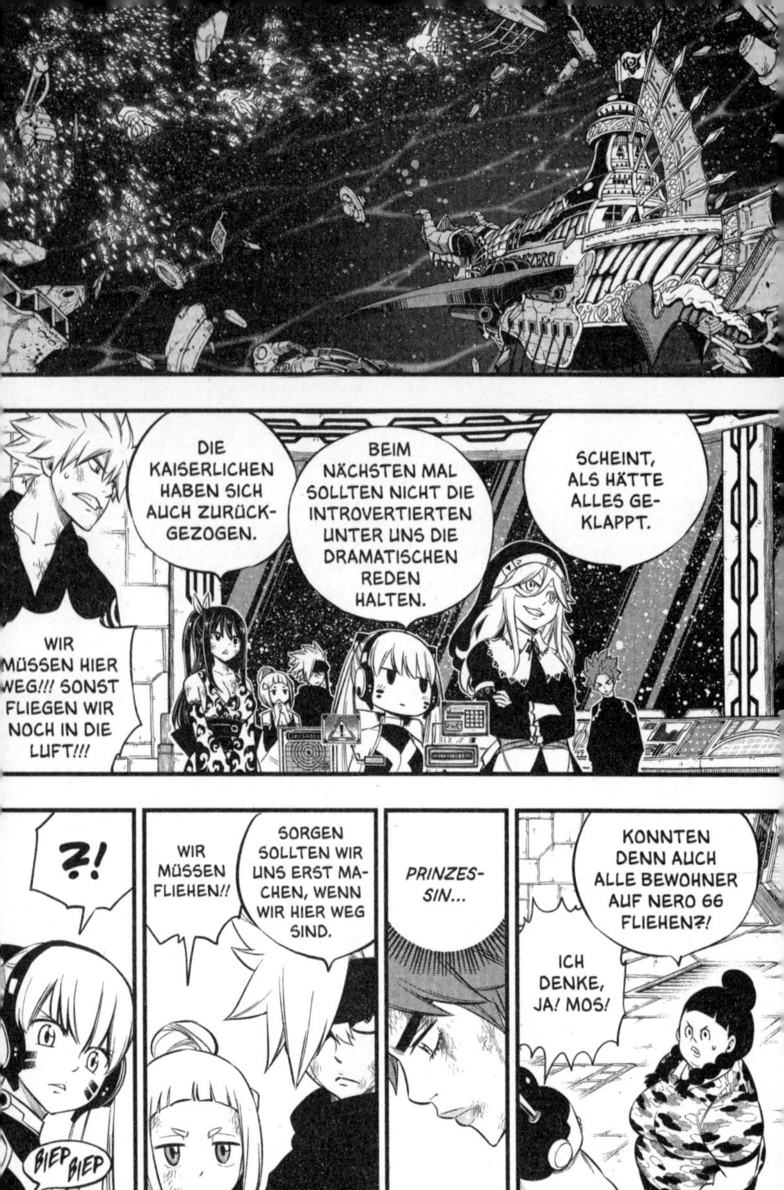
SCHEINT, ALS HÄTTE ALLES GE-KLAPPT.
BEIM NÄCHSTEN MAL SOLLTEN NICHT DIE INTROVERTIERTEN UNTER UNS DIE DRAMATISCHEN REDEN HALTEN.
DIE KAISERLICHEN HABEN SICH AUCH ZURÜCK-GEZOGEN.
WIR MÜSSEN HIER WEG!!! SONST FLIEGEN WIR NOCH IN DIE LUFT!!!
KONNTEN DENN AUCH ALLE BEWOHNER AUF NERO 66 FLIEHEN?!
ICH DENKE, JA! MOS!
PRINZES-SIN...
SORGEN SOLLTEN WIR UNS ERST MA-CHEN, WENN WIR HIER WEG SIND.
WIR MÜSSEN FLIEHEN!!
?!
BIEP BIEP

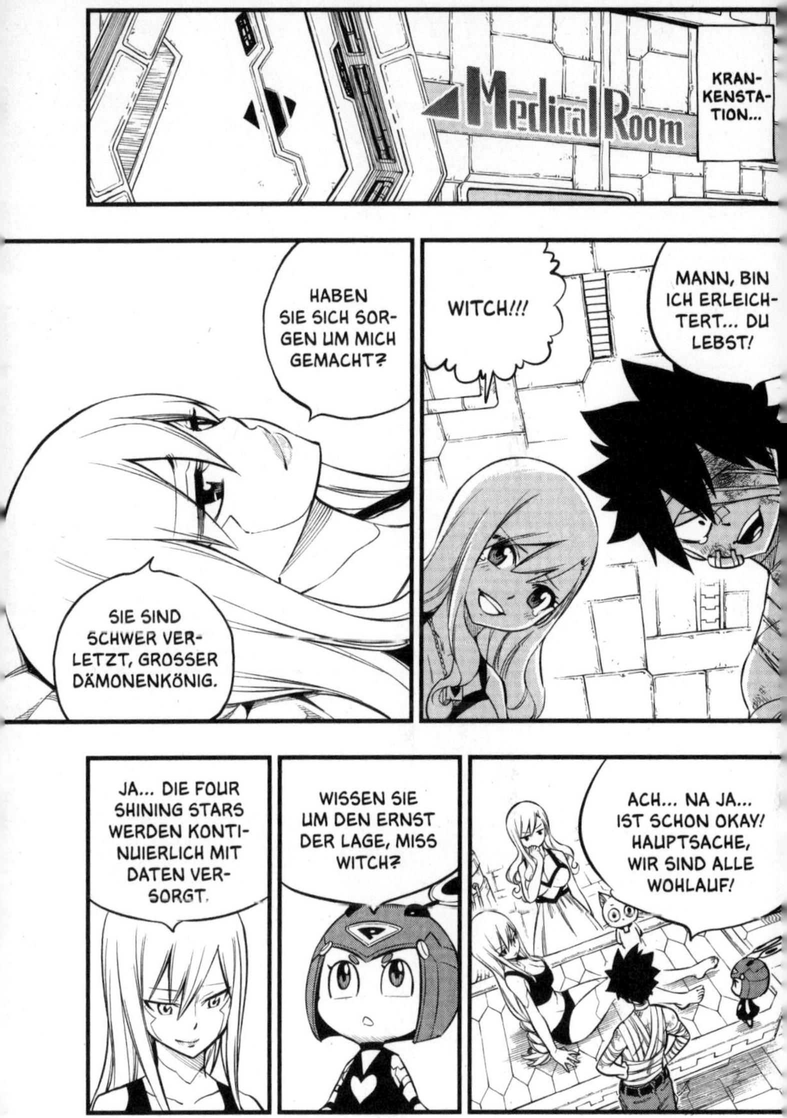
Medical Room
KRANKENSTATION...
MANN, BIN ICH ERLEICHTERT... DU LEBST!
WITCH!!!
HABEN SIE SICH SORGEN UM MICH GEMACHT?
SIE SIND SCHWER VERLETZT, GROSSER DÄMONENKÖNIG.
ACH... NA JA... IST SCHON OKAY! HAUPTSACHE, WIR SIND ALLE WOHLAUF!
WISSEN SIE UM DEN ERNST DER LAGE, MISS WITCH?
JA... DIE FOUR SHINING STARS WERDEN KONTINUIERLICH MIT DATEN VERSORGT.

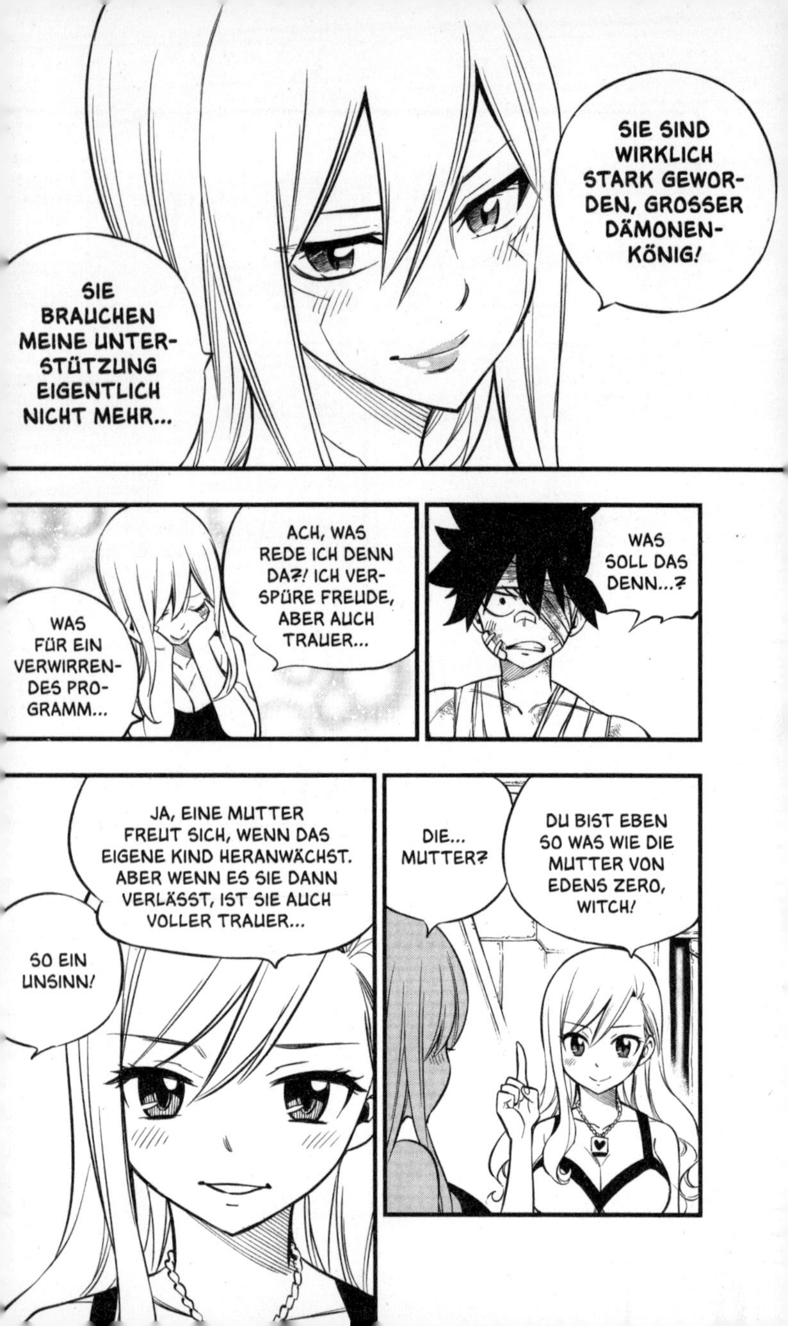
SIE SIND WIRKLICH STARK GEWORDEN, GROSSER DÄMONENKÖNIG!
SIE BRAUCHEN MEINE UNTERSTÜTZUNG EIGENTLICH NICHT MEHR...
WAS SOLL DAS DENN...?
ACH, WAS REDE ICH DENN DA?! ICH VERSPÜRE FREUDE, ABER AUCH TRAUER...
WAS FÜR EIN VERWIRRENDES PROGRAMM...
DU BIST EBEN SO WAS WIE DIE MUTTER VON EDENS ZERO, WITCH!
DIE... MUTTER?
JA, EINE MUTTER FREUT SICH, WENN DAS EIGENE KIND HERANWÄCHST. ABER WENN ES SIE DANN VERLÄSST, IST SIE AUCH VOLLER TRAUER...
SO EIN UNSINN!

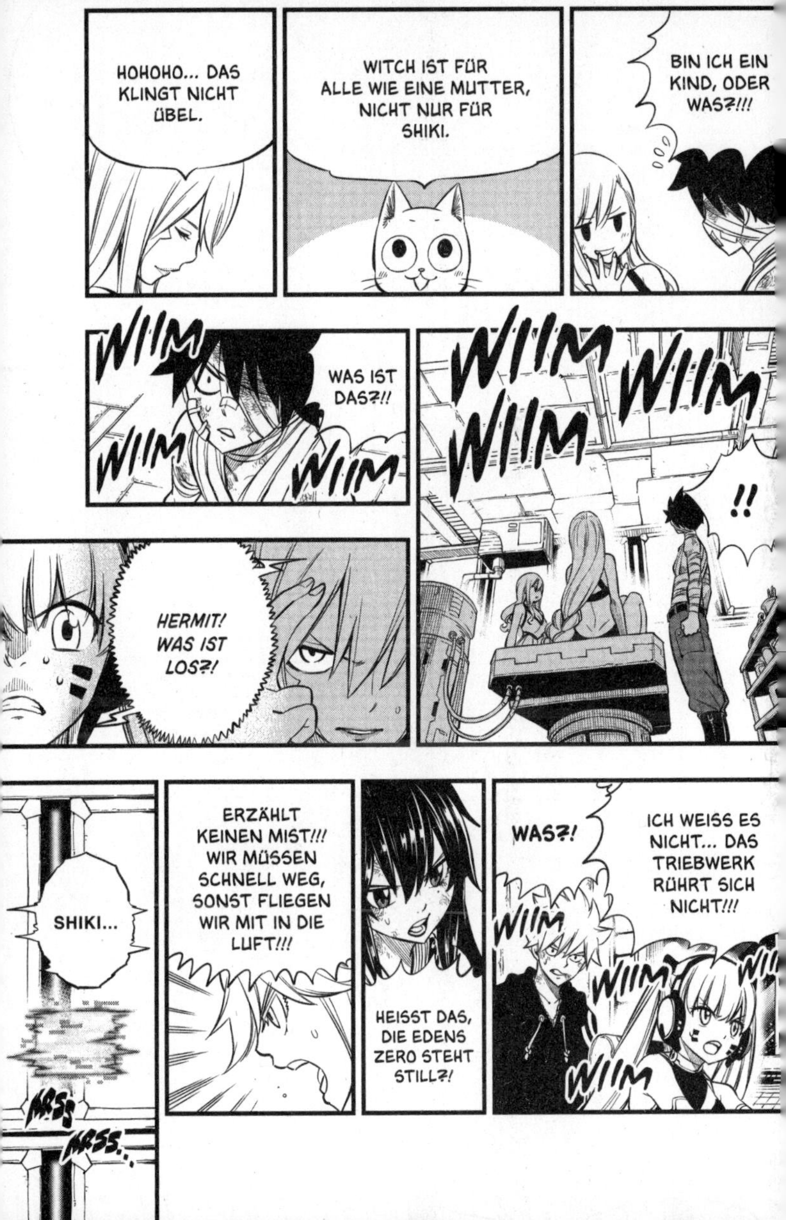
BIN ICH EIN KIND, ODER WAS?!!!
WITCH IST FÜR ALLE WIE EINE MUTTER, NICHT NUR FÜR SHIKI.
HOHOHO... DAS KLINGT NICHT ÜBEL.
WIIM WIIM WIIM
!!
WIIM WIIM WIIM
WAS IST DAS?!!
HERMIT! WAS IST LOS?!
ICH WEISS ES NICHT... DAS TRIEBWERK RÜHRT SICH NICHT!!!
WAS?!
WIIM WIIM WIIM
HEISST DAS, DIE EDENS ZERO STEHT STILL?!
ERZÄHLT KEINEN MIST!!! WIR MÜSSEN SCHNELL WEG, SONST FLIEGEN WIR MIT IN DIE LUFT!!!
SHIKI...
KRSS KRSS...

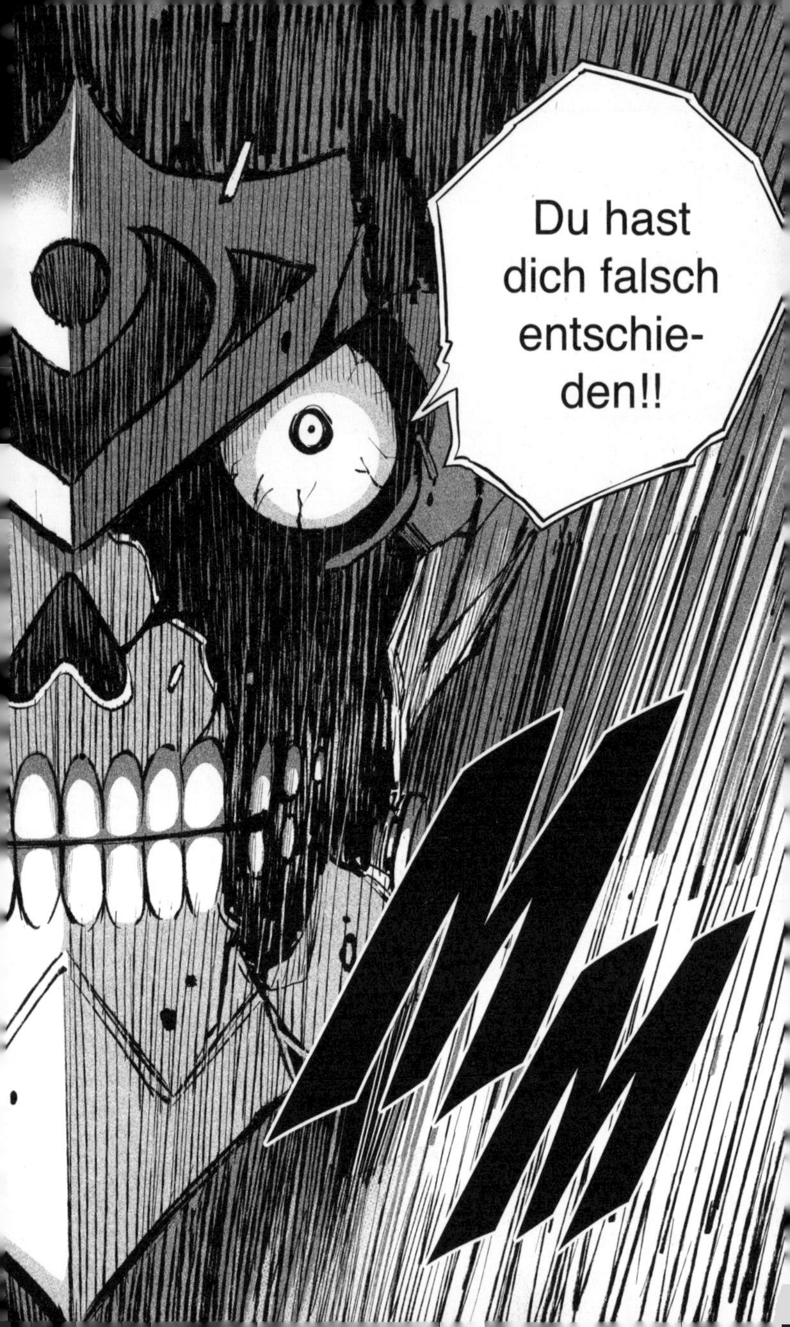
Du hast dich falsch entschie-den!!

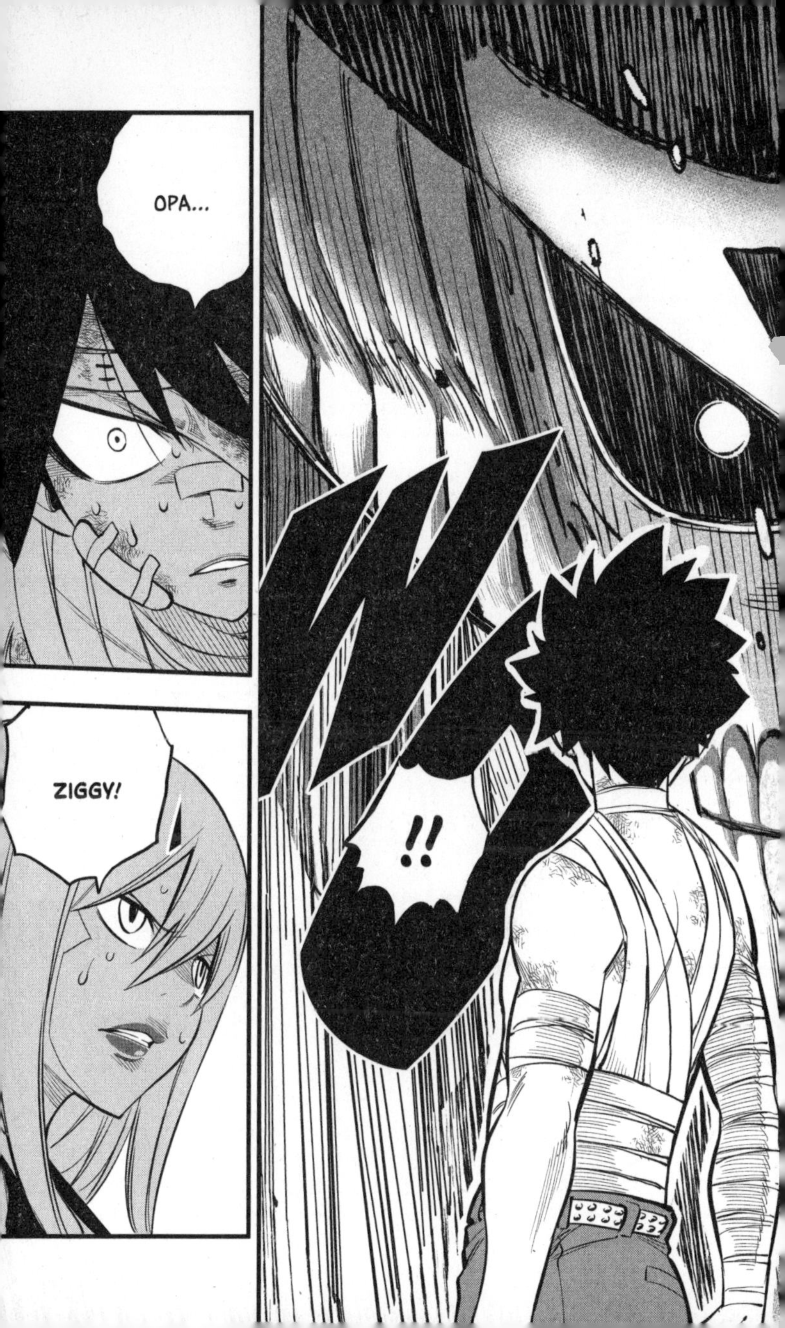
OPA...
ZIGGY!
!!

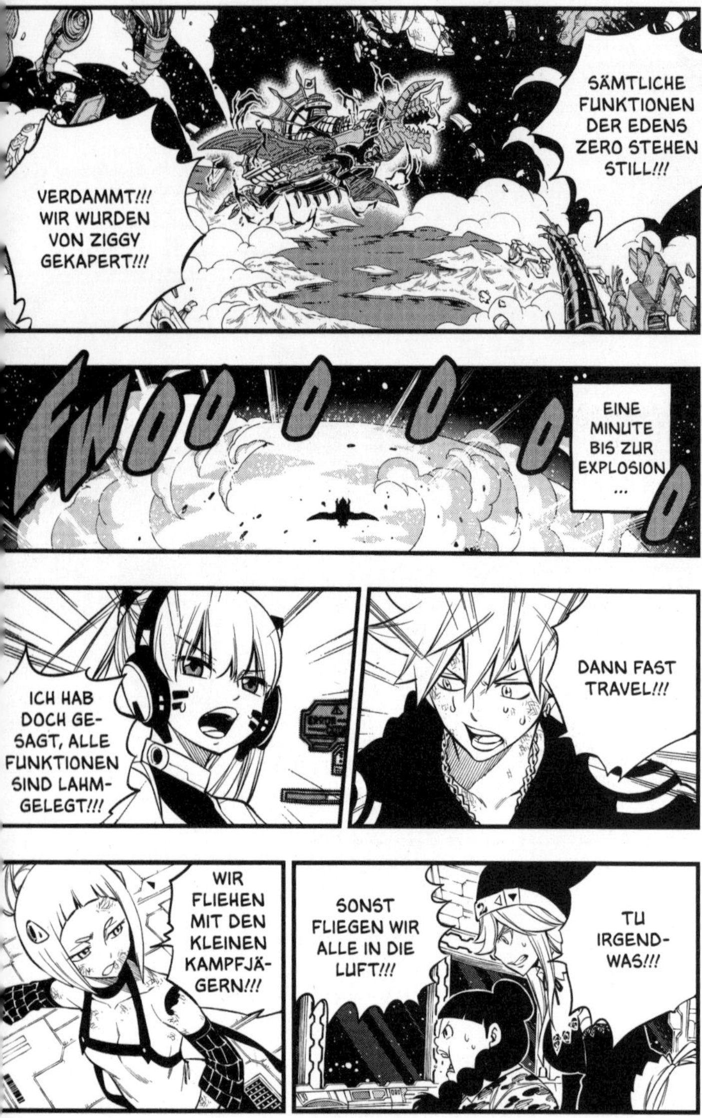
SÄMTLICHE FUNKTIONEN DER EDENS ZERO STEHEN STILL!!!
VERDAMMT!!! WIR WURDEN VON ZIGGY GEKAPERT!!!
EINE MINUTE BIS ZUR EXPLOSION ...
FWOOOOOO
DANN FAST TRAVEL!!!
ICH HAB DOCH GESAGT, ALLE FUNKTIONEN SIND LAHMGELEGT!!!
TU IRGENDWAS!!!
SONST FLIEGEN WIR ALLE IN DIE LUFT!!!
WIR FLIEHEN MIT DEN KLEINEN KAMPFJÄGERN!!!

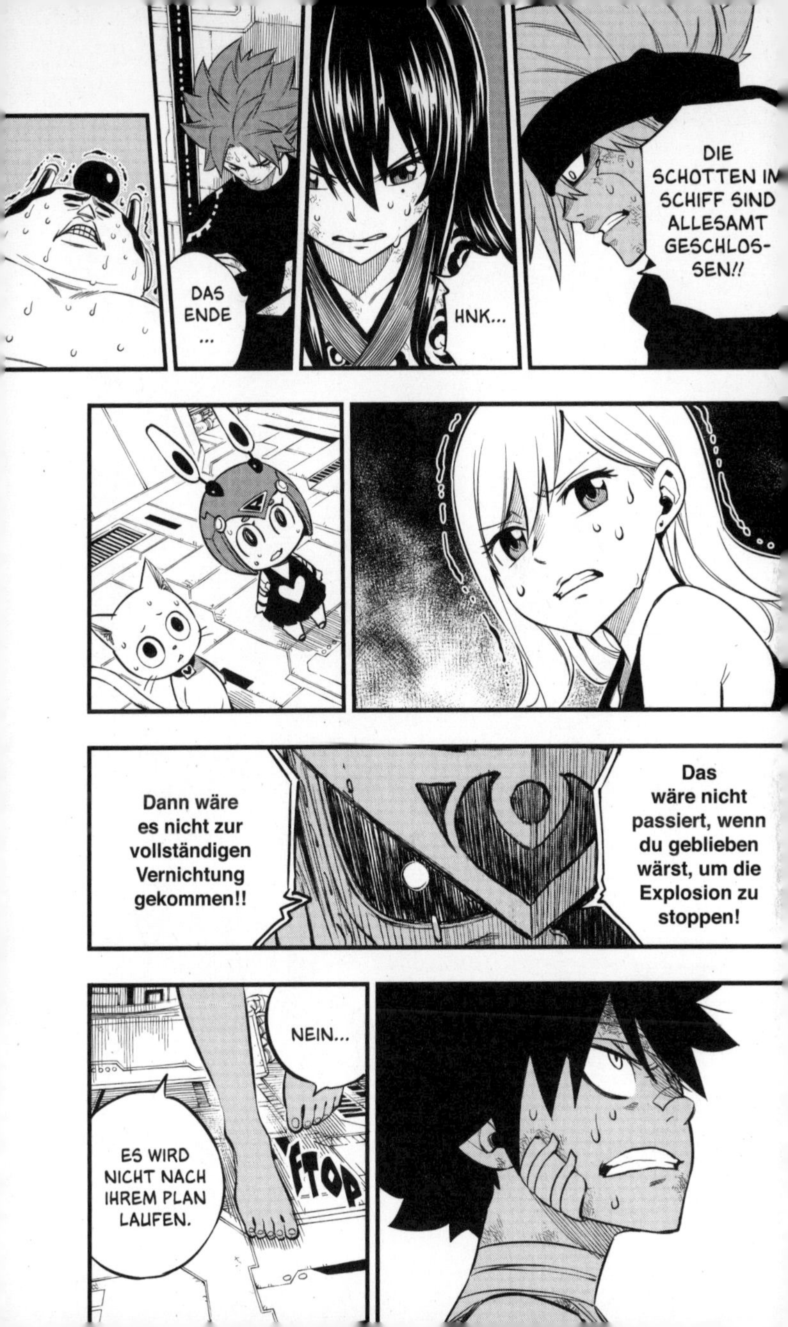

DIE SCHOTTEN IM SCHIFF SIND ALLESAMT GESCHLOS-SEN!!
HNK...
DAS ENDE ...
Das wäre nicht passiert, wenn du geblieben wärst, um die Explosion zu stoppen!
Dann wäre es nicht zur vollständigen Vernichtung gekommen!!
NEIN...
TOP
ES WIRD NICHT NACH IHREM PLAN LAUFEN.

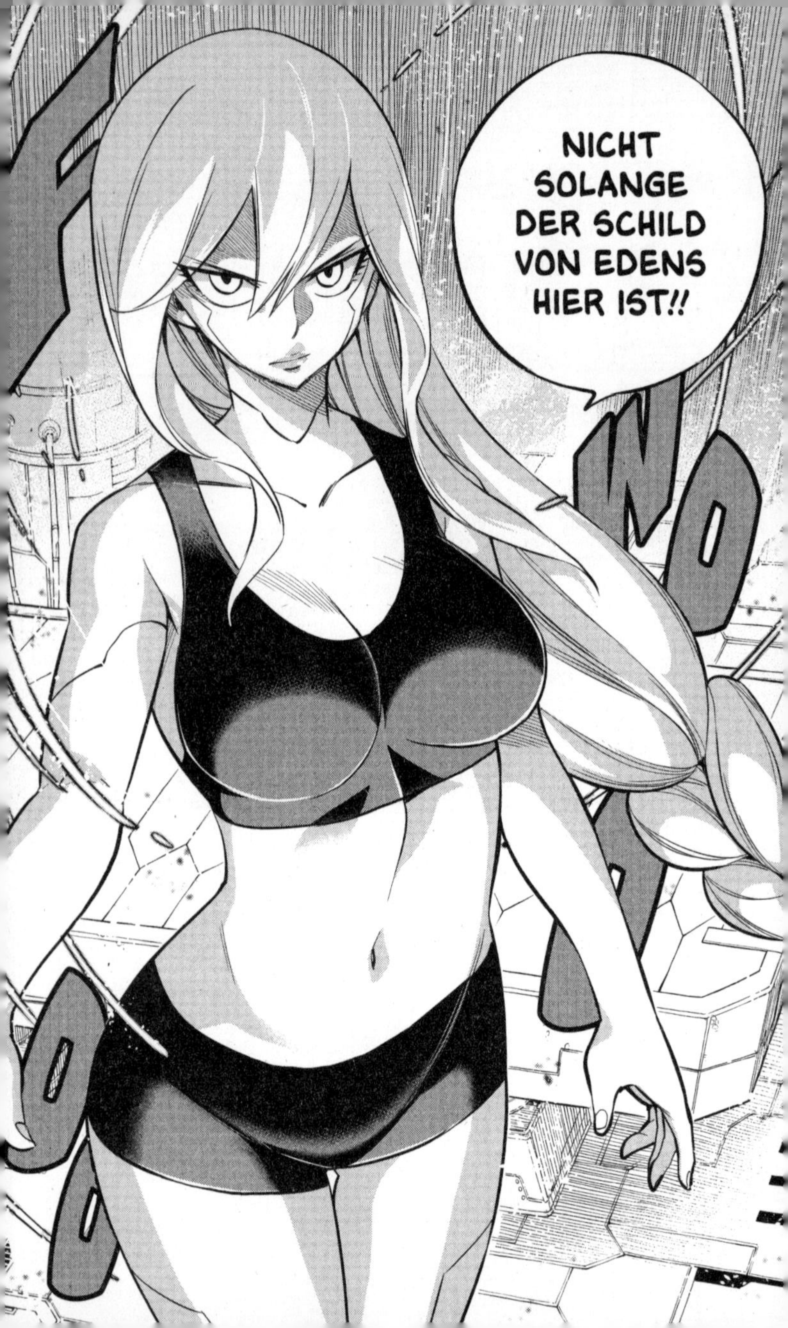
NICHT SOLANGE DER SCHILD VON EDENS HIER IST!!

EDENS ZERO

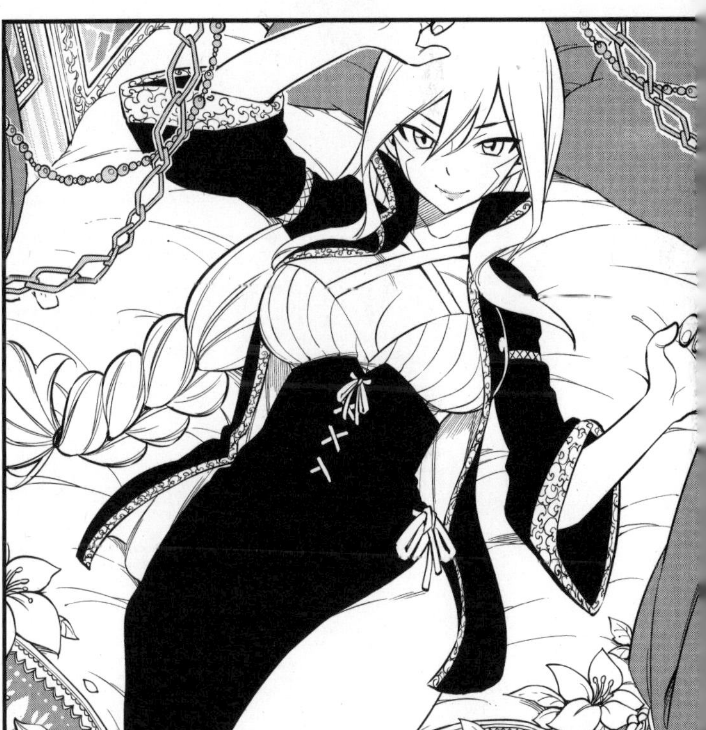

KAPITEL 166: ICH LIEBE EUCH!

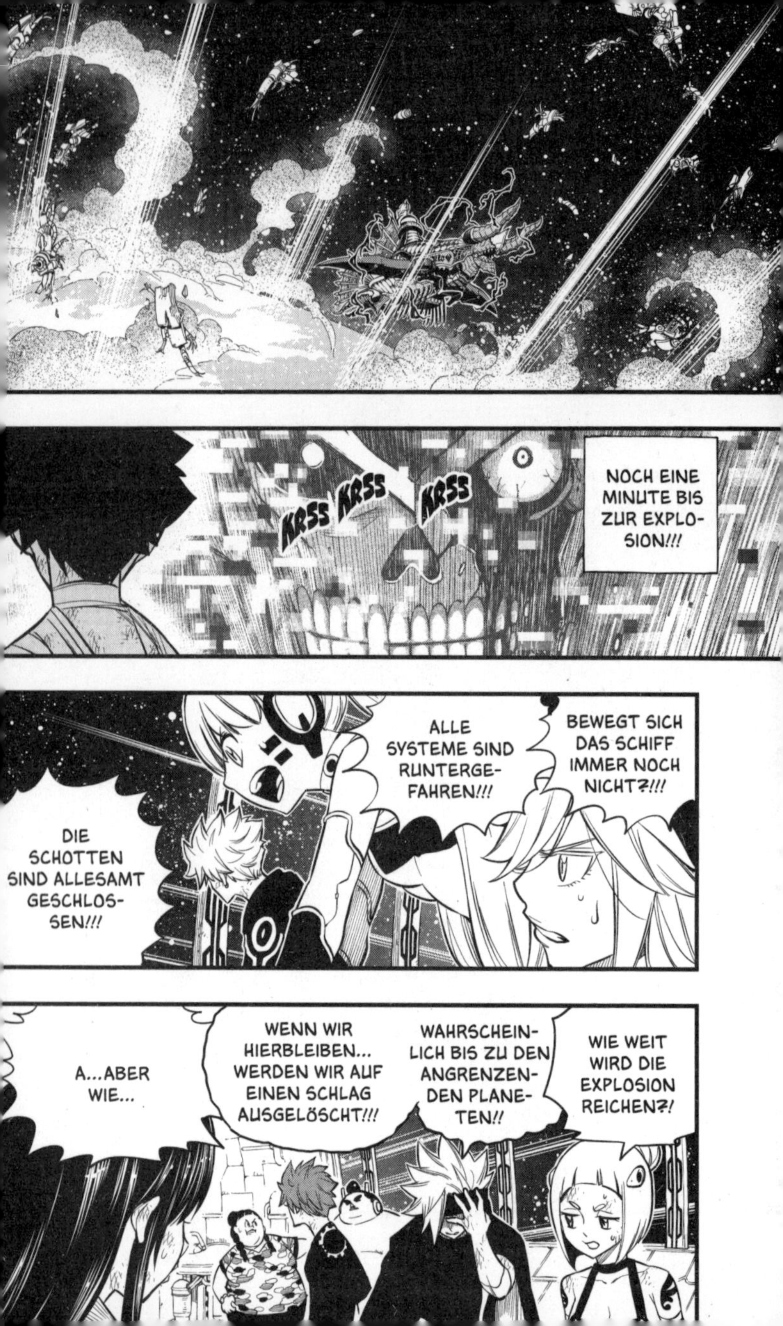
NOCH EINE MINUTE BIS ZUR EXPLOSION!!!
KRSS KRSS KRSS
BEWEGT SICH DAS SCHIFF IMMER NOCH NICHT?!!!
ALLE SYSTEME SIND RUNTERGEFAHREN!!!
DIE SCHOTTEN SIND ALLESAMT GESCHLOSSEN!!!
WIE WEIT WIRD DIE EXPLOSION REICHEN?!
WAHRSCHEINLICH BIS ZU DEN ANGRENZENDEN PLANETEN!!
WENN WIR HIERBLEIBEN... WERDEN WIR AUF EINEN SCHLAG AUSGELÖSCHT!!!
A...ABER WIE...

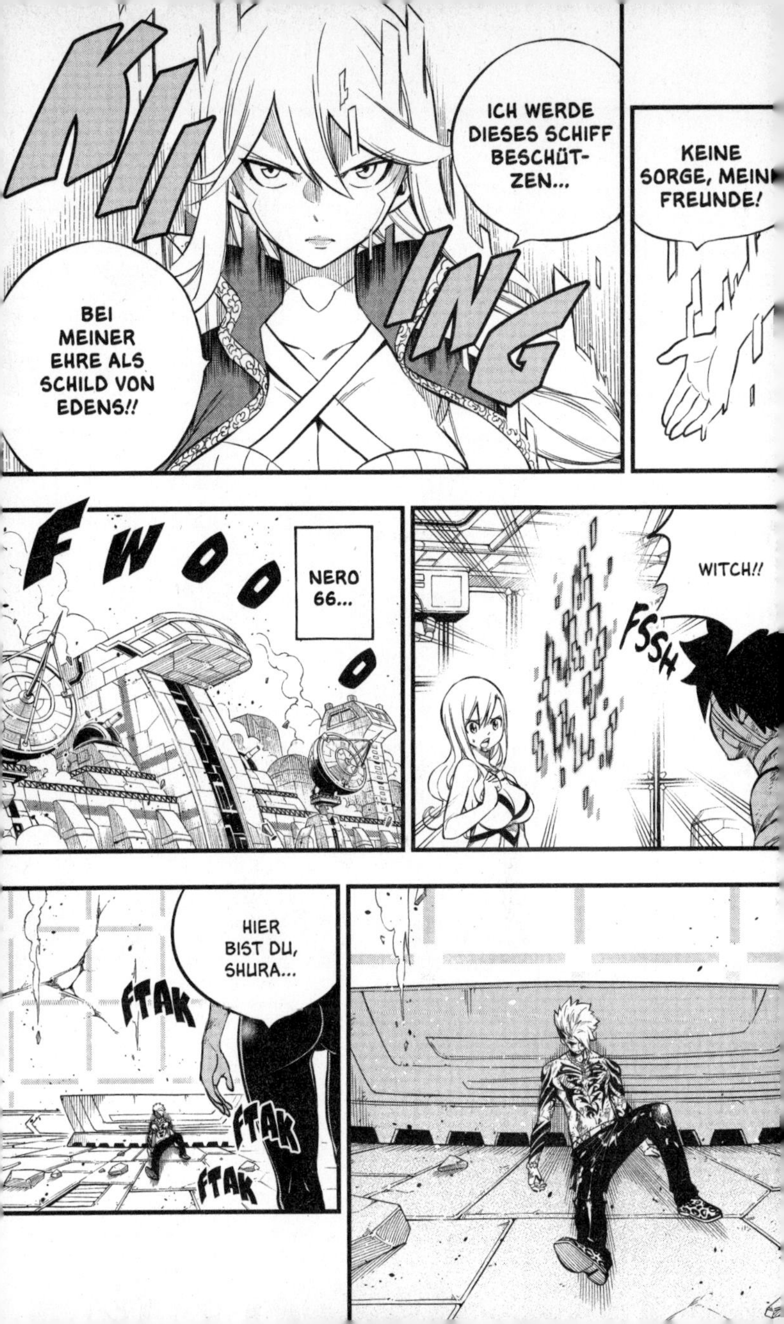
KEINE SORGE, MEIN FREUNDE!
ICH WERDE DIESES SCHIFF BESCHÜTZEN...
KIIIING
BEI MEINER EHRE ALS SCHILD VON EDENS!!
WITCH!!
FSSH
FWOOOO
NERO 66...
HIER BIST DU, SHURA...
FTAK
FTAK
FTAK

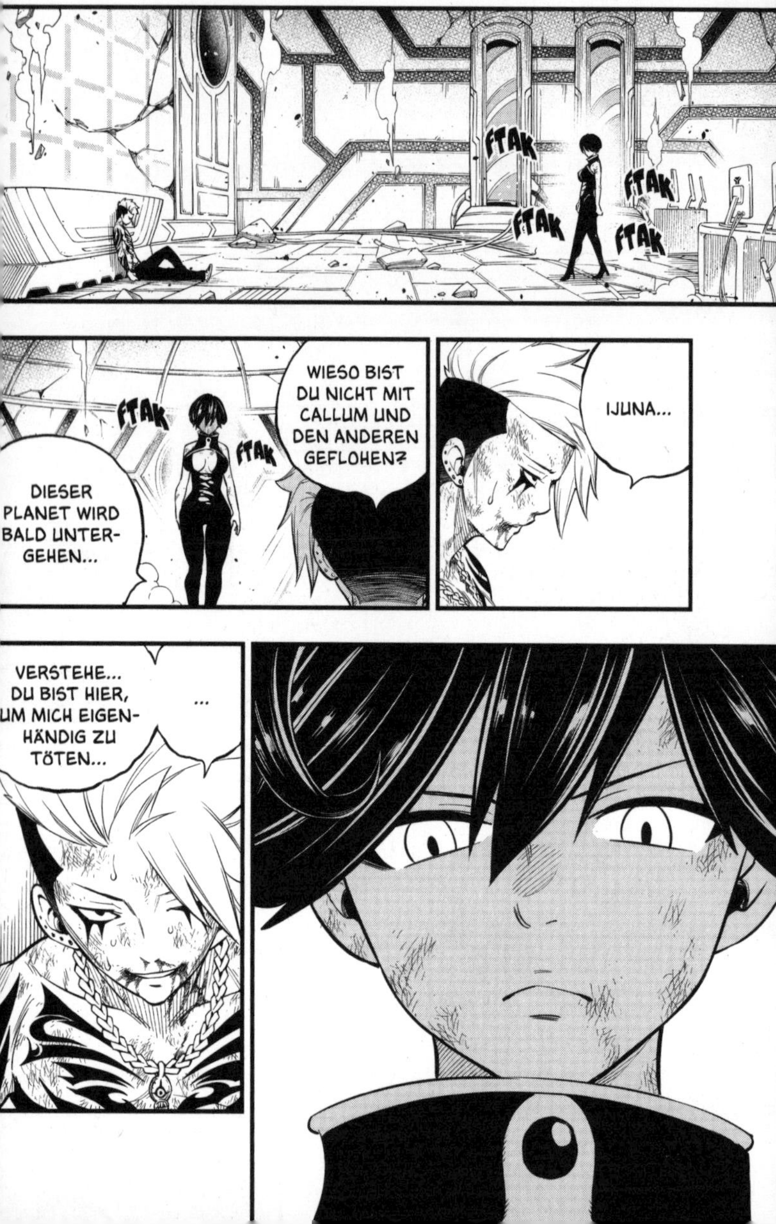
FTAK
FTAK
FTAK
FTAK
IJUNA...
WIESO BIST DU NICHT MIT CALLUM UND DEN ANDEREN GEFLOHEN?
FTAK
FTAK
DIESER PLANET WIRD BALD UNTER-GEHEN...
...
VERSTEHE... DU BIST HIER, UM MICH EIGEN-HÄNDIG ZU TÖTEN...

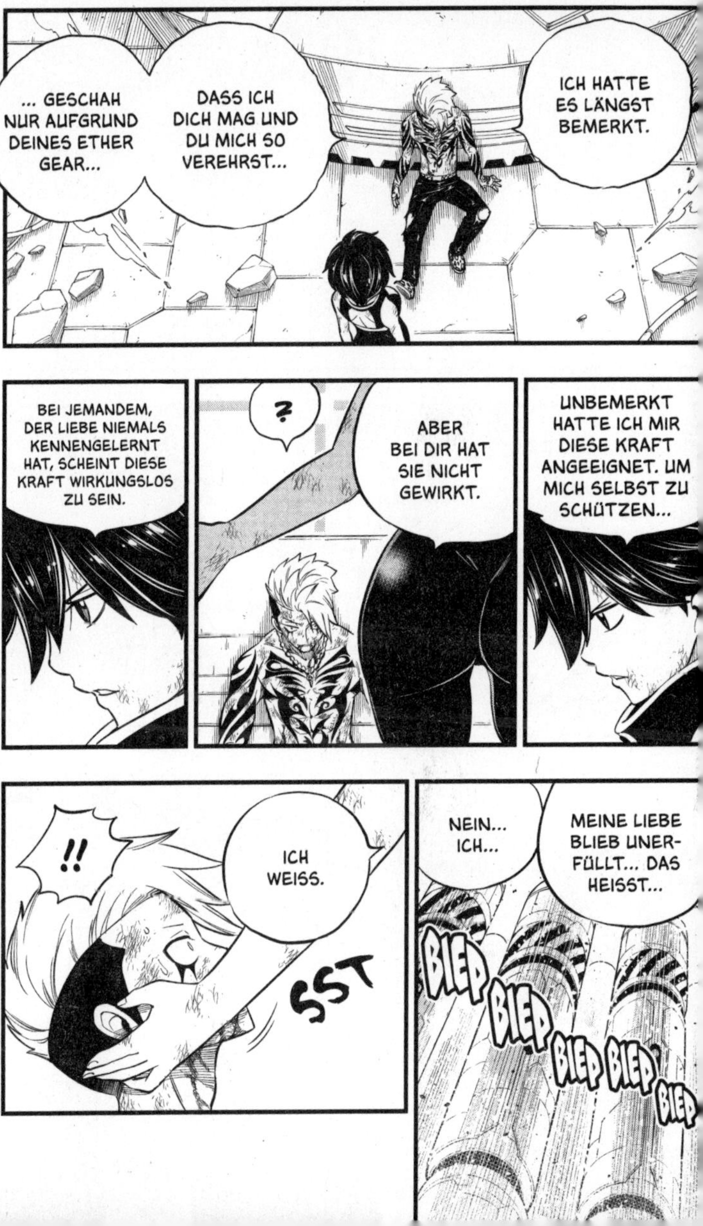
ICH HATTE ES LÄNGST BEMERKT.
DASS ICH DICH MAG UND DU MICH SO VEREHRST...
... GESCHAH NUR AUFGRUND DEINES ETHER GEAR...
UNBEMERKT HATTE ICH MIR DIESE KRAFT ANGEEIGNET. UM MICH SELBST ZU SCHÜTZEN...
ABER BEI DIR HAT SIE NICHT GEWIRKT.
?
BEI JEMANDEM, DER LIEBE NIEMALS KENNENGELERNT HAT, SCHEINT DIESE KRAFT WIRKUNGSLOS ZU SEIN.
MEINE LIEBE BLIEB UNERFÜLLT... DAS HEISST...
NEIN... ICH...
BIEP BIEP BIEP BIEP BIEP
ICH WEISS.
SST
!!

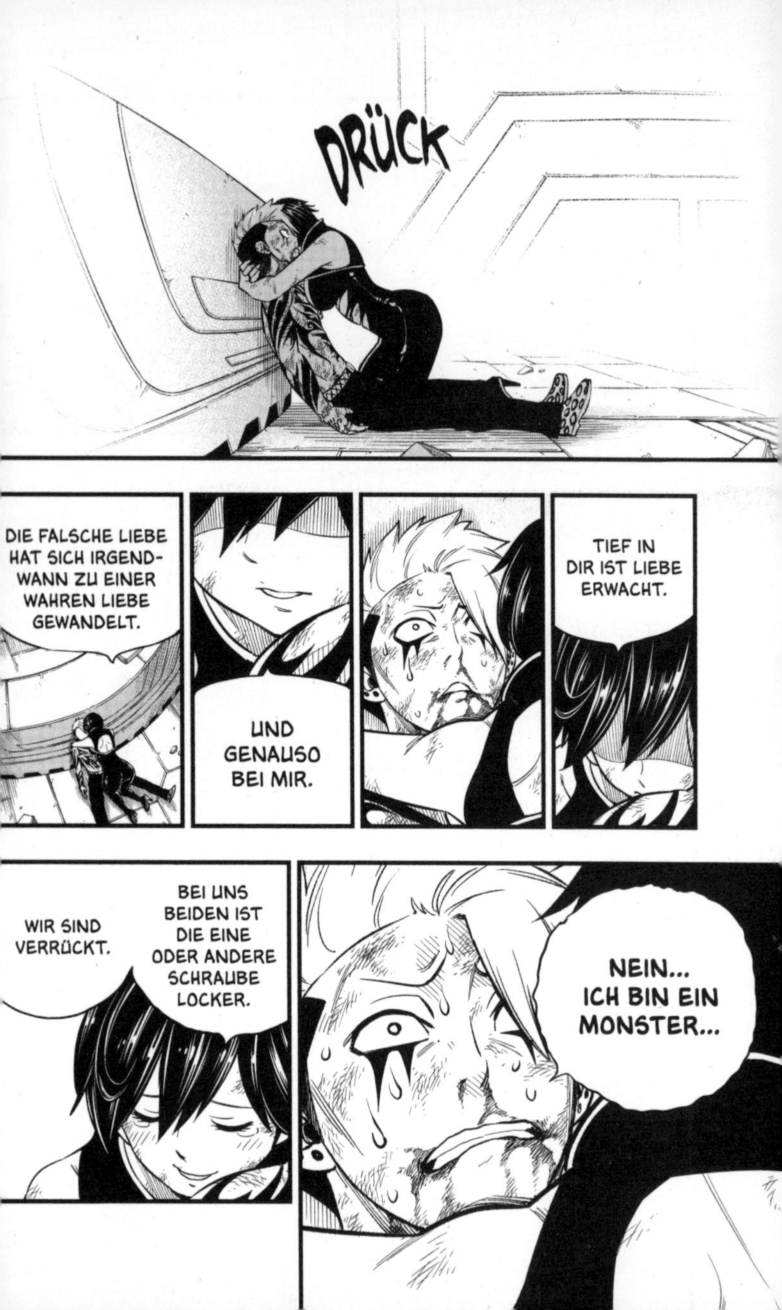
DRÜCK
TIEF IN DIR IST LIEBE ERWACHT.
UND GENAUSO BEI MIR.
DIE FALSCHE LIEBE HAT SICH IRGEND-WANN ZU EINER WAHREN LIEBE GEWANDELT.
NEIN... ICH BIN EIN MONSTER...
BEI UNS BEIDEN IST DIE EINE ODER ANDERE SCHRAUBE LOCKER.
WIR SIND VERRÜCKT.

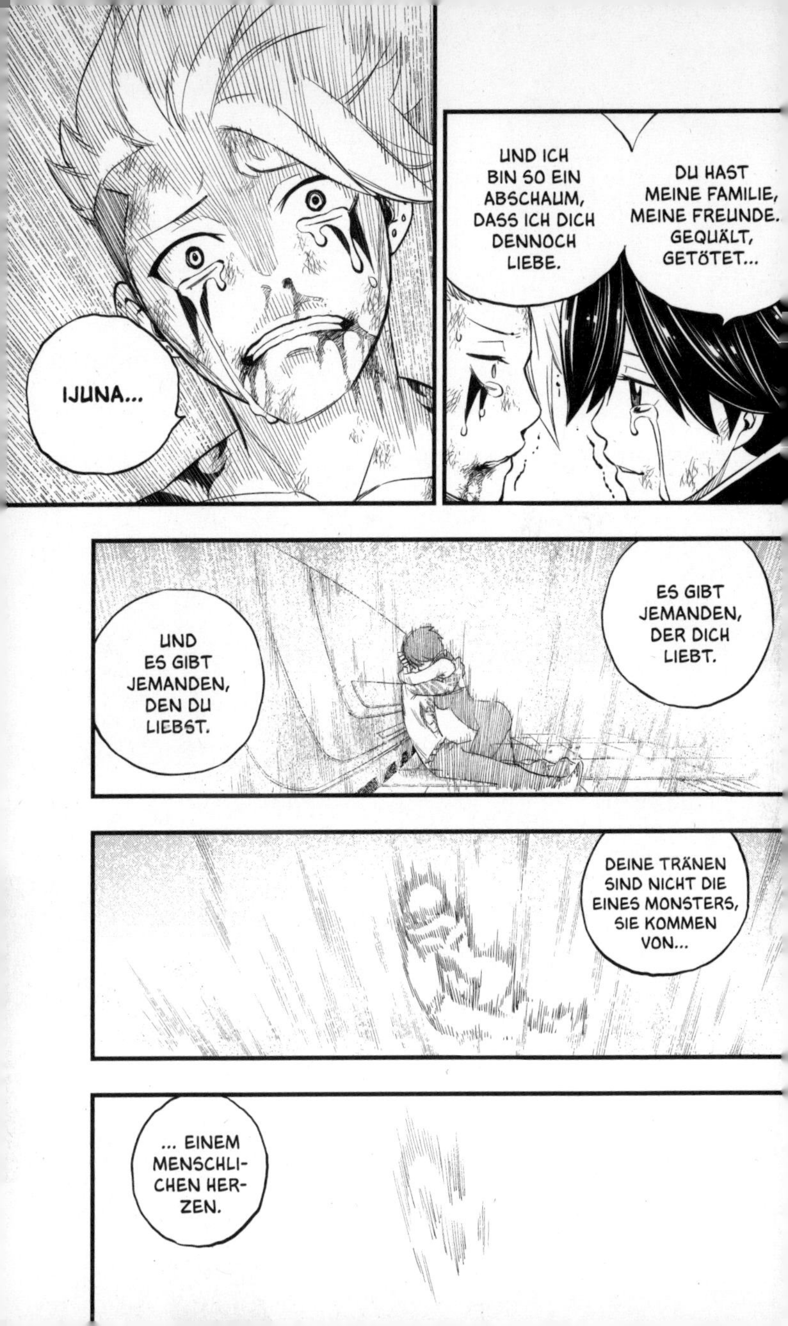
DU HAST MEINE FAMILIE, MEINE FREUNDE. GEQUÄLT, GETÖTET...
UND ICH BIN SO EIN ABSCHAUM, DASS ICH DICH DENNOCH LIEBE.
IJUNA...
ES GIBT JEMANDEN, DER DICH LIEBT.
UND ES GIBT JEMANDEN, DEN DU LIEBST.
DEINE TRÄNEN SIND NICHT DIE EINES MONSTERS, SIE KOMMEN VON...
... EINEM MENSCHLI-CHEN HER-ZEN.

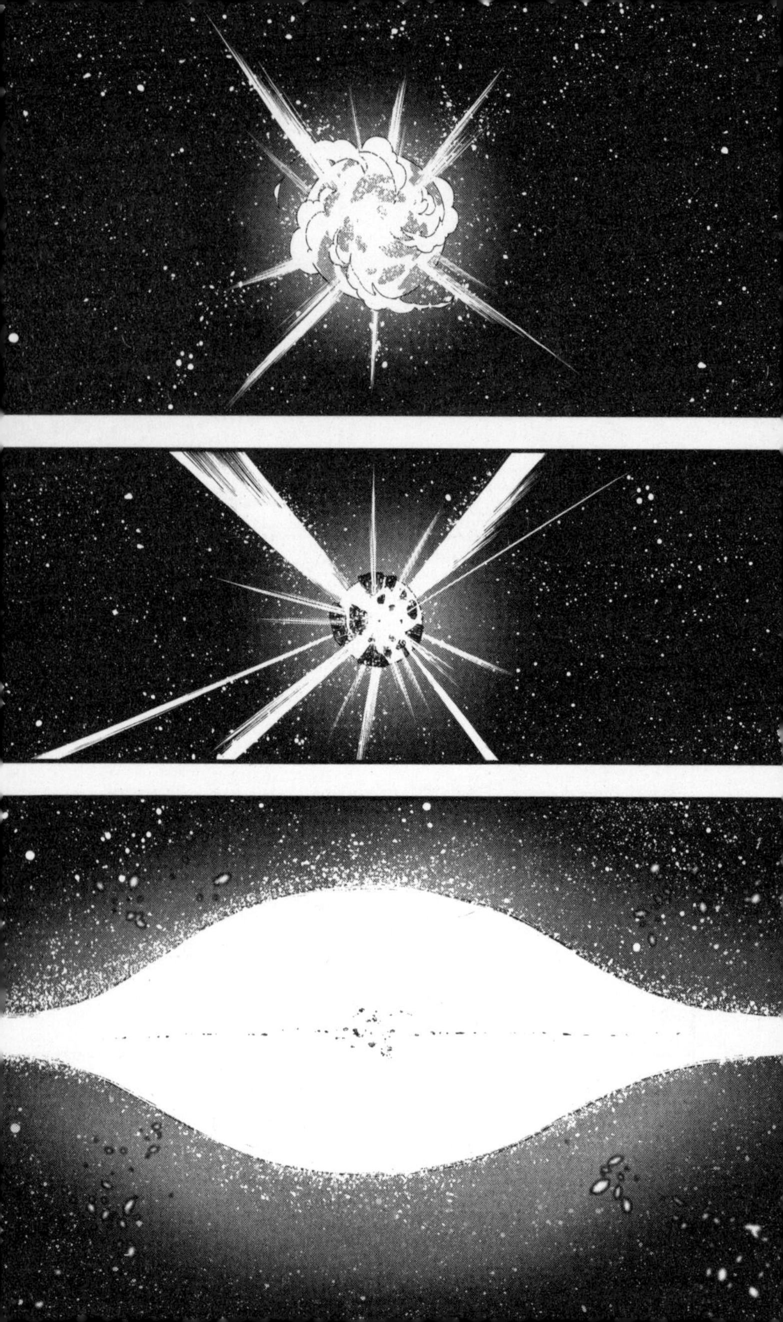

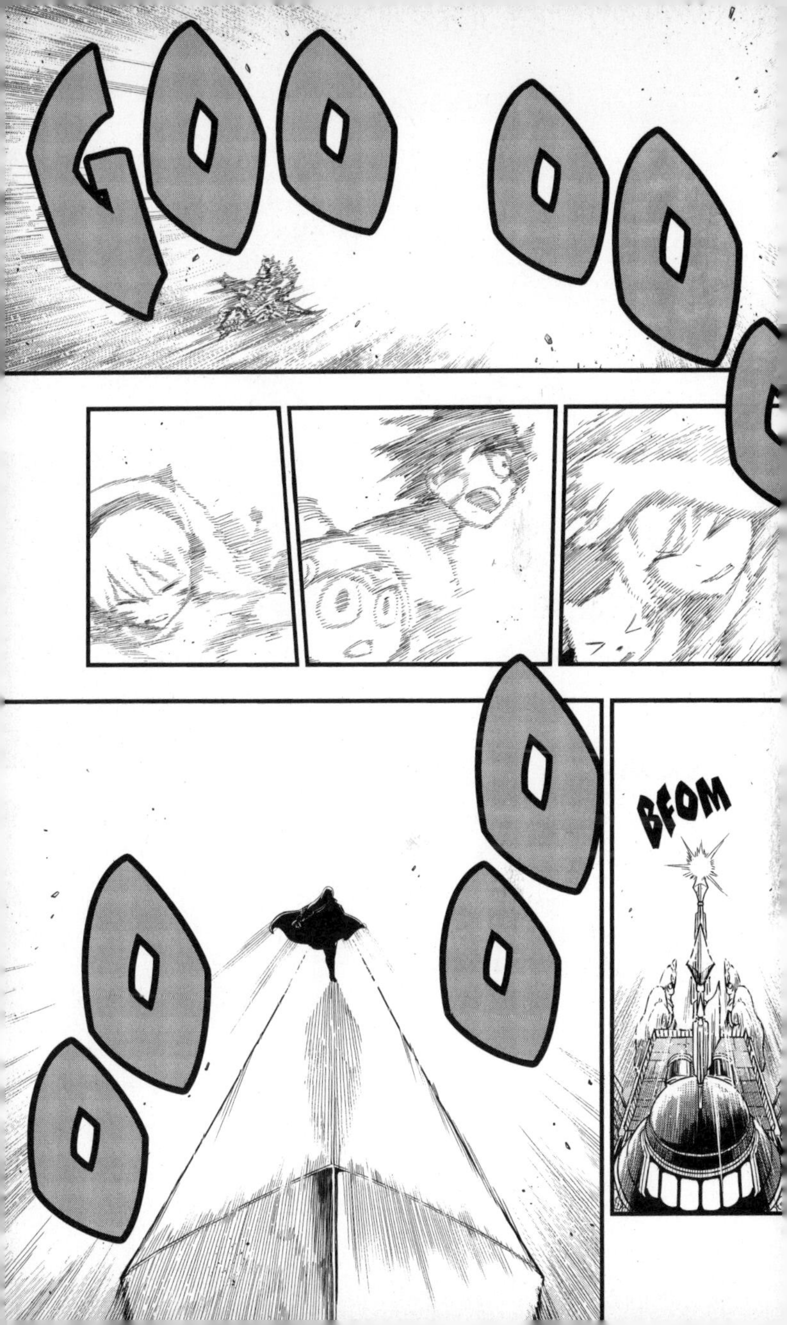
GOO OOO
OOOO
BFOM

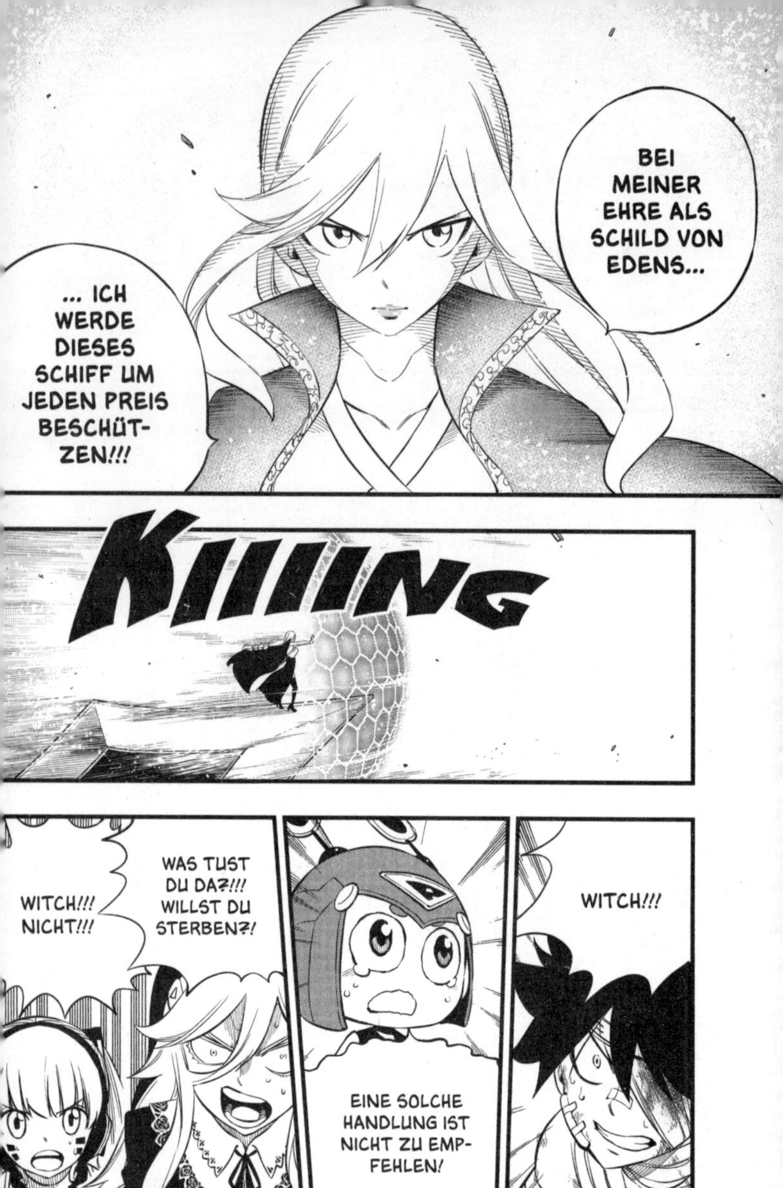
BEI MEINER EHRE ALS SCHILD VON EDENS...
... ICH WERDE DIESES SCHIFF UM JEDEN PREIS BESCHÜT-ZEN!!!
KIIIING
WITCH!!!
EINE SOLCHE HANDLUNG IST NICHT ZU EMP-FEHLEN!
WAS TUST DU DA?!!! WILLST DU STERBEN?!
WITCH!!! NICHT!!!

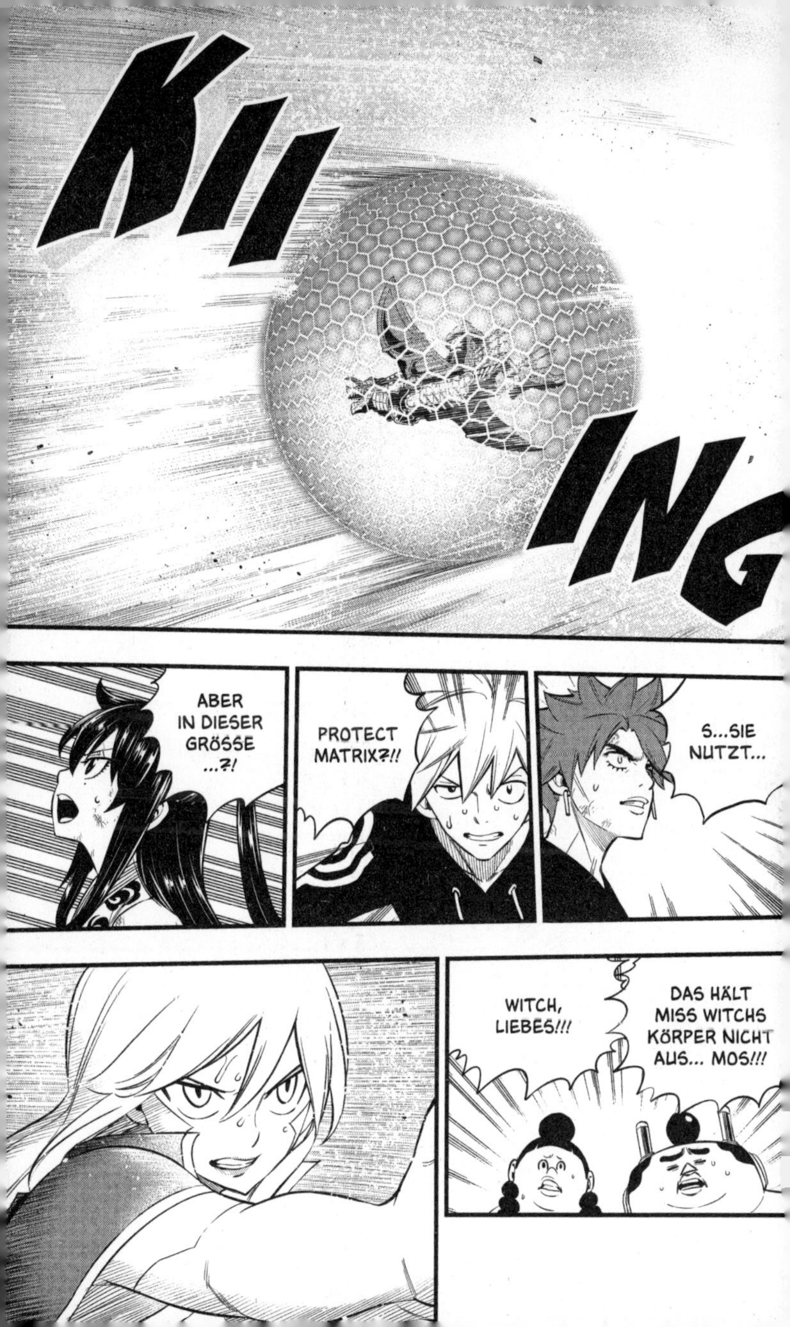
KIIING
S...SIE NUTZT...
PROTECT MATRIX?!!
ABER IN DIESER GRÖSSE ...?!
DAS HÄLT MISS WITCHS KÖRPER NICHT AUS... MOS!!!
WITCH, LIEBES!!!

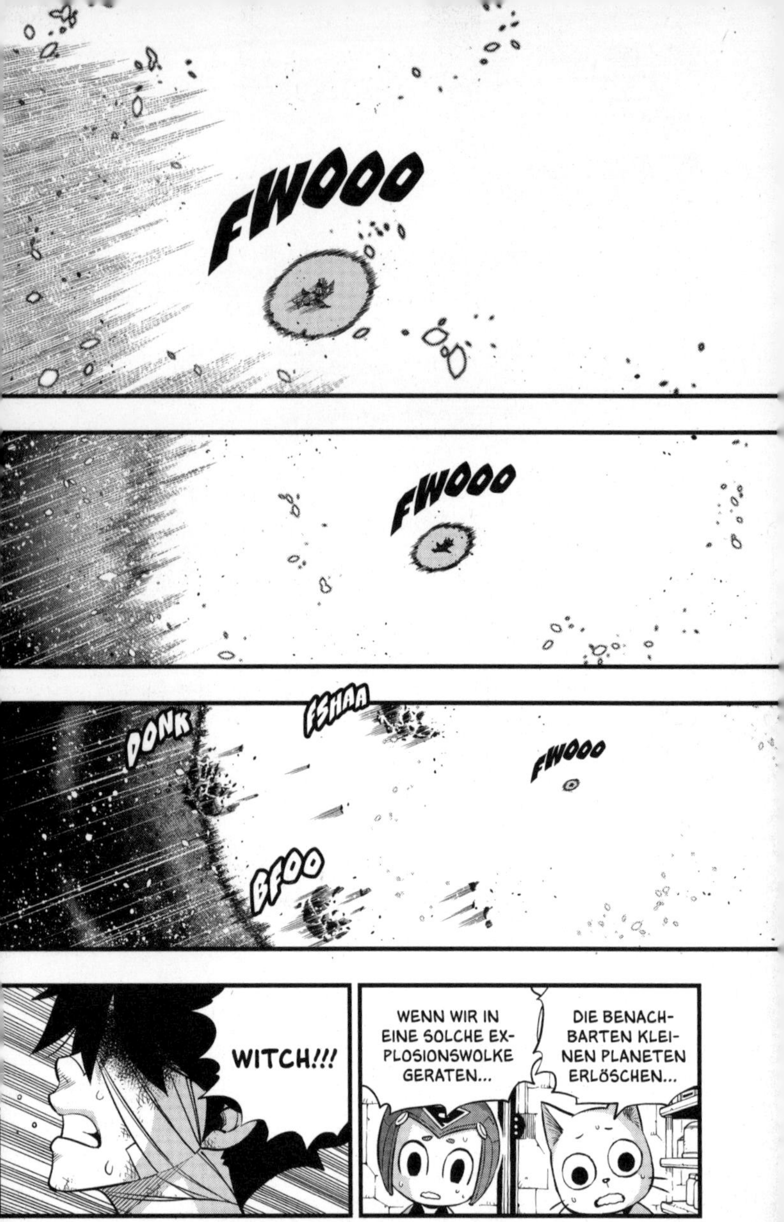
FWOOO
FWOOO
FSHAA
FWOOO
DONK
BFOO
DIE BENACH-
BARTEN KLEI-
NEN PLANETEN
ERLÖSCHEN...
WENN WIR IN
EINE SOLCHE EX-
PLOSIONSWOLKE
GERATEN...
WITCH!!!

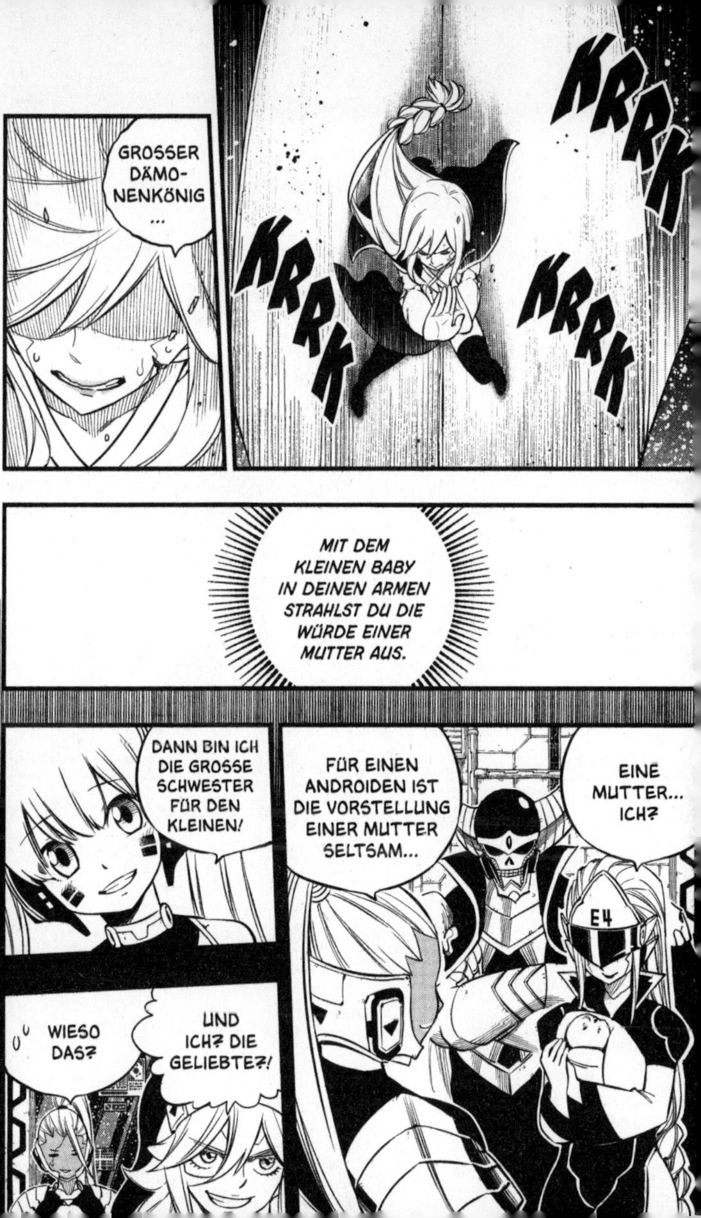
KRRK
KRRK
KRRK
GROSSER DÄMONENKÖNIG …
MIT DEM KLEINEN BABY IN DEINEN ARMEN STRAHLST DU DIE WÜRDE EINER MUTTER AUS.
EINE MUTTER… ICH?
FÜR EINEN ANDROIDEN IST DIE VORSTELLUNG EINER MUTTER SELTSAM…
DANN BIN ICH DIE GROSSE SCHWESTER FÜR DEN KLEINEN!
UND ICH? DIE GELIEBTE?!
WIESO DAS?
E4

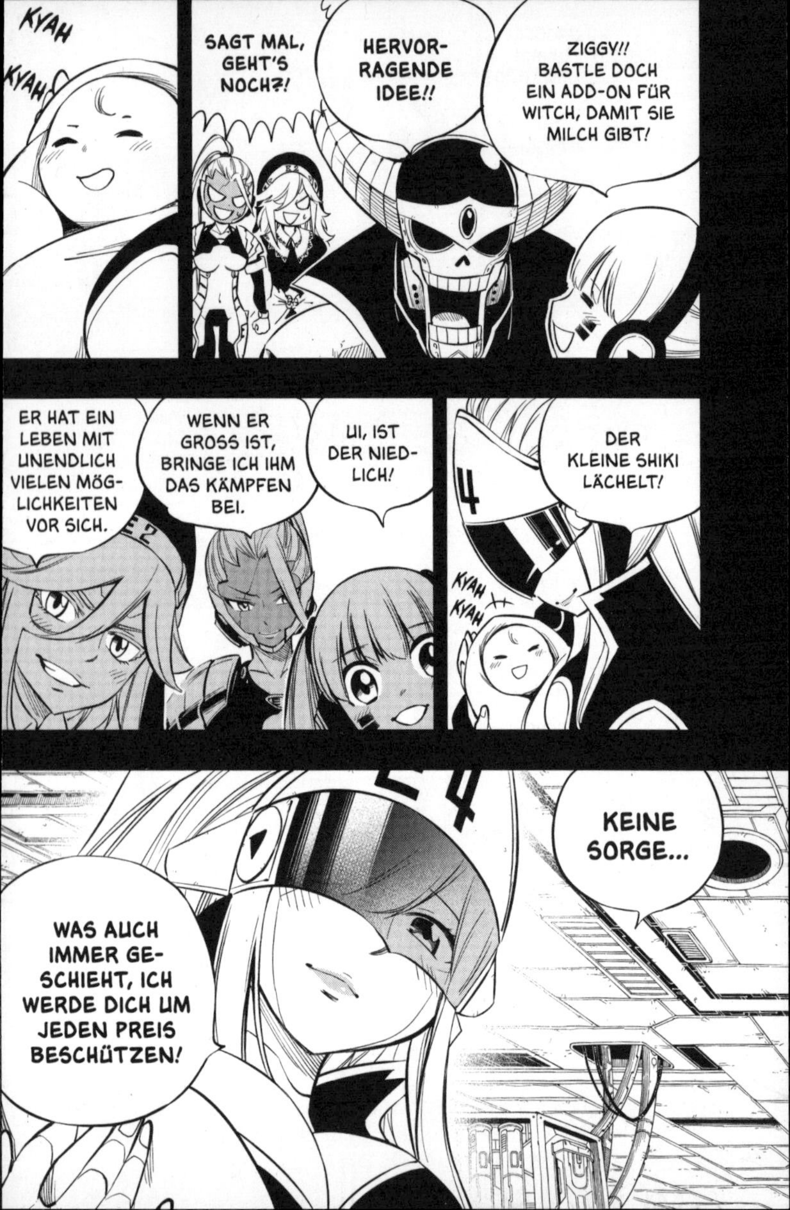
ZIGGY!! BASTLE DOCH EIN ADD-ON FÜR WITCH, DAMIT SIE MILCH GIBT!
HERVORRAGENDE IDEE!!
SAGT MAL, GEHT'S NOCH?!
KYAH
KYAH
KYAH KYAH
DER KLEINE SHIKI LÄCHELT!
UI, IST DER NIEDLICH!
WENN ER GROSS IST, BRINGE ICH IHM DAS KÄMPFEN BEI.
ER HAT EIN LEBEN MIT UNENDLICH VIELEN MÖGLICHKEITEN VOR SICH.
KEINE SORGE...
WAS AUCH IMMER GESCHIEHT, ICH WERDE DICH UM JEDEN PREIS BESCHÜTZEN!

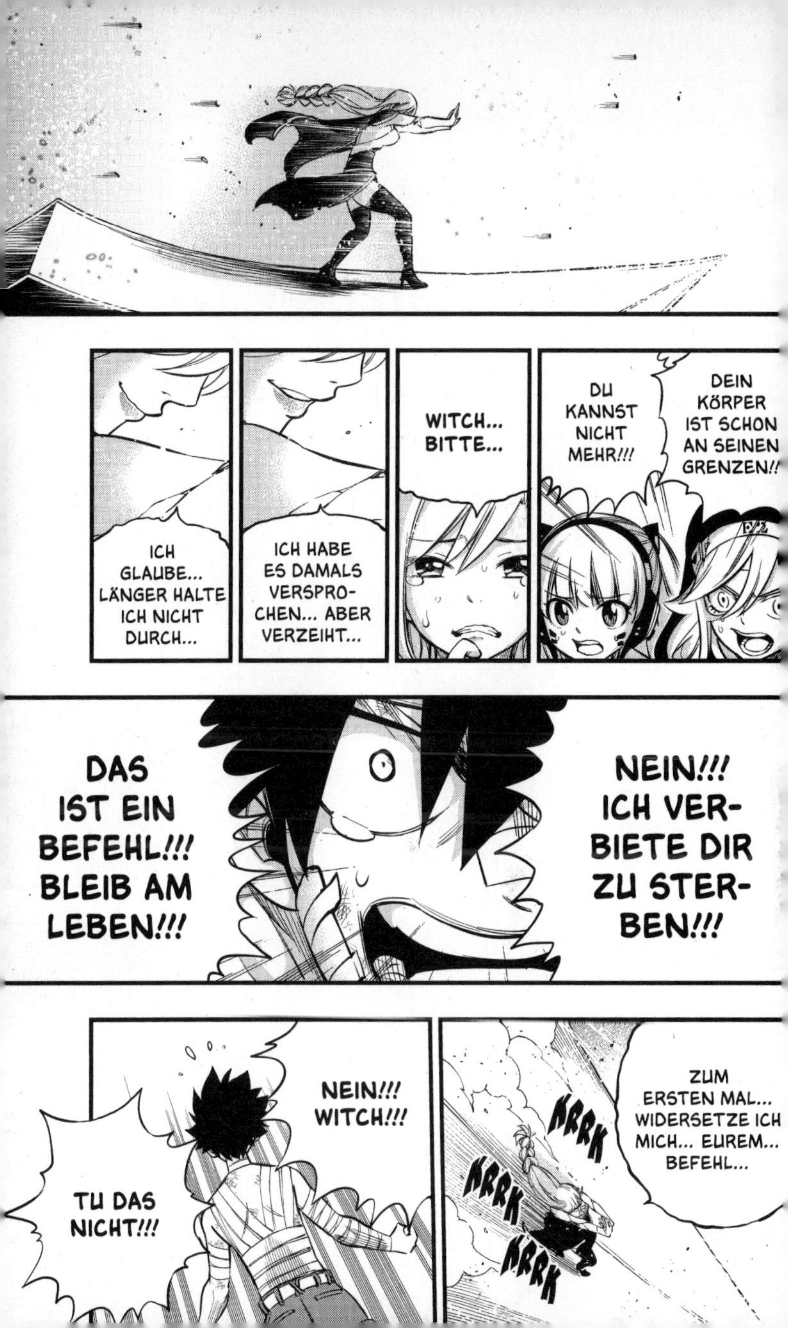

DEIN KÖRPER IST SCHON AN SEINEN GRENZEN!!
DU KANNST NICHT MEHR!!!
WITCH... BITTE...
ICH HABE ES DAMALS VERSPRO-CHEN... ABER VERZEIHT...
ICH GLAUBE... LÄNGER HALTE ICH NICHT DURCH...
NEIN!!! ICH VER-BIETE DIR ZU STER-BEN!!!
DAS IST EIN BEFEHL!!! BLEIB AM LEBEN!!!
ZUM ERSTEN MAL... WIDERSETZE ICH MICH... EUREM... BEFEHL...
KRRK
KRRK
KRRK
NEIN!!! WITCH!!!
TU DAS NICHT!!!

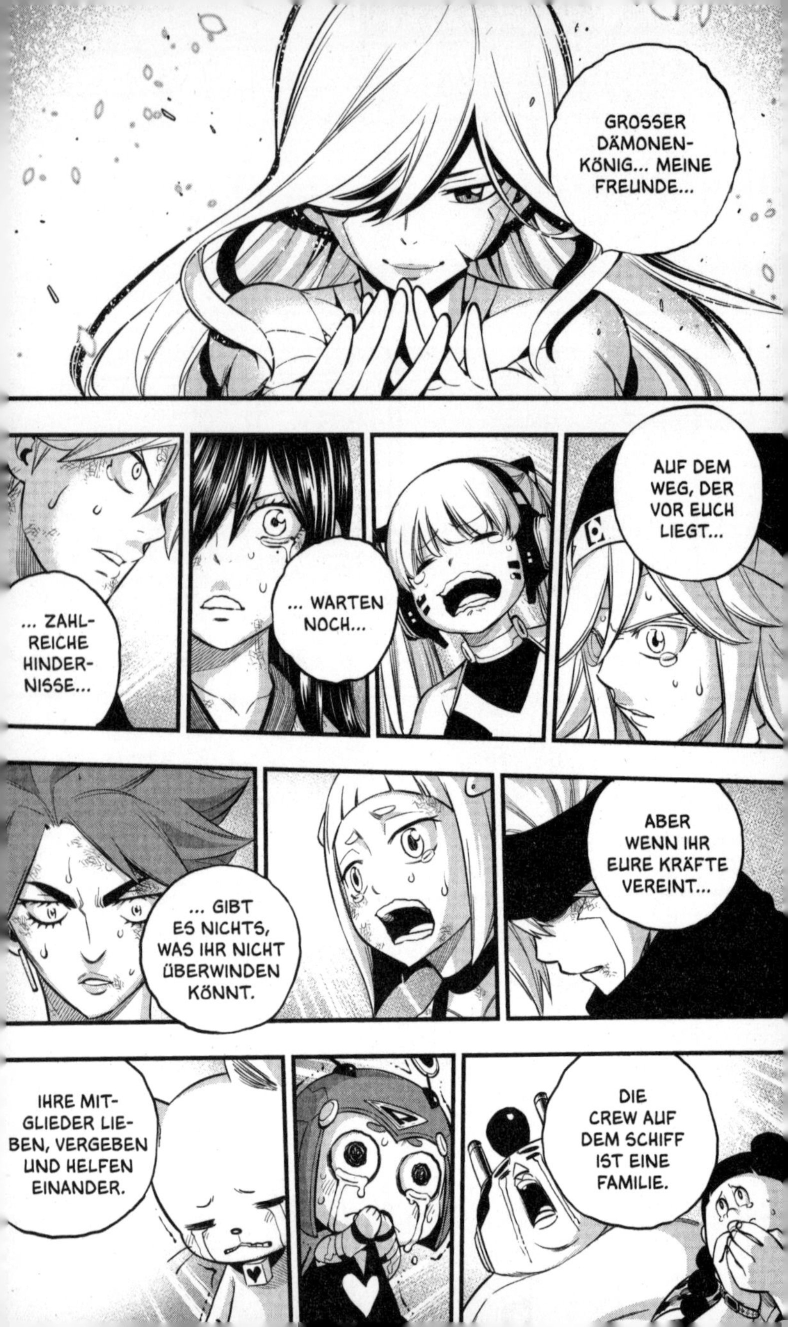
GROSSER DÄMONENKÖNIG... MEINE FREUNDE...
AUF DEM WEG, DER VOR EUCH LIEGT...
... WARTEN NOCH...
... ZAHLREICHE HINDERNISSE...
ABER WENN IHR EURE KRÄFTE VEREINT...
... GIBT ES NICHTS, WAS IHR NICHT ÜBERWINDEN KÖNNT.
DIE CREW AUF DEM SCHIFF IST EINE FAMILIE.
IHRE MITGLIEDER LIEBEN, VERGEBEN UND HELFEN EINANDER.

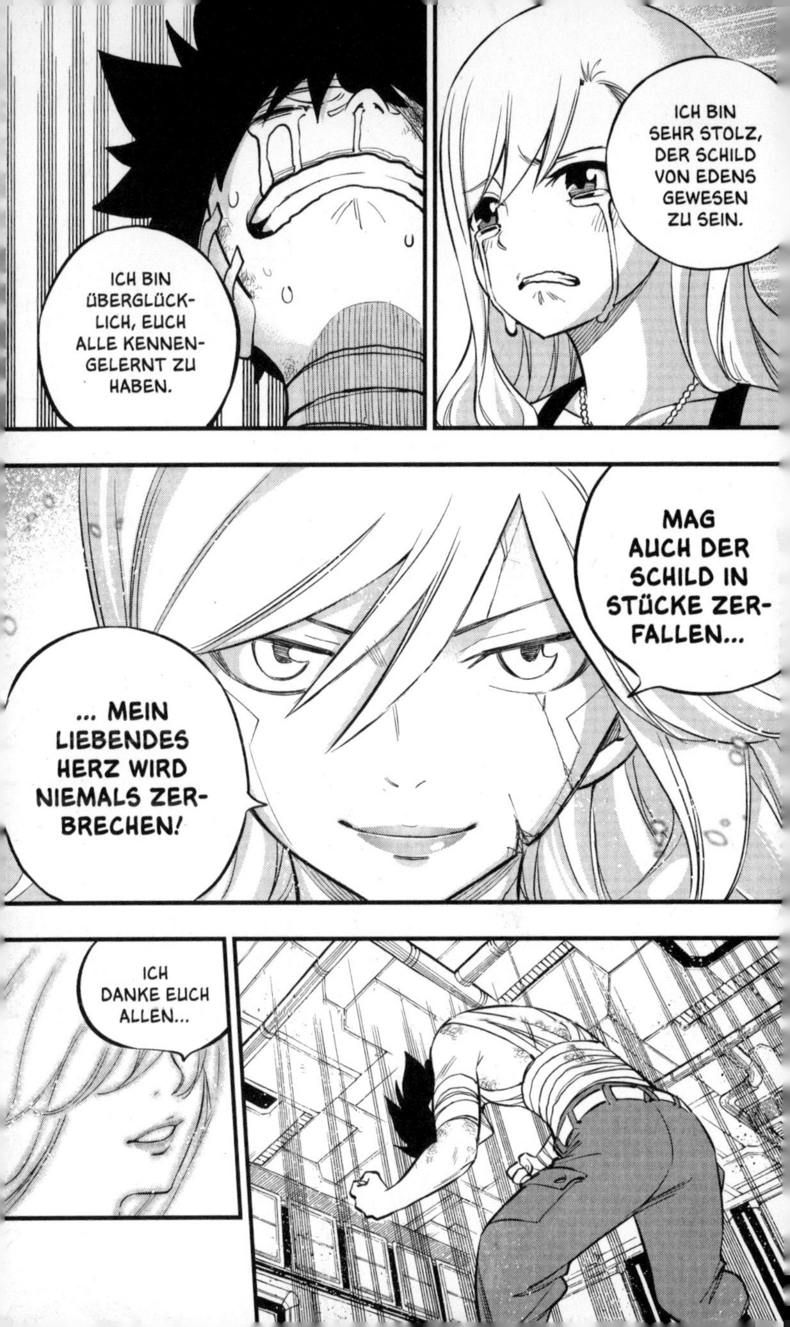
ICH BIN SEHR STOLZ, DER SCHILD VON EDENS GEWESEN ZU SEIN.
ICH BIN ÜBERGLÜCKLICH, EUCH ALLE KENNENGELERNT ZU HABEN.
MAG AUCH DER SCHILD IN STÜCKE ZERFALLEN...
... MEIN LIEBENDES HERZ WIRD NIEMALS ZERBRECHEN!
ICH DANKE EUCH ALLEN...

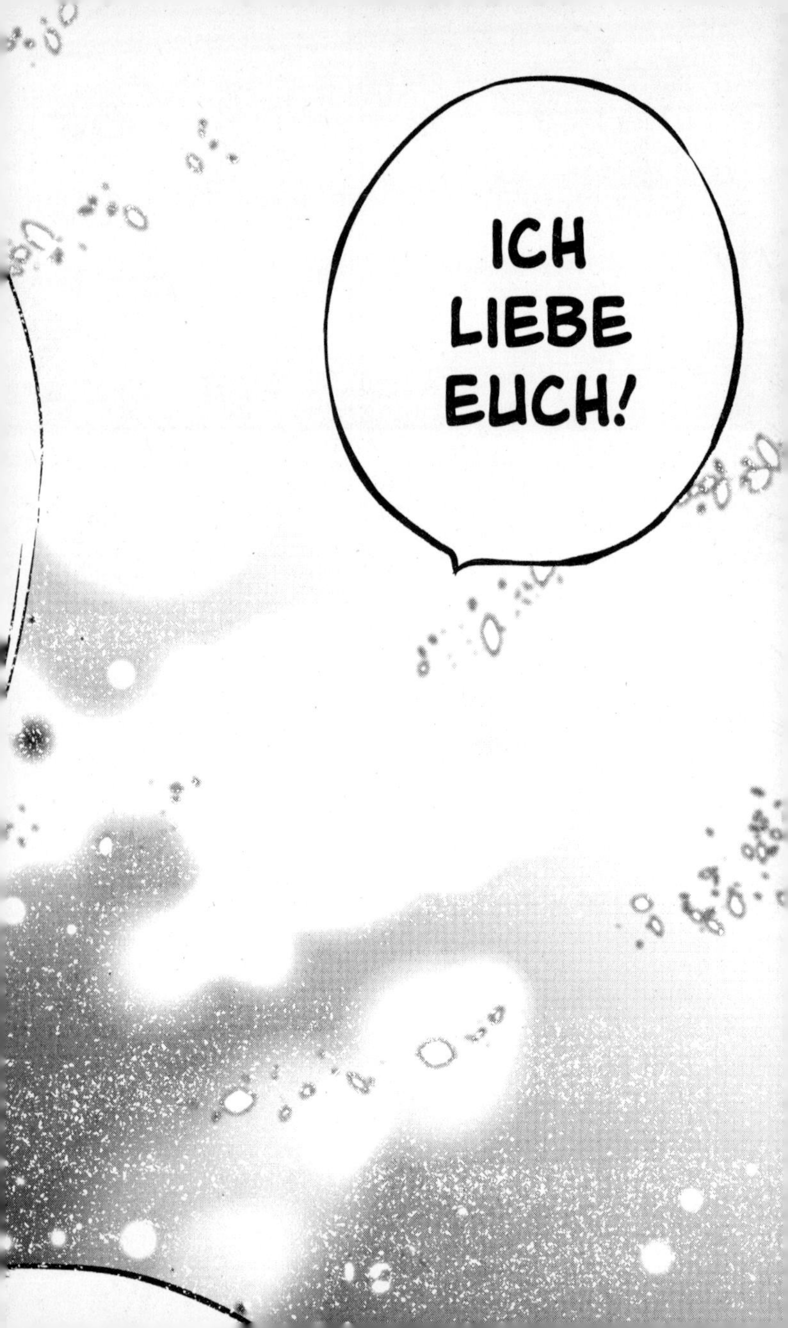
ICH LIEBE EUCH!

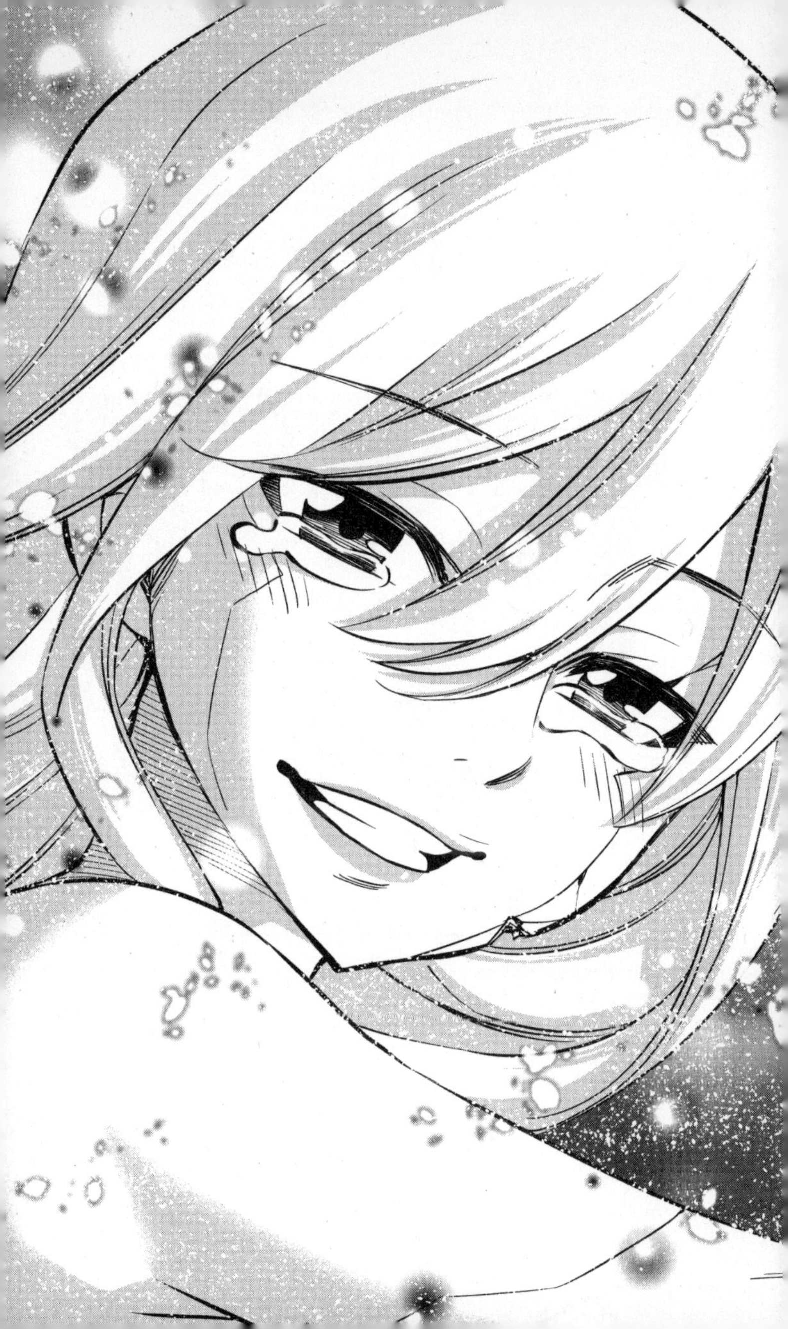

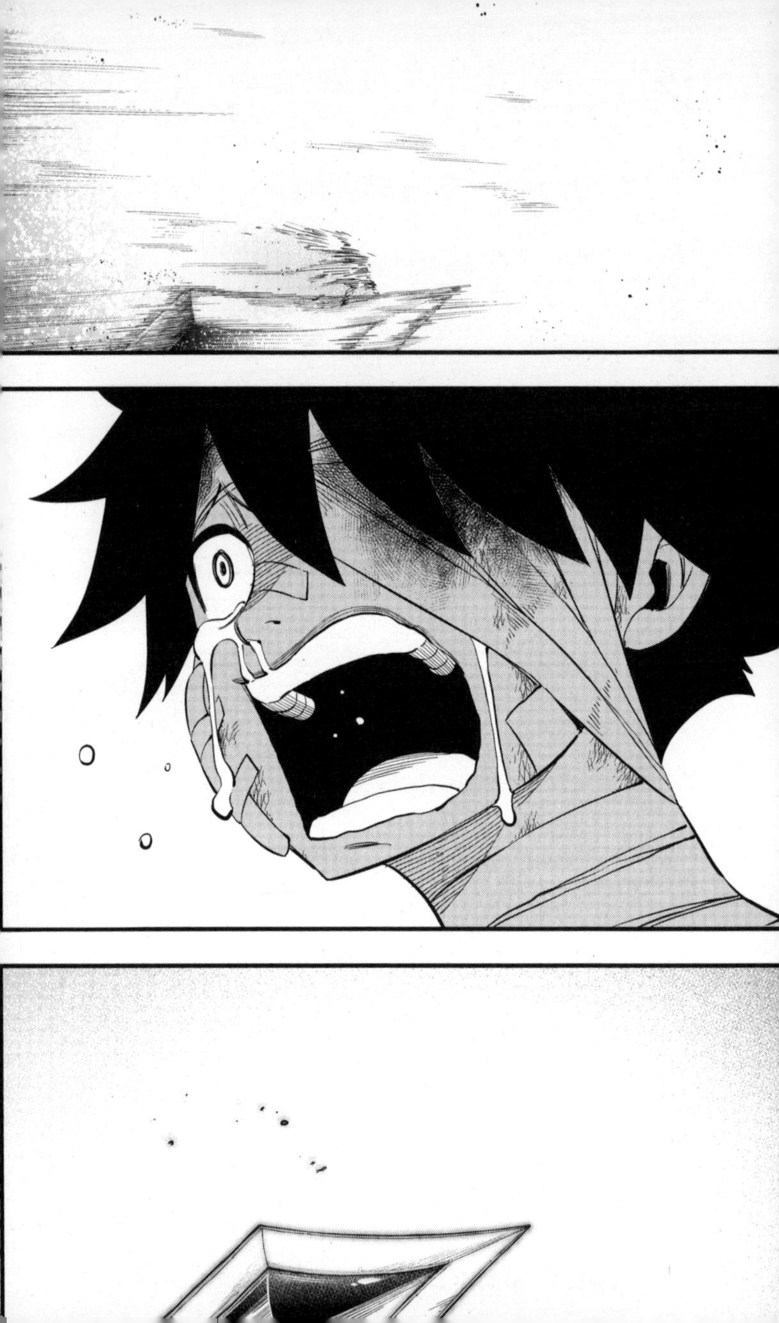

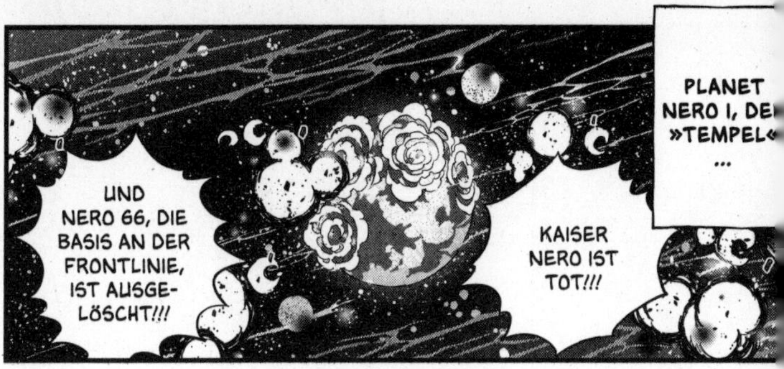

EDENSZERO

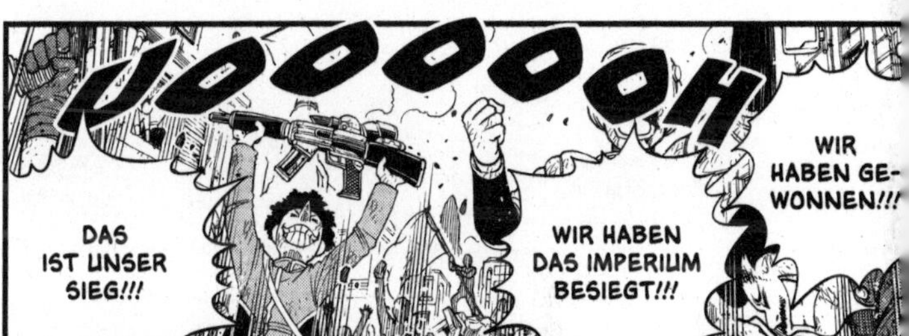

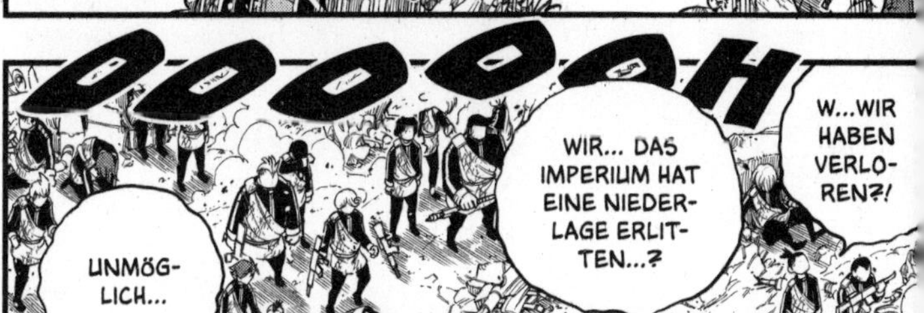

KAPITEL 167: DER BEWEIS, DASS SIE GELEBT HAT, IM HERZEN

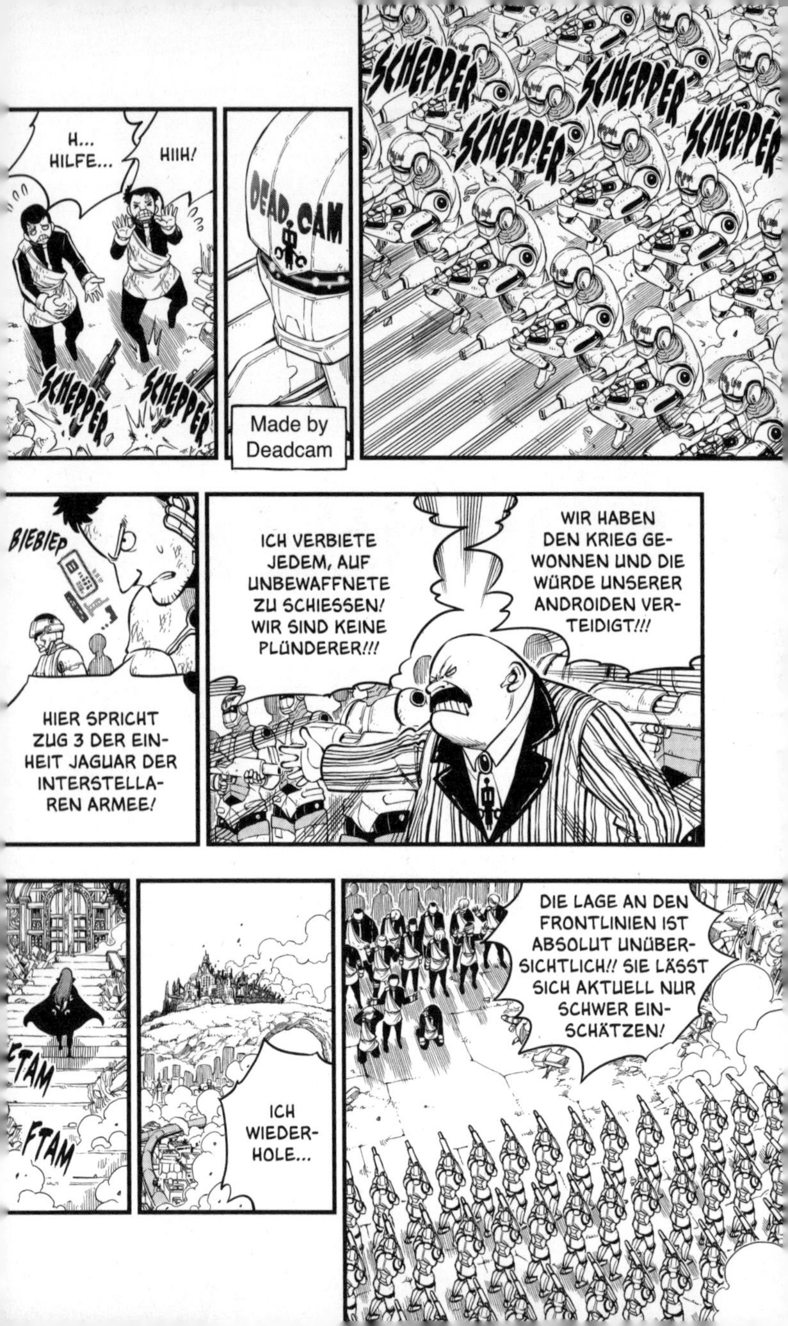
SCHEPPER
SCHEPPER
SCHEPPER
SCHEPPER
DEAD.CAM
Made by Deadcam
H... HILFE...
HIIH!
SCHEPPER
SCHEPPER
WIR HABEN DEN KRIEG GEWONNEN UND DIE WÜRDE UNSERER ANDROIDEN VERTEIDIGT!!!
ICH VERBIETE JEDEM, AUF UNBEWAFFNETE ZU SCHIESSEN! WIR SIND KEINE PLÜNDERER!!!
BIEBIEP
HIER SPRICHT ZUG 3 DER EINHEIT JAGUAR DER INTERSTELLAREN ARMEE!
DIE LAGE AN DEN FRONTLINIEN IST ABSOLUT UNÜBERSICHTLICH!! SIE LÄSST SICH AKTUELL NUR SCHWER EINSCHÄTZEN!
ICH WIEDERHOLE...
FTAM
FTAM

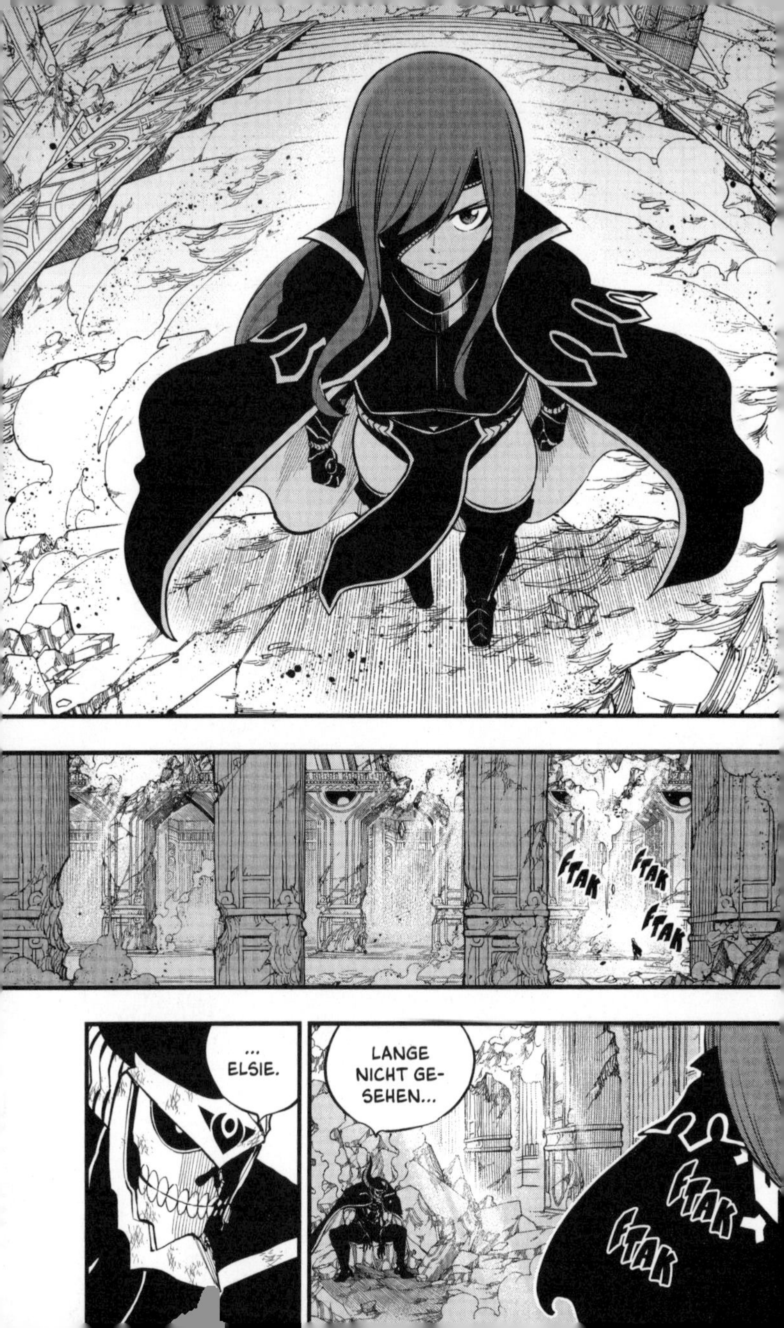
FTAK
FTAK
FTAK
LANGE NICHT GE- SEHEN...
... ELSIE.
FTAK
FTAK

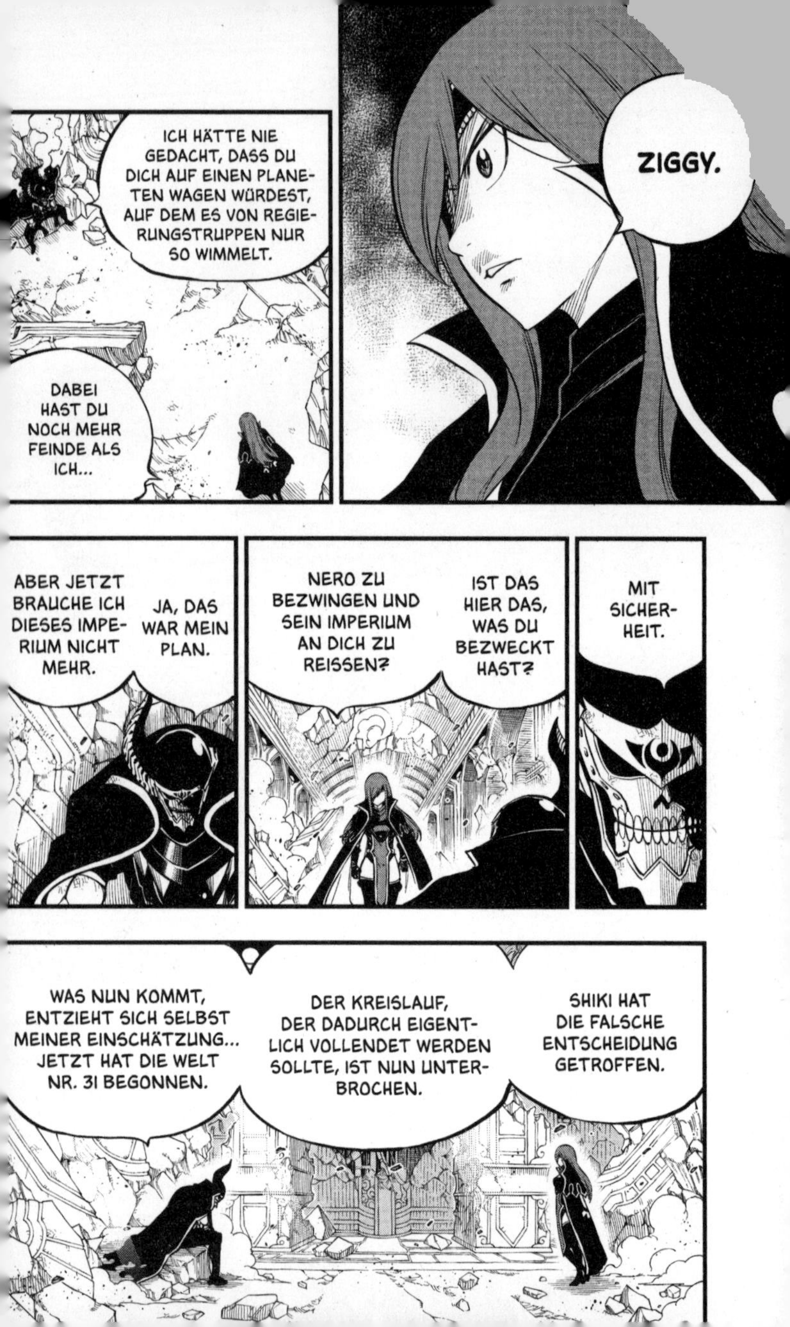

ZIGGY.
ICH HÄTTE NIE GEDACHT, DASS DU DICH AUF EINEN PLANETEN WAGEN WÜRDEST, AUF DEM ES VON REGIERUNGSTRUPPEN NUR SO WIMMELT.
DABEI HAST DU NOCH MEHR FEINDE ALS ICH...
MIT SICHERHEIT.
IST DAS HIER DAS, WAS DU BEZWECKT HAST?
NERO ZU BEZWINGEN UND SEIN IMPERIUM AN DICH ZU REISSEN?
JA, DAS WAR MEIN PLAN.
ABER JETZT BRAUCHE ICH DIESES IMPERIUM NICHT MEHR.
SHIKI HAT DIE FALSCHE ENTSCHEIDUNG GETROFFEN.
DER KREISLAUF, DER DADURCH EIGENTLICH VOLLENDET WERDEN SOLLTE, IST NUN UNTERBROCHEN.
WAS NUN KOMMT, ENTZIEHT SICH SELBST MEINER EINSCHÄTZUNG... JETZT HAT DIE WELT NR. 31 BEGONNEN.

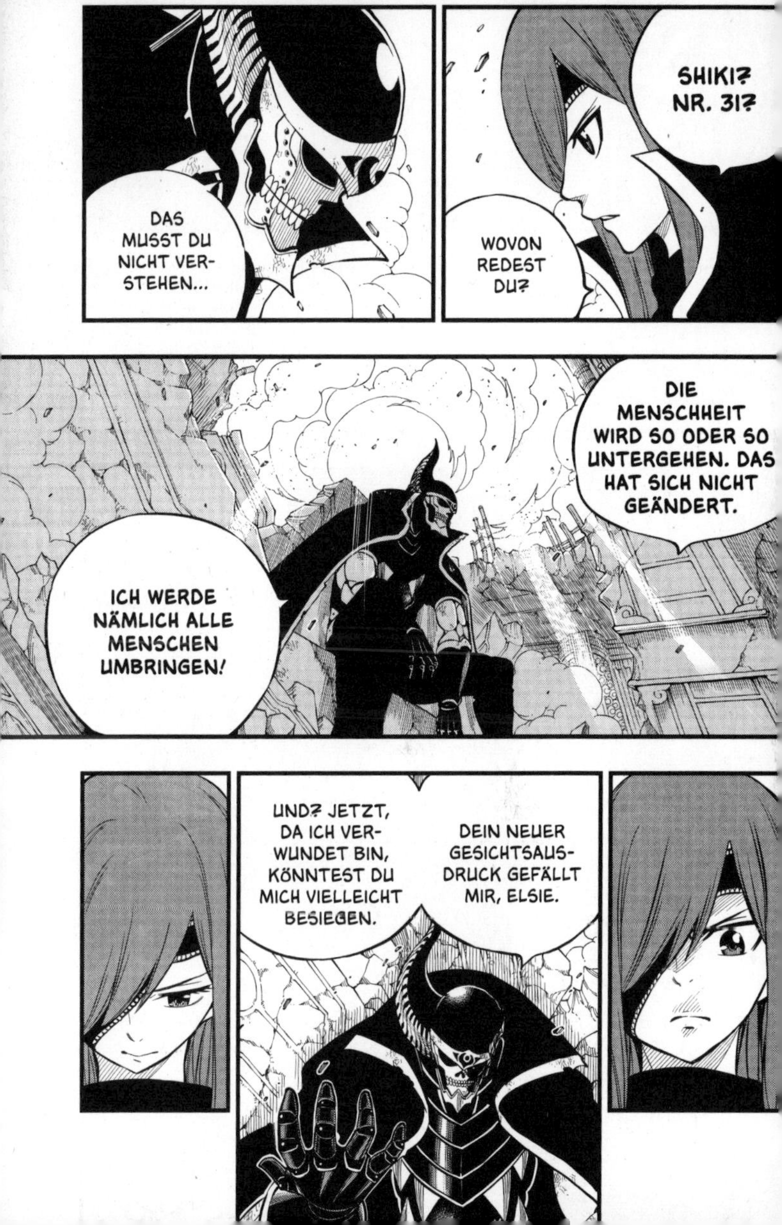
SHIKI? NR. 31?
WOVON REDEST DU?
DAS MUSST DU NICHT VER-STEHEN...
DIE MENSCHHEIT WIRD SO ODER SO UNTERGEHEN. DAS HAT SICH NICHT GEÄNDERT.
ICH WERDE NÄMLICH ALLE MENSCHEN UMBRINGEN!
DEIN NEUER GESICHTSAUS-DRUCK GEFÄLLT MIR, ELSIE.
UND? JETZT, DA ICH VER-WUNDET BIN, KÖNNTEST DU MICH VIELLEICHT BESIEGEN.

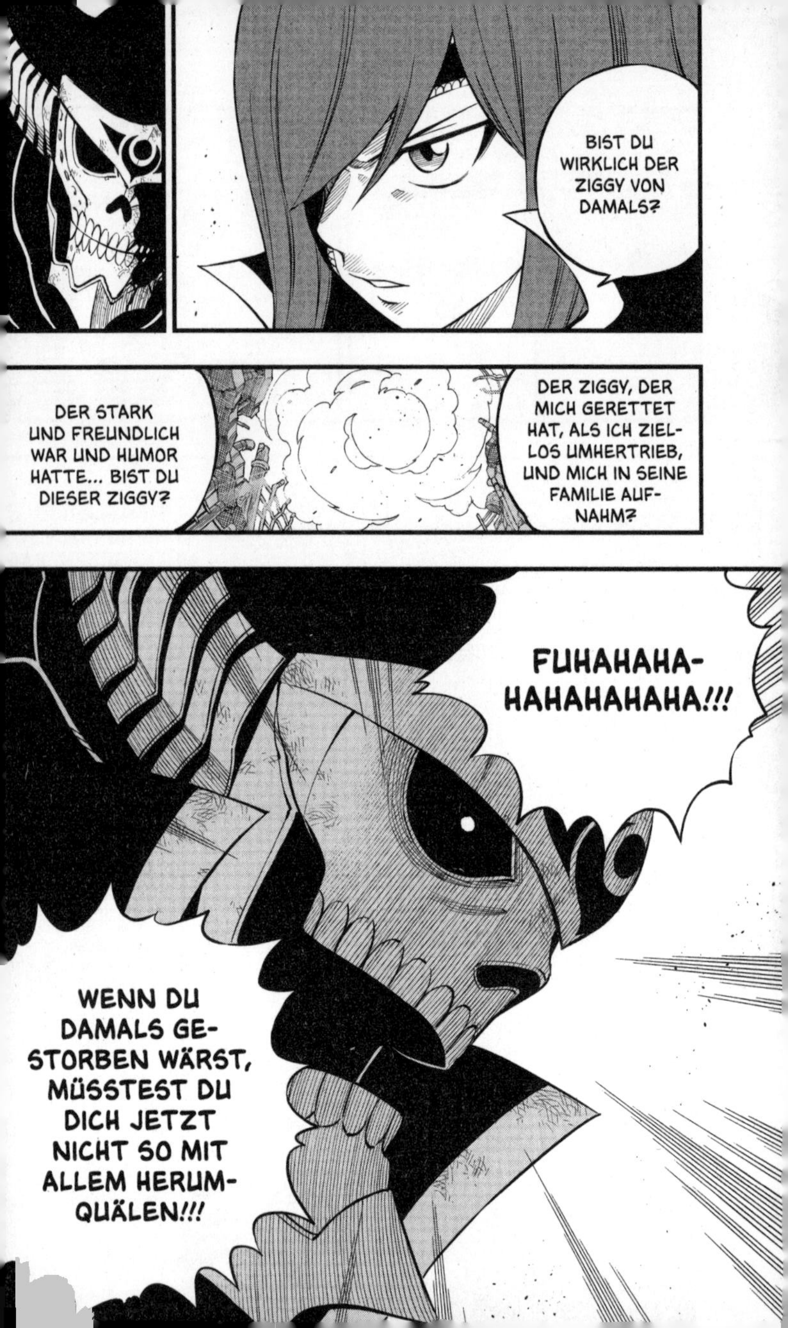
BIST DU WIRKLICH DER ZIGGY VON DAMALS?
DER ZIGGY, DER MICH GERETTET HAT, ALS ICH ZIEL-LOS UMHERTRIEB, UND MICH IN SEINE FAMILIE AUF-NAHM?
DER STARK UND FREUNDLICH WAR UND HUMOR HATTE... BIST DU DIESER ZIGGY?
FUHAHAHA-HAHAHAHAHA!!!
WENN DU DAMALS GE-STORBEN WÄRST, MÜSSTEST DU DICH JETZT NICHT SO MIT ALLEM HERUM-QUÄLEN!!!

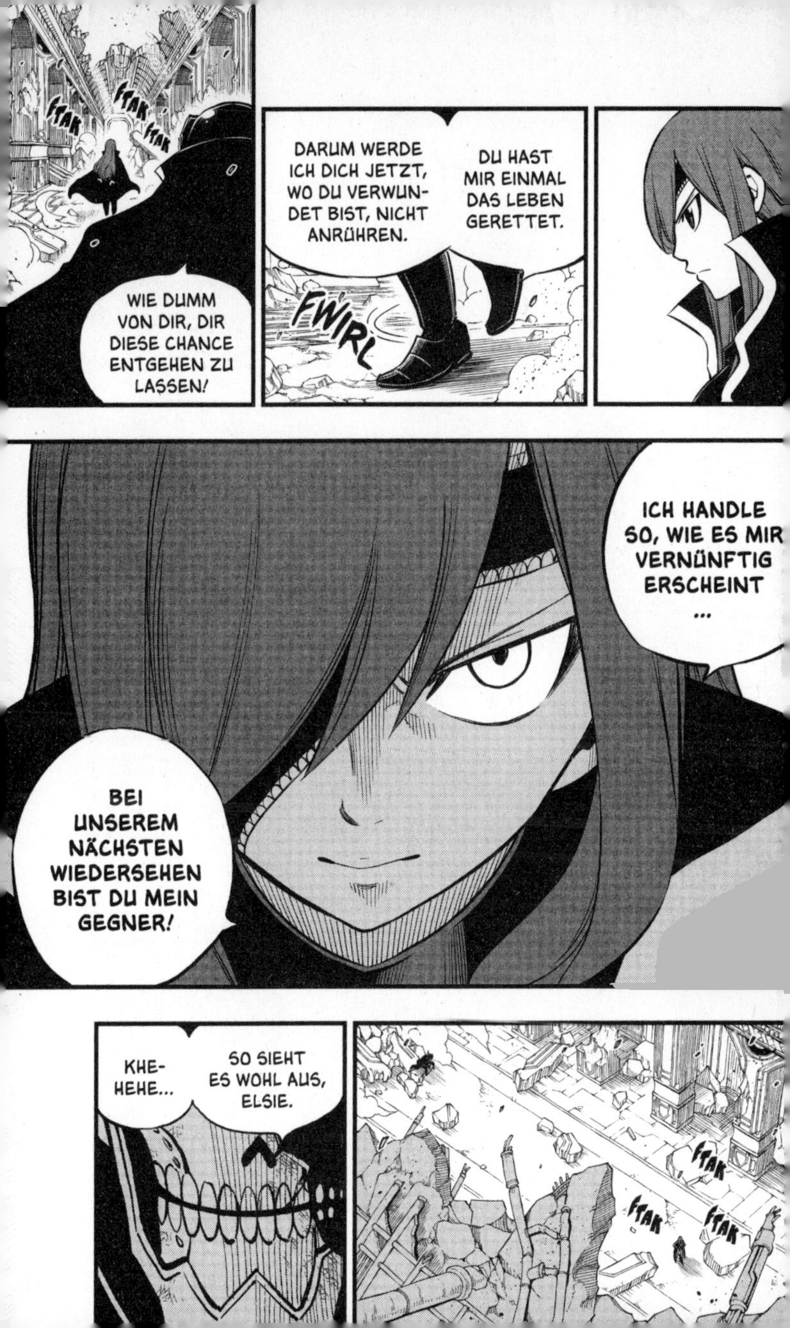
DU HAST MIR EINMAL DAS LEBEN GERETTET.
DARUM WERDE ICH DICH JETZT, WO DU VERWUNDET BIST, NICHT ANRÜHREN.
FWIRL
FTAK FTAK FTAK
WIE DUMM VON DIR, DIR DIESE CHANCE ENTGEHEN ZU LASSEN!
ICH HANDLE SO, WIE ES MIR VERNÜNFTIG ERSCHEINT ...
BEI UNSEREM NÄCHSTEN WIEDERSEHEN BIST DU MEIN GEGNER!
FTAK FTAK FTAK
SO SIEHT ES WOHL AUS, ELSIE.
KHE-HEHE...

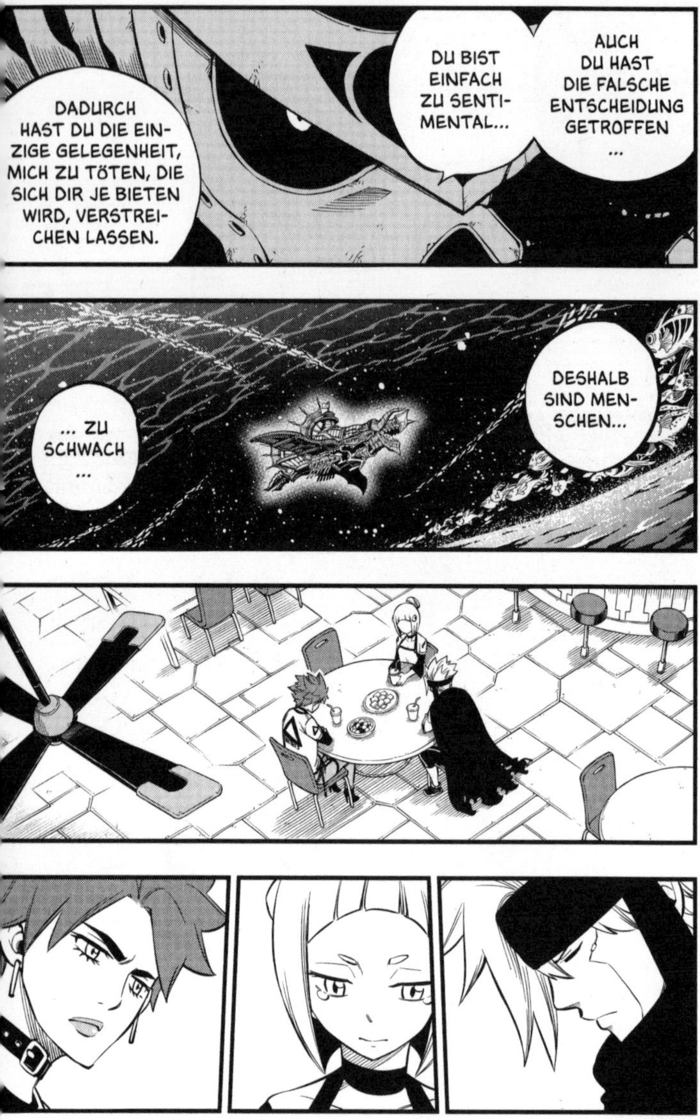
AUCH DU HAST DIE FALSCHE ENTSCHEIDUNG GETROFFEN ...
DU BIST EINFACH ZU SENTI-MENTAL...
DADURCH HAST DU DIE EIN-ZIGE GELEGENHEIT, MICH ZU TÖTEN, DIE SICH DIR JE BIETEN WIRD, VERSTREI-CHEN LASSEN.
DESHALB SIND MEN-SCHEN...
... ZU SCHWACH ...

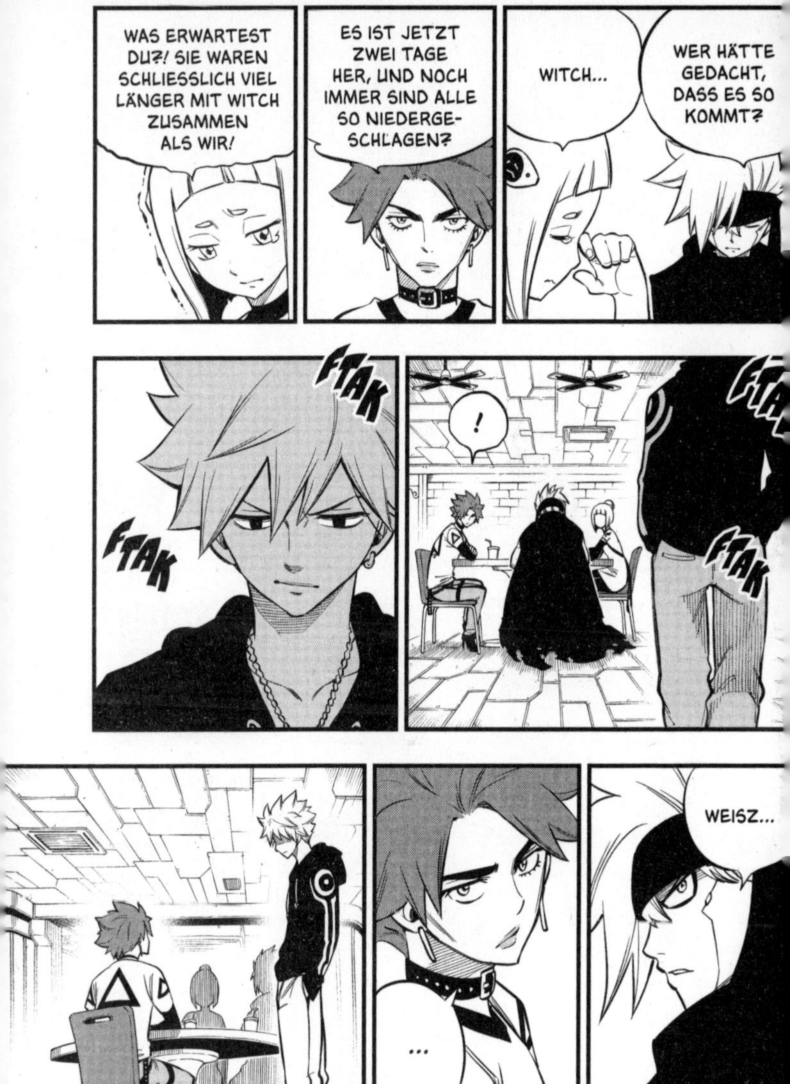
WAS ERWARTEST DU?! SIE WAREN SCHLIESSLICH VIEL LÄNGER MIT WITCH ZUSAMMEN ALS WIR!
ES IST JETZT ZWEI TAGE HER, UND NOCH IMMER SIND ALLE SO NIEDERGE-SCHLAGEN?
WITCH...
WER HÄTTE GEDACHT, DASS ES SO KOMMT?
FTAK
FTAK
!
FTAK
FTAK
WEISZ...
...

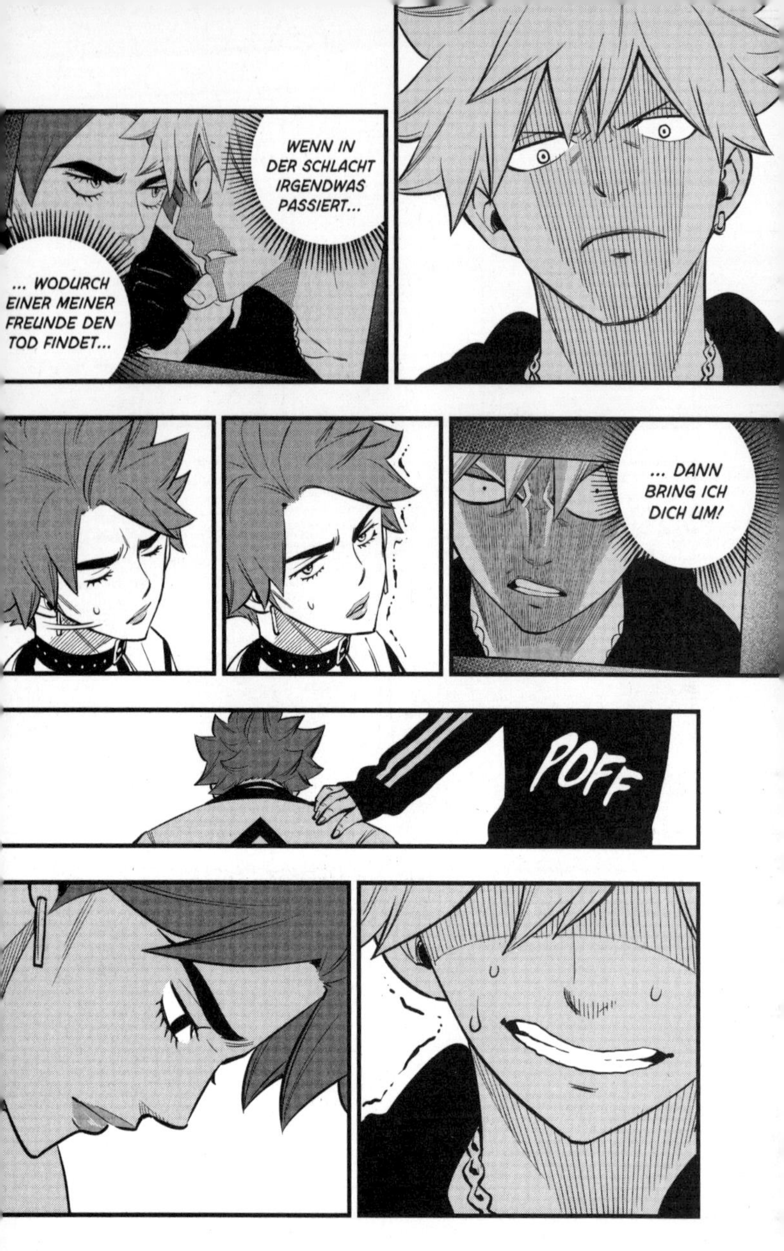
WENN IN DER SCHLACHT IRGENDWAS PASSIERT...
... WODURCH EINER MEINER FREUNDE DEN TOD FINDET...
... DANN BRING ICH DICH UM!
POFF

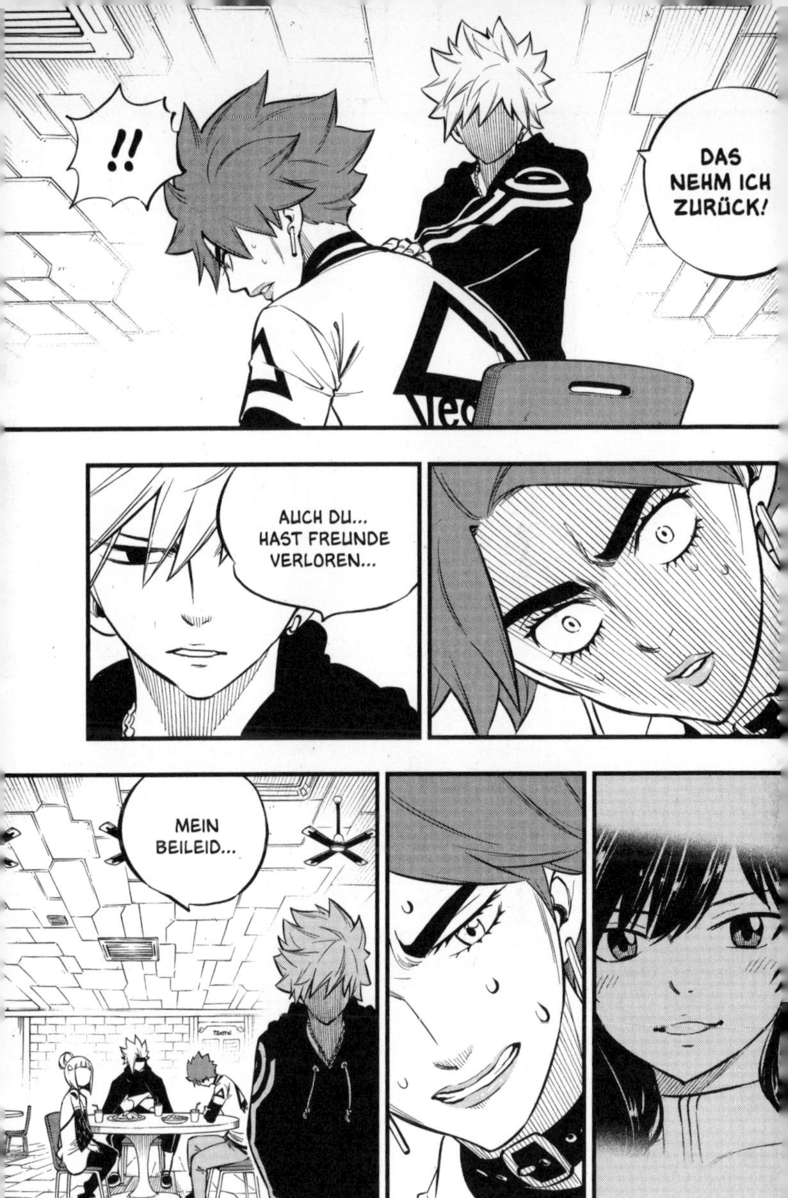
DAS NEHM ICH ZURÜCK!
!!
AUCH DU... HAST FREUNDE VERLOREN...
MEIN BEILEID...

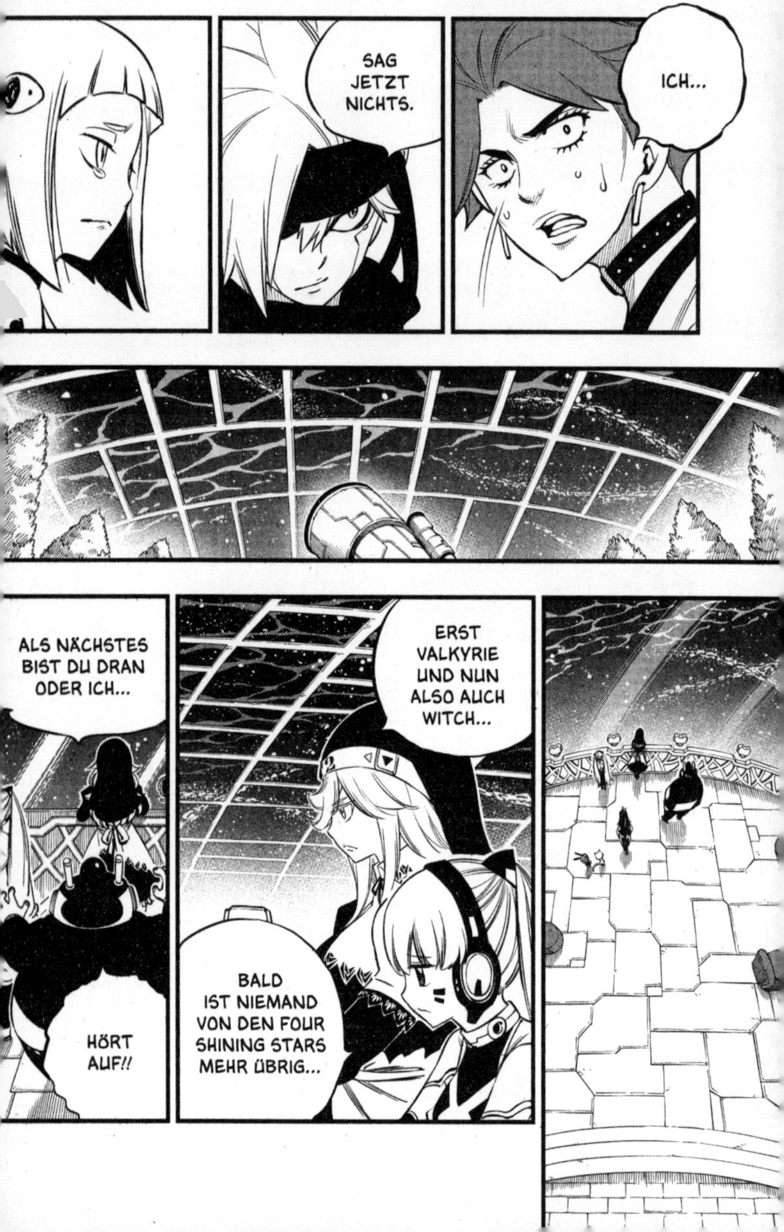
ICH...
SAG JETZT NICHTS.
ERST VALKYRIE UND NUN ALSO AUCH WITCH...
BALD IST NIEMAND VON DEN FOUR SHINING STARS MEHR ÜBRIG...
ALS NÄCHSTES BIST DU DRAN ODER ICH...
HÖRT AUF!!

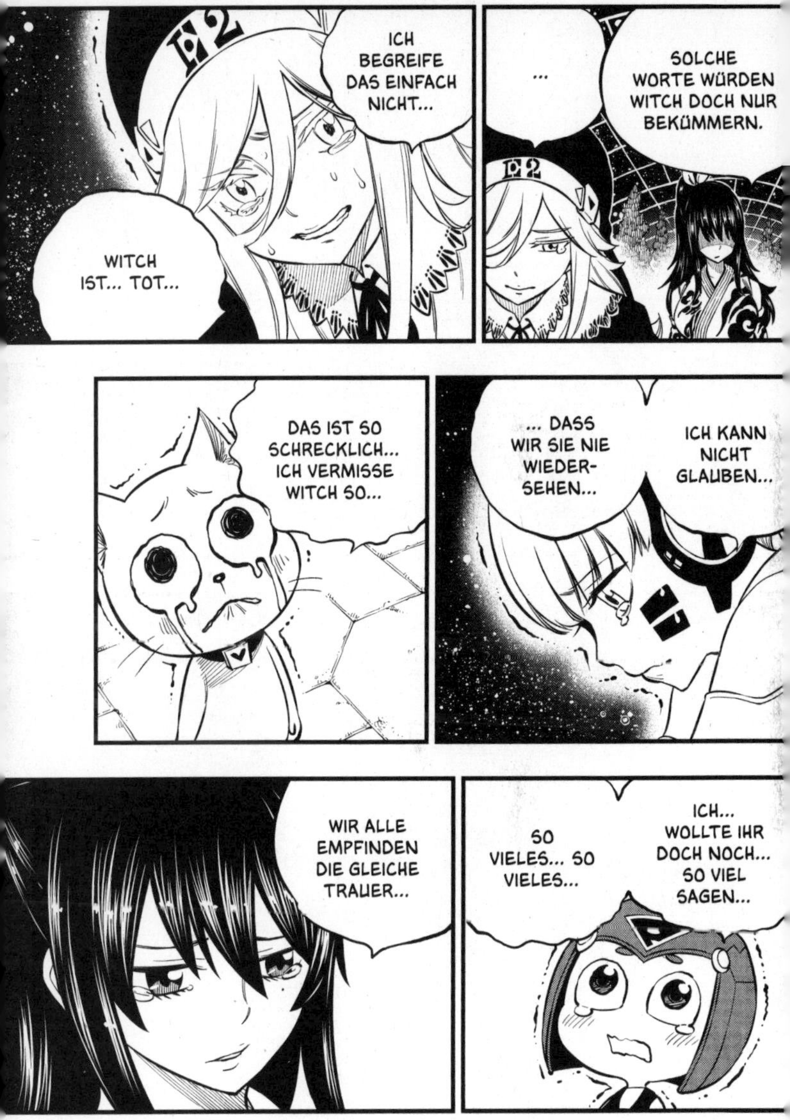
SOLCHE WORTE WÜRDEN WITCH DOCH NUR BEKÜMMERN.
...
ICH BEGREIFE DAS EINFACH NICHT...
WITCH IST... TOT...
ICH KANN NICHT GLAUBEN...
... DASS WIR SIE NIE WIEDER-SEHEN...
DAS IST SO SCHRECKLICH... ICH VERMISSE WITCH SO...
ICH... WOLLTE IHR DOCH NOCH... SO VIEL SAGEN...
SO VIELES... SO VIELES...
WIR ALLE EMPFINDEN DIE GLEICHE TRAUER...

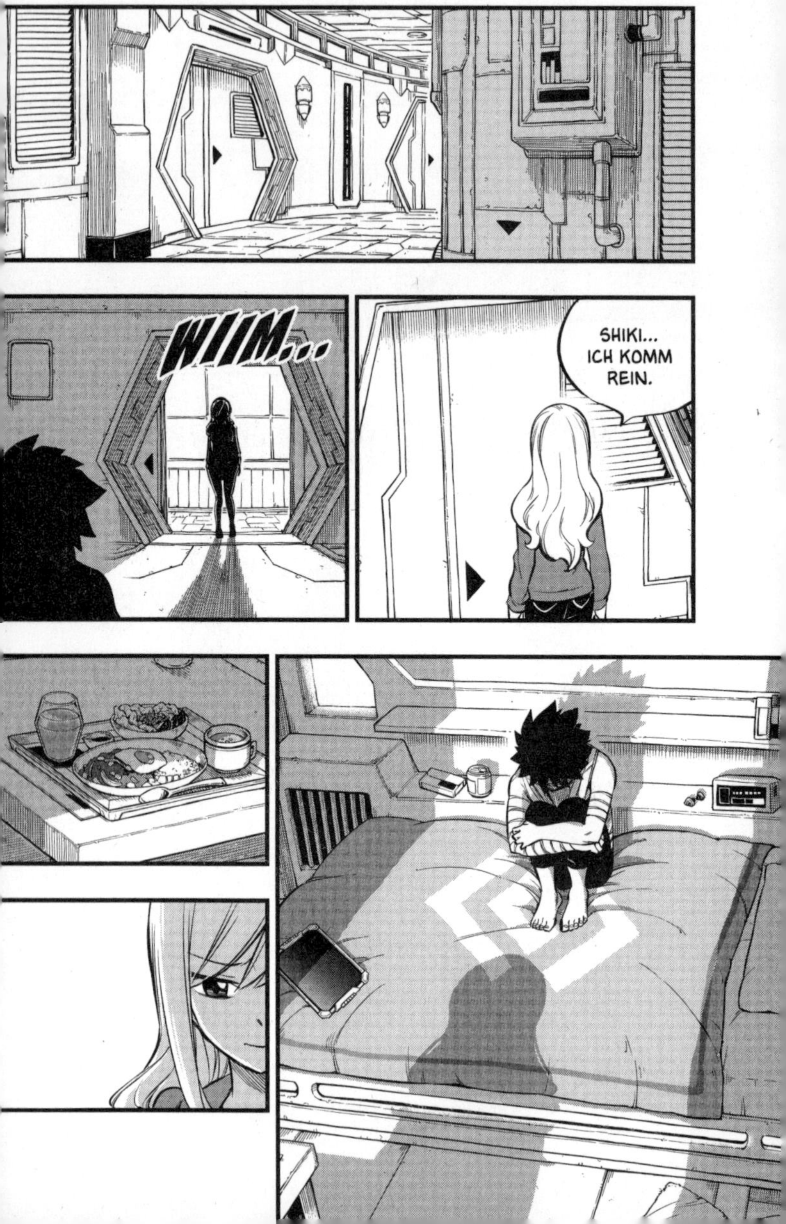

WIIM...
SHIKI...
ICH KOMM
REIN.

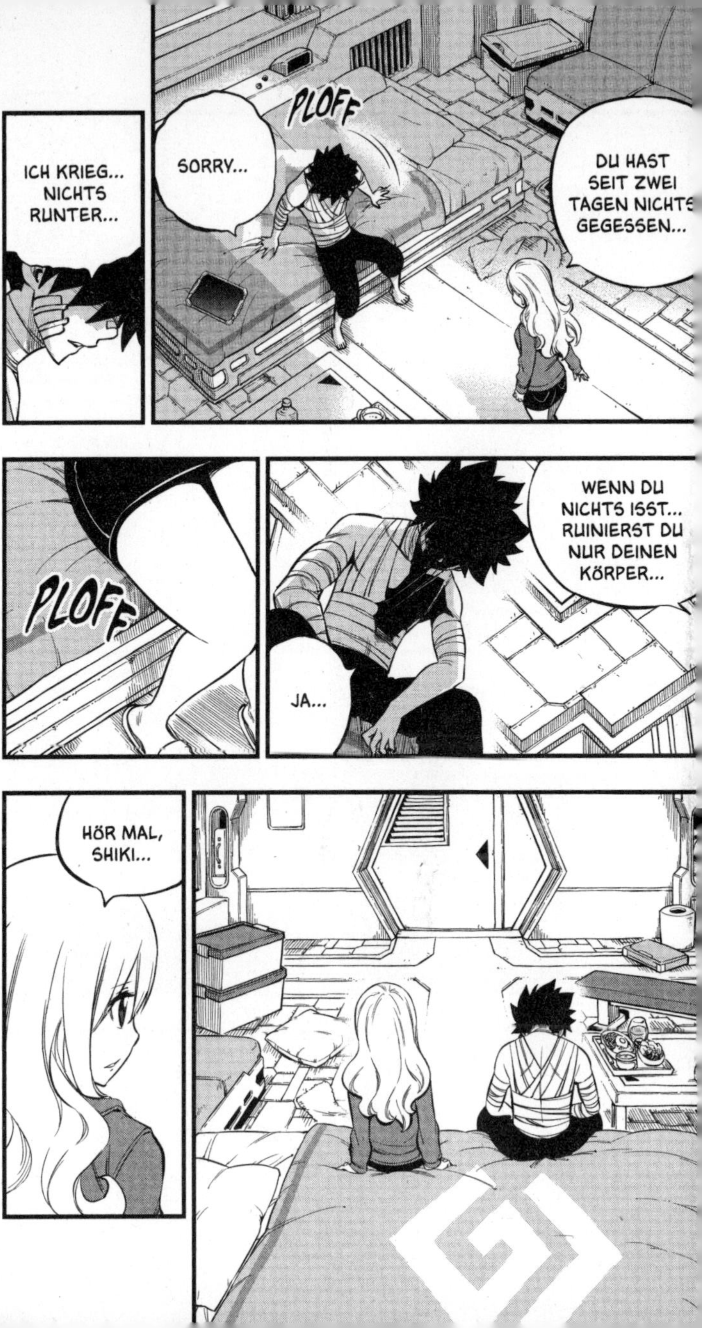
DU HAST SEIT ZWEI TAGEN NICHTS GEGESSEN...
PLOFF
SORRY...
ICH KRIEG... NICHTS RUNTER...
WENN DU NICHTS ISST... RUINIERST DU NUR DEINEN KÖRPER...
JA...
PLOFF
HÖR MAL, SHIKI...

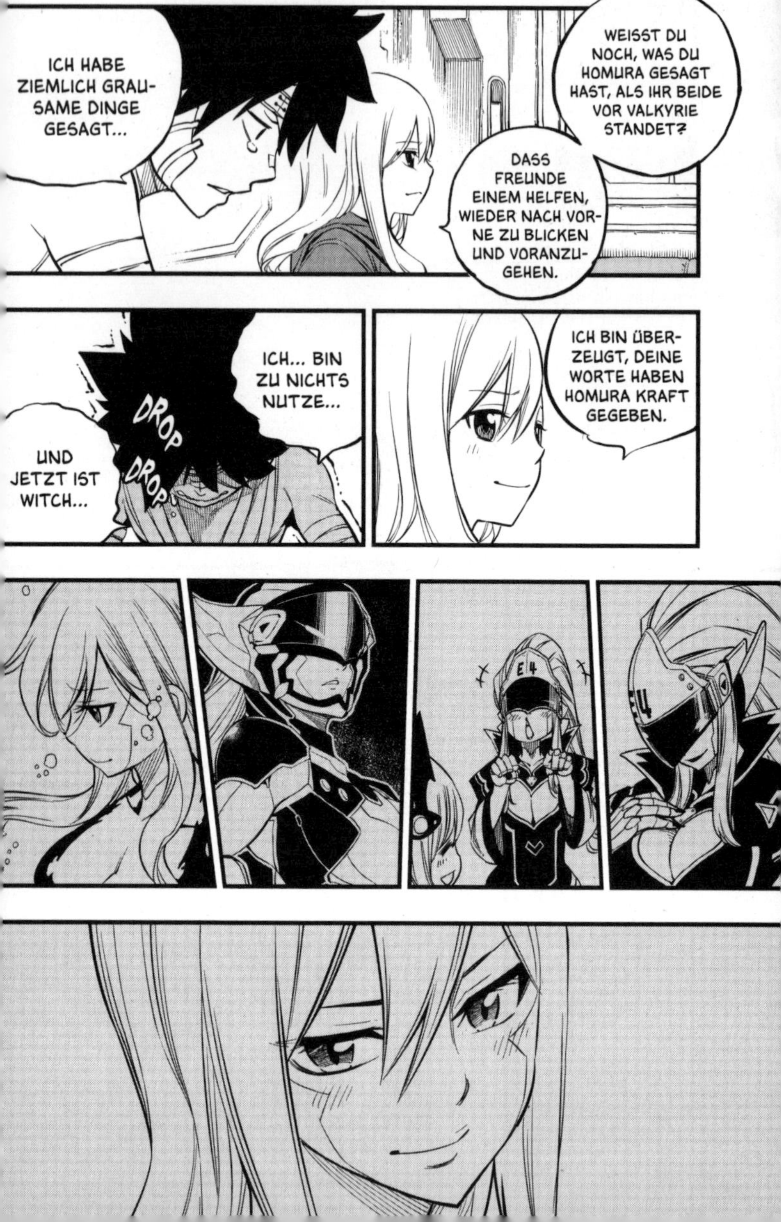
WEISST DU NOCH, WAS DU HOMURA GESAGT HAST, ALS IHR BEIDE VOR VALKYRIE STANDET?
DASS FREUNDE EINEM HELFEN, WIEDER NACH VORNE ZU BLICKEN UND VORANZUGEHEN.
ICH HABE ZIEMLICH GRAUSAME DINGE GESAGT...
ICH BIN ÜBERZEUGT, DEINE WORTE HABEN HOMURA KRAFT GEGEBEN.
ICH... BIN ZU NICHTS NUTZE...
DROP DROP
UND JETZT IST WITCH...

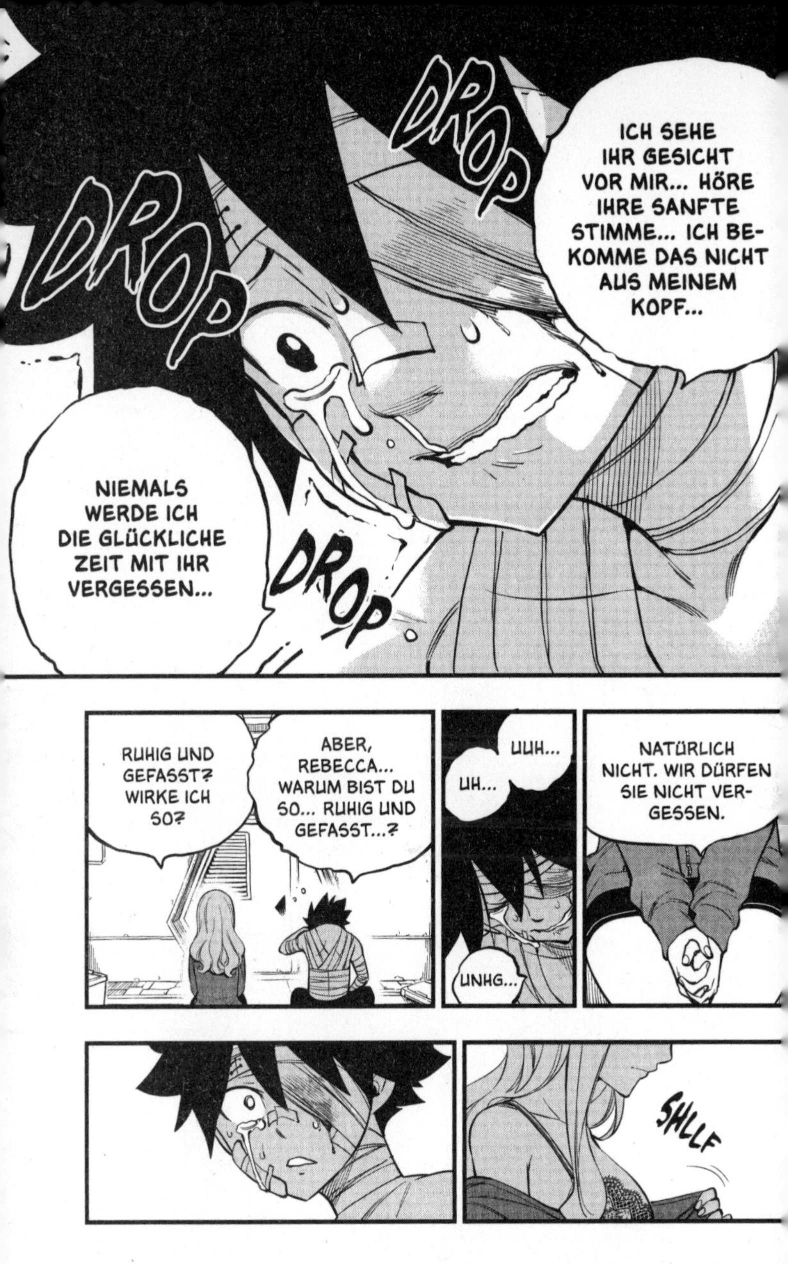
DROP
DROP
ICH SEHE IHR GESICHT VOR MIR... HÖRE IHRE SANFTE STIMME... ICH BEKOMME DAS NICHT AUS MEINEM KOPF...
NIEMALS WERDE ICH DIE GLÜCKLICHE ZEIT MIT IHR VERGESSEN...
DROP
ABER, REBECCA... WARUM BIST DU SO... RUHIG UND GEFASST...?
RUHIG UND GEFASST? WIRKE ICH SO?
UUH...
UH...
UNHG...
NATÜRLICH NICHT. WIR DÜRFEN SIE NICHT VERGESSEN.
SHLLF

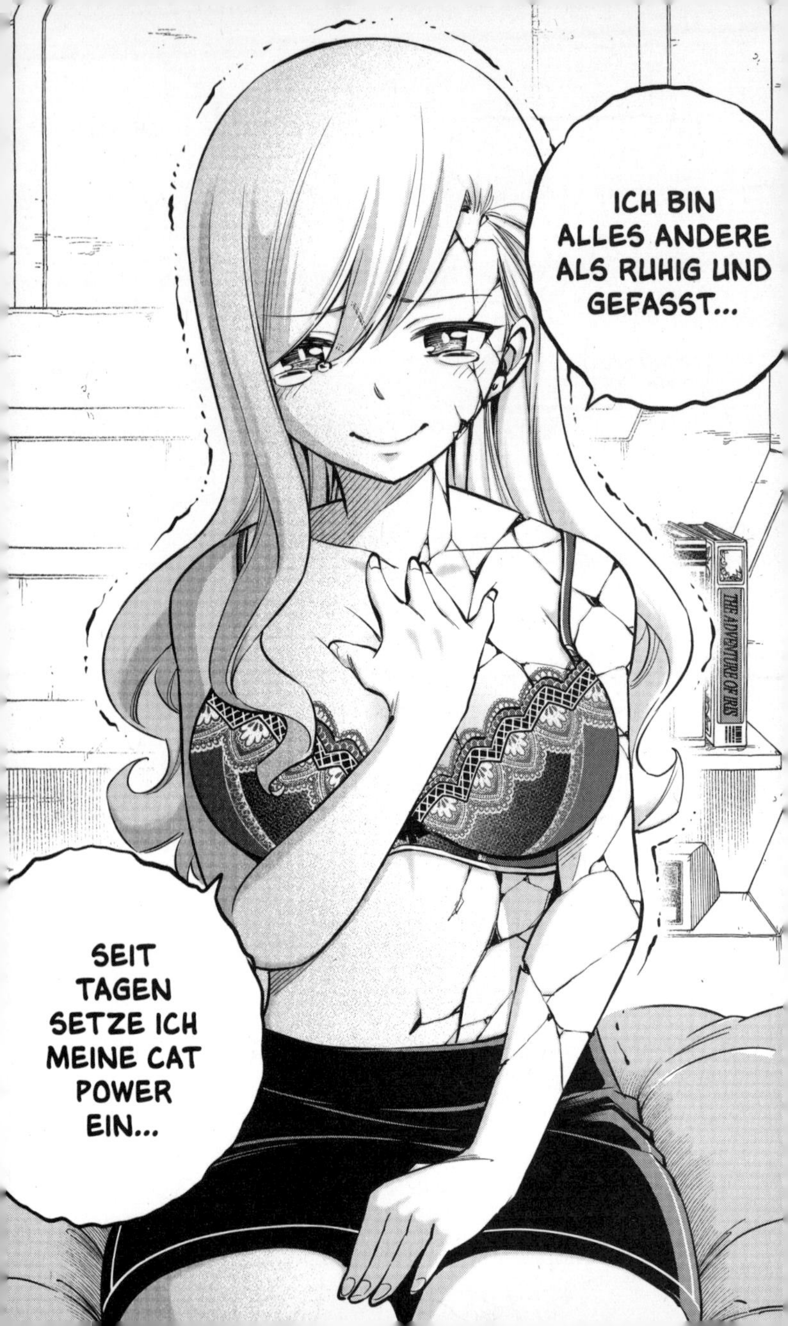
ICH BIN ALLES ANDERE ALS RUHIG UND GEFASST...
SEIT TAGEN SETZE ICH MEINE CAT POWER EIN...
THE ADVENTURE OF IRIS

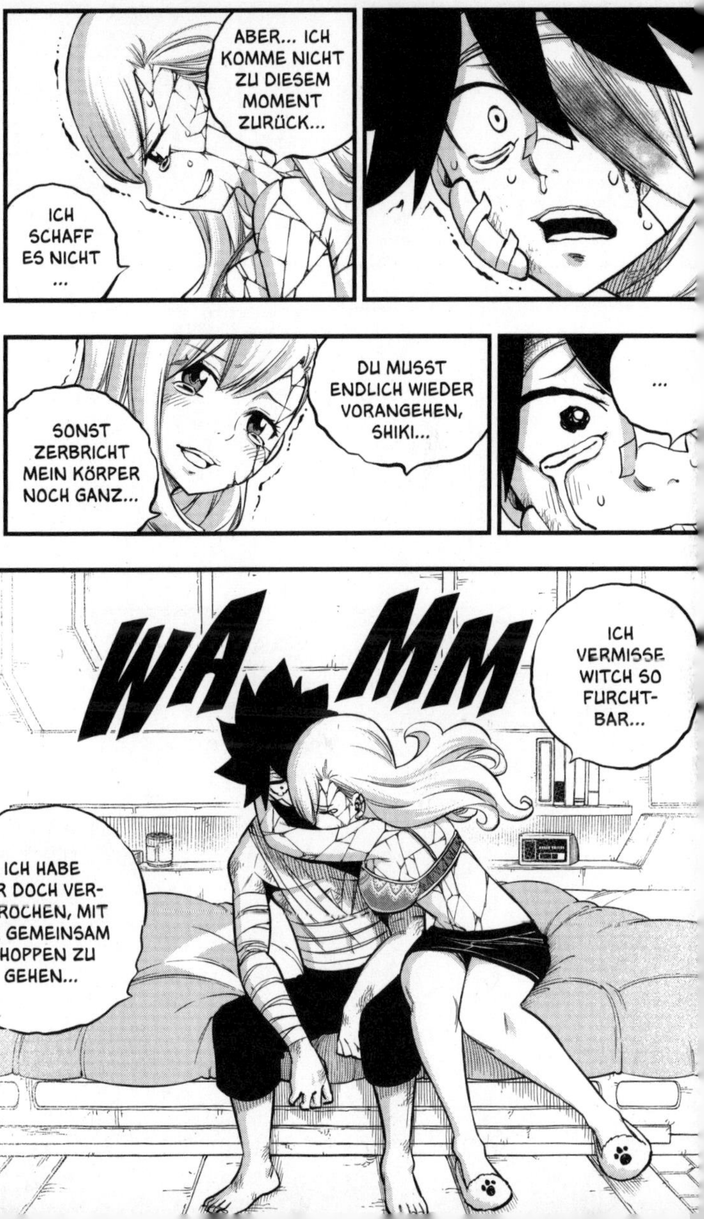
ABER... ICH KOMME NICHT ZU DIESEM MOMENT ZURÜCK...
ICH SCHAFF ES NICHT ...
DU MUSST ENDLICH WIEDER VORANGEHEN, SHIKI...
SONST ZERBRICHT MEIN KÖRPER NOCH GANZ...
...
WAMM
ICH VERMISSE WITCH SO FURCHT-BAR...
ICH HABE IHR DOCH VER-SPROCHEN, MIT IHR GEMEINSAM SHOPPEN ZU GEHEN...

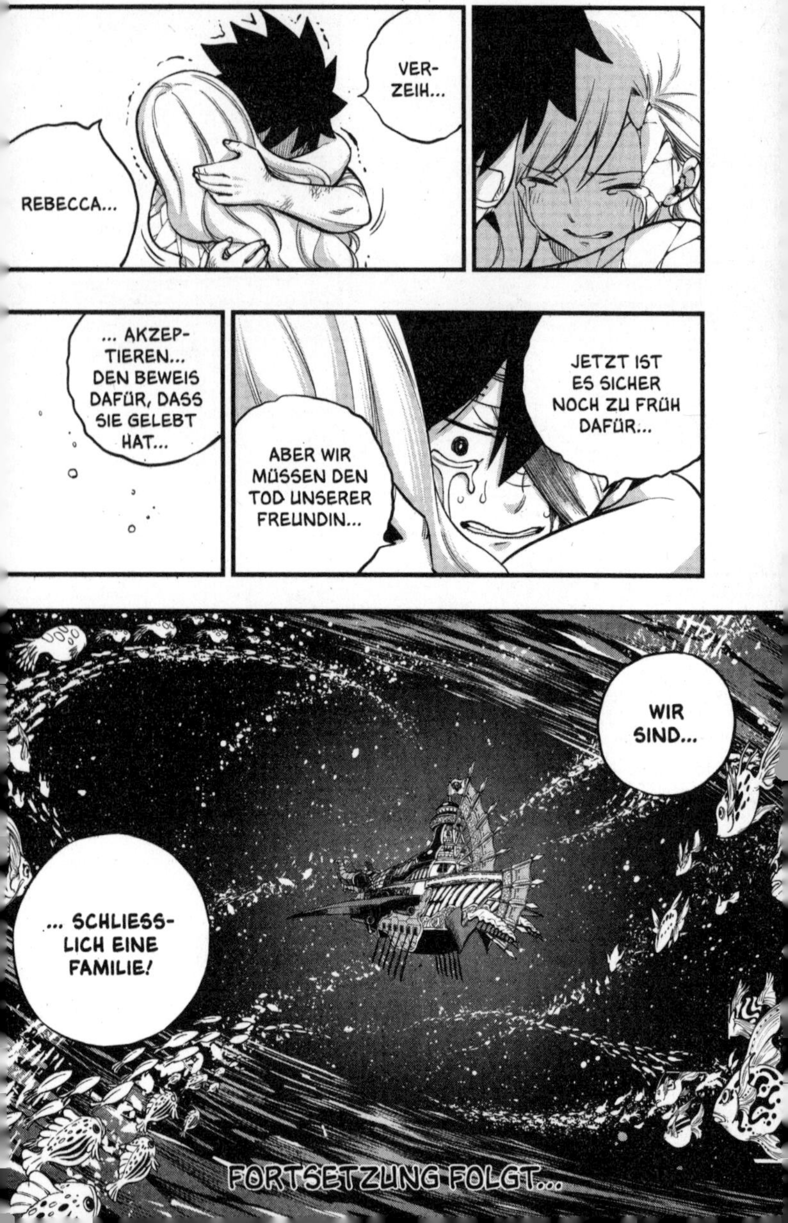
VER-ZEIH...
REBECCA...
JETZT IST ES SICHER NOCH ZU FRÜH DAFÜR...
ABER WIR MÜSSEN DEN TOD UNSERER FREUNDIN...
... AKZEP-TIEREN... DEN BEWEIS DAFÜR, DASS SIE GELEBT HAT...
WIR SIND...
... SCHLIESS-LICH EINE FAMILIE!
FORTSETZUNG FOLGT...

NACHWORT

Auf der Coverinnenseite erwähnte ich es ja schon: Ich entwickle aktuell, nur zum Spaß, ein kostenloses Game. Zwischen meinen Jobschichten arbeite ich sehr fleißig daran. Die Illustration auf der Coverinnenseite ist eine, die für das Spiel geplant ist.

Ich habe mich schon immer für die Entwicklung von Games interessiert und früher auch aus reinem Spaß einige kreiert. Veröffentlicht habe ich allerdings kein einziges davon.

Vor Kurzem wurde bei Kodansha das »Game Creators Lab« gestartet (was genau das ist, müsstet ihr bitte selbst recherchieren). Grob gesagt hat Kodansha also die Sparte Games für sich entdeckt. Da bin ich schon über 20 Jahre als Mangaka mit dem Verlag verbunden, aber ich hätte nie gedacht, dass sich Kodansha an die Entwicklung von Games machen würde.

Als Gamesfan bin ich natürlich sofort zu den Leuten hingelaufen, um mir einen Überblick über deren Wünsche und Ziele zu verschaffen.

Während des Gesprächs habe ich von meinen Games erzählt und man hat mir Unterstützung versprochen, wenn ich eines veröffentlichen wollen würde. So kam es dazu, dass ich diesmal an einem Game sitze, das auch wirklich rauskommen soll.

Es ist ein Minispiel zu »Edens Zero« und mit dem Game von Konami, das bald herauskommen soll, nicht zu vergleichen. Doch als ich dort zaghaft verlauten ließ, dass ich so eines machen möchte, haben sie sich sehr ermutigend geäußert. Ich bin Konami wirklich sehr dankbar. Während mein eigenes Game von einem Amateur und Fan stammt, wird das bei Konami von einer Gruppe echter Profis entwickelt. Seid gespannt!

Für die Entwicklung nutze ich die »RPG Maker«, eine Software-Reihe mit einer langen Geschichte. Damit kann man auch ohne Programmierkenntnisse vergleichsweise leicht und entspannt ein Game entwickeln. Offen gestanden besorge ich mir schon seit Urzeiten die Maker-Reihe. Bisher habe ich nur sehr spezielle Games gemacht, also welche mit rein familieninternen Inhalten oder welche, in denen die Hauptfiguren so alte Knacker sind, dass man sie in einem Jugend-Magazin gar nicht erwähnen würde. Sie waren also meist dafür gedacht, sie mit Verwandten oder Bekannten zu spielen. Aber diesmal wird es zum ersten Mal ein Game, das für die breite Öffentlichkeit herauskommt! Darum muss es auf jede mögliche Schwachstelle geprüft werden.

Eigentlich wollte ich alles alleine machen, aber da ich ja auch wöchentlich meine Mangaserie veröffentliche, schaffe ich das einfach nicht. So kam es dazu, dass mir mein Freund Bobby unter die Arme greift. An dieser Stelle möchte ich dir ganz herzlich für deine Unterstützung danken, Bobby!

Auch wenn es das Werk eines Amateurs ist, soll es doch viele Elemente enthalten, die einen Riesenspaß versprechen. Bitte probiert es mal aus, wenn es raus ist! Ist auch kostenlos!

HALT!

»EDENS ZERO« ist eine japanische Serie, und in Japan wird von »hinten« nach »vorn« und von rechts nach links gelesen. Man muss diesen Manga also »hinten« aufschlagen und Seite für Seite nach »vorn« weiterblättern. Auch die Bilder auf jeder Seite und die Sprechblasen innerhalb der Bilder werden von rechts oben nach links unten gelesen, so wie in der Grafik gezeigt. Viel Spaß mit »EDENS ZERO«!

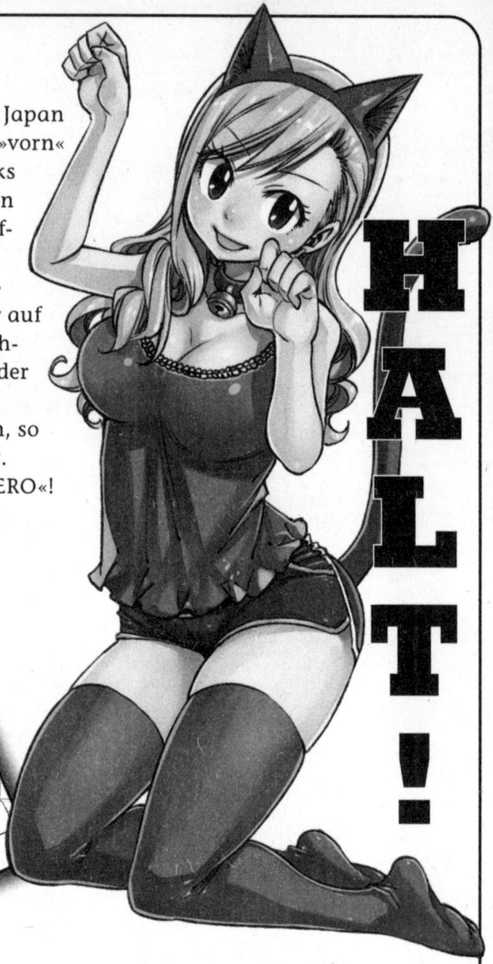

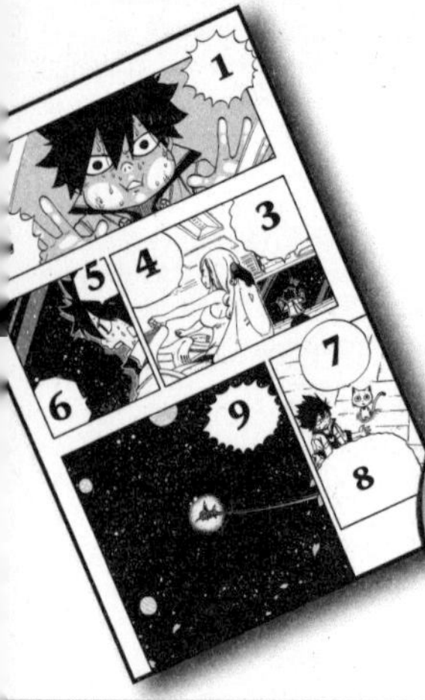

CARLSEN MANGA! NEWS jeden Monat neu per E-Mail
www.carlsenmanga.de · www.carlsen.de
CARLSEN MANGA · Deutsche Ausgabe / German Edition

Aus dem Japanischen von Nadja Stutterheim

First published in Japan in 2022 by KODANSHA Ltd., Tokyo
Publication rights for this German edition arranged through Kodansha Ltd.
Redaktion: Nina Kroesing
Textbearbeitung: Steffen Haubner
Lettering: Datagrafix · Herstellung: Tobias Hametner

ISBN: 978-3-551-75300-7